## ALLGEMEINE ÜBERSICHT DES GEGENWÄRTIGEN ZUSTANDES DER DEUTSCHEN LITERATUR

Es wird viel Rühmens gemacht (1802) (wiewohl nicht ohne untermischte Klagen über die unerlaubten Neuerungen, über das einreißende Verderbnis der zügellosen Jugend) von der schönen Blüte, dem gesegneten Wachstum und der fruchtbaren Fülle unsrer Literatur. Die Ausländer, gegen die wir uns noch unlängst in einem ganz passiven Verhältnisse des Bewunderns, Übersetzens, Nachahmens und Nachbetens befanden, fangen an, mit Achtung von ihr zu sprechen, unsere Sprache zu erlernen, aus ihr zu übersetzen, oder wenn sie auch beides nicht tun, so nehmen sie doch auf Glauben an, daß da sehr reichhaltige Schätze zu finden seien. Um so auffallender wird es vielleicht scheinen, wenn ich gestehen muß, daß mir vorkommt, als hätten wir noch gar keine Literatur, sondern wären höchstens auf dem Punkt, eine zu bekommen, es hätten sich eben nur die ersten Fäden dazu angeknüpft. Es versteht sich, daß hier nicht von gelehrten und wissenschaftlichen Werken die Rede ist, sondern von *Literatur im engeren Sinne*. Wenn man unter diesem Worte einen unverdauten Wust, ein rohes Aggregat von Büchern versteht, die kein gemeinschaftlicher Geist beseelt, unter denen nicht einmal der Zusammenhang einer einseitigen Nationalrichtung bemerkbar ist; wo die einzelnen Spuren und Andeutungen des Besseren sich unter dem unübersehbaren Gewühl von leeren und mißverstandnen Strebungen, von Verkehrtheit und Verworrenheit, von übelverkleideter Geistesarmut und fratzenhafter anmaßender Originalitätssucht fast unmerkbar verlieren, weit entfernt, daß der

Gipfel der Vollkommenheit für eine durch Nationalität und Zeitalter bestimmte Gestaltung der Poesie in einer bedeutenden Anzahl von Werken der verschiednen Gattungen wirklich erreicht wäre: dann haben wir allerdings eine Literatur, denn man hat mit Recht bemerkt, daß die Deutschen eine von den hauptschreibenden Mächten Europas sein. Heißt aber Literatur ein Vorrat von Werken, die sich zu einer Art von System untereinander vervollständigen, worin eine Nation die hervorstechendsten Anschauungen ihrer Welt, ihres Lebens niedergelegt findet, die sich ihr für jede Neigung ihrer Phantasie, für jedes geistige Bedürfnis so befriedigend bewährt haben, daß sie nach Menschenaltern, nach Jahrhunderten mit immer neuer Liebe zu ihnen zurückkehrt: so leuchtet es ein, daß wir keine Literatur haben. Man bemerke zuvörderst, wie völlig getrennt die berühmten und verehrten Schriftsteller bei uns von den beliebten sind. Die Verdienste von jenen läßt man dahingestellt sein, man stellt sie in Bibliotheken auf, aber lieset sie wenig, geschweige, daß man sie sich zu beständigen Begleitern und vertrauten Freunden erwählen sollte. Unsre neuere Poesie ist etwan sechzig Jahr alt (wir haben zwar, von den noch älteren nicht zu reden, im siebzehnten Jahrhundert ein paar echte Dichter gehabt, allein sie sind durch eine beträchtliche Zwischenperiode des Ungeschmacks und der Nullität von den letzteren geschieden, und zwar nicht durch die Natur der Sprache selbst, aber durch die bisherige Gewöhnung ziemlich fremd und unverständlich geworden), denn die ersten, welche genannt werden, sind Haller und Hagedorn, deren Epoche etwa gegen 1740 fällt; und wer kennt noch Haller und Hagedorn? Ja, um gleich zu den berühmtesten fortzugehen, so findet man schon nicht häufig Dilettanten, welche Wielands sämtliche Werke ganz durchgelesen haben, und jemand zu fin-

AUGUST WILHELM SCHLEGEL

# Über Literatur, Kunst und Geist des Zeitalters

EINE AUSWAHL
AUS DEN KRITISCHEN SCHRIFTEN

HERAUSGEGEBEN VON FRANZ FINKE

PHILIPP RECLAM JUN. STUTTGART

Universal-Bibliothek Nr. 8898 [3]
Alle Rechte vorbehalten. © 1964 Philipp Reclam jun., Stuttgart
Satz: Wenzlaff KG, Kempten (Allgäu)
Druck und Bindung: Reclam, Ditzingen
Printed in Germany 1984
ISBN 3-15-008898-4

Beginn von Schlegels „Allgemeiner Übersicht des gegenwärtigen Zustandes der deutschen Literatur". Wiedergabe, annähernd in Originalgröße der Handschrift, mit Erlaubnis der Sächsischen Landesbibliothek Dresden.

den, der in Klopstocks Messias bis ans Ende gekommen wäre, ist eine wahre Seltenheit. Die meisten als klassisch gesetzten Schriftsteller, die unser goldnes Zeitalter ausmachen sollen, verdienen auch dieses Schicksal, außer Umlauf gesetzt zu werden, vollkommen: sie sind zum Teil ausgemachte Nachahmer, zum Teil von einer Kleinlichkeit und Schwäche, daß sie nur durch die vorhergehende äußerste Asthenie und Ohnmacht des Geistes zu ihrem Ruhm gelangen konnten; oder wenn sie auch mit mehr gediegner Kraft begannen, so zersplitterte sich diese, indem sie auf ihrer Laufbahn durch falsche Muster und Maximen mißleitet wurden. – Die beliebten Schriftsteller hingegen sind Geschöpfe der Mode: zum Beweise, daß selbst diejenigen, welche ihre Zeit mit ihnen verderben, nichts Haltbares daran zu finden wissen, werden sie immerfort von andern verdrängt und dann rein vergessen. Sie verdorren wie das Gras auf dem Felde, und ihre Stätte kennet sie nicht mehr.

Ich will ein noch kühneres, aber durch das Bisherige genugsam vorbereitetes Wort sagen: die höheren gebildeten Stände unsrer Nation haben keine Literatur, das Volk aber, der gemeine Mann hat eine. Diese besteht aus den unscheinbaren Büchelchen, die schon in der Aufschrift „gedruckt in diesem Jahr" das naive Zutrauen kundgeben, daß sie nie veralten werden, und sie veralten auch wirklich nicht. Manchmal wird auch das Volk wohl durch den Reiz der Neuheit versucht, im ganzen aber bleibt es seinen Neigungen beharrlich treu, es kauft immer noch diese schon vor Jahrhunderten gelesenen Bücher, welche Mühe sich auch die Aufklärer geben mögen, sie ihm aus den Händen zu spielen und ihre Kläglichkeiten unterzuschieben; und beweist dadurch, daß es eine Phantasie und ein Gemüt hat. Denn diese uralten Dichtungen und Geschichten, zum Teil französischen, aber auch deutschen Ursprungs, in deren einigen sich der Riesengeist eines fernen Heldenalters regt, in andern ein klarer Verstand die Lebensverhältnisse auf muntre Weise darlegt, haben alle unleugbar eine unvergängliche poetische Grundlage; bei einigen ist sogar die Ausführung vortrefflich, und wenn sie bei andern formlos erscheint, so ist dies vielleicht bloß die Schuld einer zufälligen Verwitterung vor Alter. Sie dürfen nur von einem wahren Dichter berührt und aufgefrischt werden, um sogleich in ihrer ganzen Herrlichkeit hervorzutreten.

Wenn man das weitschichtige äußere Gerüste unsrer sogenannten Literatur betrachtet, die großen Anstalten und die geringe und unerquickliche Ausbeute für den Geist, so muß einen wahrlich Ekel und Unmut anwandeln. Alljährlich zweimal wirft die große Buchhändlermeßflut (die kleineren monatlichen Fluten ungerechnet, womit die Journale angespült werden) aus dem großen Ozean schriftstellerischer Seichtigkeit und Plattheit die neuen Geburten in großen Ballen ans Land. Diese werden dann von dem großen Haufen der Lesewelt mit krankhaftem Heißhunger verschlungen, aber ohne ihnen die mindeste Nahrung zu gewähren; sogleich wieder vergessen, gehen sie in den Schmutz der Lesebibliotheken über, und mit der nächsten Messe fängt derselbe Kreislauf wieder an. Man lobt den jetzt allgemeiner verbreiteten Geschmack am Lesen, aber hilf Himmel! welch eine Leserei ist das! Sie verdammt sich selbst schon dadurch, daß sie so rastlos nach dem Neuen greift, was doch kein wirklich Neues ist. Denn wem es nicht bloß um den Taumel wirblichter Zerstreuung zu tun ist, wer ein besonnenes, wahrhaft lebendiges Leben in sich fühlt, der wird, wenn er zur freien Aufheiterung des Geistes liest, solche Bücher suchen und wählen, die lebenslänglich vorhalten, die man bei vertrauterer Bekanntschaft immer lieber gewinnt und sie nie zu Ende liest. Und was sind die Gegenstände der vorzüglichsten Liebhaberei? Romane, dann Schauspiele, Taschenbücher, Journale und für etwas gelehrtere Leser literarische Zeitungen. Die beiden ersten Namen bezeichnen freilich die wichtigsten Gattungen der romantischen Poesie, aber diese ist hier gänzlich abwesend. Nur die leidigste Passivität kann zu dieser Liebhaberei führen, die weder denken noch handeln mag; ja nicht einmal ordentlich zu träumen müssen solche Menschen verstehn, denn sonst würden sie sich weit etwas Besseres imaginieren können, als in ihren *Romanen* steht. Ihr eignes Leben ist unbedeutend und leer: das wollen sie entweder, genau so wie es ist, vorgestellt sehen, weil es ihnen denn doch schwarz auf weiß besser gefällt. Oder es soll ein bißchen besser und bequemer darin zugehen wie in der Wirklichkeit, um ihrem Hange zum Müßiggang zu schmeicheln; mit der Neugier, womit man einer Stadtgeschichte nachspürt, verfolgen sie eine durch Bände ausgesponnene gehaltlose Liebelei und wollen nur in der Schaukel endlos wiederholter Begebenheiten ohne Mühe auf und ab gewiegt sein. Einen einzigen vortrefflichen Roman zu schreiben, dazu gehört nicht weniger als ein umfassender Dichtergeist, von einem interessanten Leben befruchtet; ein großer Verstand, der jedoch den kühnsten Kombinationen der Phantasie keinen Eintrag tut; eine unendlich gebildete Kunst, um die Geheimnisse *seiner* Welt, *seines* Gemüts in anmutigen, immer klaren und immer rätselhaften Sinnbildern auszusprechen. Unsern Lieblingsschriftstellern schießen die Romane unter den Händen wie Pilze empor. Der eine hat ein gewisses Talent, die Heftigkeit charakterloser Affekte[1] zu schildern, was bei seinem ersten Auftreten mehr erwarten ließ; er ist nachher ganz in die Breite gegangen, eine gutmütige Teilnahme an den Schicksalen seiner erdichteten Personen, ist das eins und alles seiner Begeisterung; ohne Verstand, eigentlich auch ohne Phantasie, weiß er zu nichts seine Zuflucht zu nehmen als zu dem hergebrachten wohltätigen Edelmut, zu Liebschaften, die aus früher Gewöhnung in der Kindheit entstanden sein sollen, dann Trennung und allerlei Leiden erfahren und endlich, damit es nicht zu traurig endige, dem Ziele der Vereinigung entgegengeführt werden. Ein andrer hat eine krankhafte Empfindsamkeit[2], eine fast gichterische Reizbarkeit der Einbildungskraft, einen kapriziösen Humor zur Mitgabe empfangen; unbekannt mit der Welt, auf den Horizont eines kleinen Städtchens eingeschränkt, schreibt er Romane, die eher Selbstgespräche zu nennen wären, und erteilt ihnen als unbewußter Sonderling einen gewissen einsiedlerischen Reiz. Man liest ihn und glaubt tiefere Beziehungen zwischen Ernst und Scherz in seinen Kompositionen zu finden als an die er selbst gedacht hat. Er wird gelobt, hervorgezogen, kommt in größere Städte, in bessere, wenigstens weitläuftigere Gesellschaften, wird von den Frauen geschmeichelt, lernt Männer kennen, die mit künstlerischen Absichten bei ihren Schriften zu Werke gehn, und will es ihnen gleichtun, da er bei aller Belesenheit in Scharteken die großen Meisterwerke nicht kennt und nicht fähig ist, sie in ihrer Reinheit zu fassen. Alles dies zerstört ohne Ersatz seine ursprüngliche Naivetät: er schreibt nun prätentiöse Werke, die doch bloß ein matter Nachklang seiner ersten sind. Noch ein andrer will moralische Erzählungen[3] liefern, verleidet sie einem aber durch unselige Peinlichkeit, indem er die Sittlichkeit nur durch das Medium der Reue darzustellen weiß und anzunehmen scheint, daß durch einen einmal begangenen Fehltritt die Seelen grade wie die Körper gebrandmarkt werden. Noch einer mag einmal die Schalkhaftigkeit eines Dienstmädchens erprobt haben, er glaubt darin große Aufschlüsse zu finden und fühlt sich berufen, die Schalkhaftigkeit des ganzen weiblichen Geschlechts zu schildern, welches er jedoch als ein sparsames Gewürz anbringt und sich übrigens der fadesten Leerheit befleißigt. Wann, möchte man fragen, werden die Leser denn endlich merken, daß ihnen immer wieder dasselbe aufgetischt wird? Aber es kann nicht anders sein, sie müssen eine Liebe zum baren Nichts haben.

Auf echte Dichterwerke, da sie natürlich über den gewöhnlichen Kreis hinausgehen und den Geist mit höherer Gewalt ansprechen, ist das große Publikum gar nicht vorbereitet: sie werden höchstens so mitgelesen, erregen aber keine enthusiastische Sensation, hinterlassen keinen bleibenden Eindruck und werden nicht selten bei ihrer Existenz noch ignoriert. Ja die Dumpfheit geht so weit, daß sie das Originelle und Selbständige, was sie aus der ersten Hand verschmähen, sich aus der zweiten und dritten gar wohl gefallen lassen, wenn sie es in entstellender Nachahmung, in erborgten, übel verknüpften Bruchstücken mit den gewohnten Anlockungen zusammengeheftet finden. Hier berühre ich eine in unsrer Literatur immerfort epidemische Seuche: die übertreibende, zu genialischen Sprüngen sich verzerrende Nachäfferei. Kaum wird eine neue Bahn eröffnet, so stellt sich auch gleich der zahllose Troß der Nachtreter ein. Welche Überschwemmung von empfindsamen Romanen haben nicht Werthers Leiden erzeugt! Und noch immer kann man sagen, daß Werthers Schatten in vielen Romanen herumspukt. So ist eigentlich Götz von Berlichingen die Wurzel aller nachherigen Ritterschauspiele und Romane, die bis zur abenteuerlichsten Roheit ausgeartet sind, und ich glaube, Goethe hat im W. Meister dies durch eine scherzhafte Allegorie[4] andeuten wollen. Ja die einzige Szene vom heimlichen Gericht, die in den alten Femgerichten ihren historischen Grund hat, ist Veranlassung zu einer Menge von Schauspielen und Romanen im Ritterkostüm mit dergleichen Verbrüderungen und geheimen Orden geworden, die schon durch ihre abgeschmackten Titel Schrecken einzuflößen suchen. Auf ebendem Wege sind so manche Undinge von artistischen Romanen zum Vorschein gekommen, von Autoren, die nicht den entferntesten Begriff von Werken der bildenden Kunst haben und sich auf gut Glück allerlei Fratzen darüber ausspekulieren. Jedes Wort, was eine große heilige Idee bezeichnet, wird von diesen Herren zur Mode gemacht und, indem sie es in einem nichtswürdigen Sinne nehmen, ganz heruntergesetzt. Dadurch wird denen, die der Idee wahrhaft Meister sind, da sie sich doch keiner andern Chiffren bedienen können, der Handel in gewissem Grade erschwert; so daß man versucht ist zu wünschen, es könnte der Gebrauch solcher Worte den originalsüchtigen Nachahmern untersagt werden, so wie auch das fremde Kostüm und die italienischen Benennungen der Personen. Mit dieser einzigen Einschränkung wäre wohl der ganze Rinaldo Rinaldini[5] in die Brüche gegangen. [Rugantino.]

Bei allem Respekt, den ich vor den Massen von Abgeschmacktheit habe, die auch unter andern Nationen, besonders in den neuesten Zeiten, ans Licht gefördert worden sind, glaube ich doch, daß man nach reiflicher Erwägung den Deutschen darin den Preis zuerkennen muß. Besonders scheinen sie mir die Erfinder der *exzentrischen* Dummheit zu sein, einer Sache, die deswegen einen so erhabnen Eindruck macht, weil sie widersprechend und unmöglich scheint, und die von ihnen recht ins Große organisiert worden ist.

Mit unsrer *dramatischen* Literatur steht es eben nicht besser. Nicht gerade, als ob wir darin ebenso mit einem Wust schlechter Sachen überhäuft würden. Es ist vielmehr auffallend in den letzten Meßkatalogen, wie gering die Anzahl der im Druck erschienenen Schauspiele gegen die der Romane ist. Es scheint, als ob den gewöhnlichen Verfertigern von diesen selbst die rohe Form eines Schauspiels schon zu unbequem wäre, weil sie doch zu einem Plan, einer Anordnung, einem gewissen Geschick in der Behandlung nötigt. Sie lieben sich die reine Unform; daher auch die weitschweifigen dialogierten Romane, die einmal Mode waren, welches nur auseinandergefloßne Dramen sind. An unsrer Armut in diesem Zweige der Literatur ist vielleicht ein Mangel mit schuld, den man in andern Hinsichten mit Unrecht beklagt hat: daß nämlich Deutschland nicht eine einzige große Hauptstadt besitzt, die das Zentrum der Kunst und des Geschmacks wäre; wo dann mehrere Theater rivalisieren und es nicht vom Vorteil oder Eigensinn eines einzelnen abhängt, ob ein Stück auf die Bühne gebracht werden soll oder nicht, wo das Vortreffliche gewiß durchdringt und ein geübtes Publikum findet, das gewissermaßen die Bildung der ganzen Nation repräsentiert. Da bei andern geistreichen Nationen, bei denen dies so ist, die Bühne die glänzendsten Anlockungen des Wetteifers darbietet und die Rennbahn der hervorstechendsten Talente zu sein pflegt, so ist die unsrige dagegen beinah gänzlich verlassen. Nur wenige unsrer eminenten Köpfe haben überhaupt im dramatischen Fach gearbeitet, auch dann nicht immer mit Rücksicht auf die Bühne, und von noch wenigeren ihrer Stücke kann man sagen, daß sie wirklich auf dem Theater wären. Schon durch die geringe Anzahl ihrer Werke beweisen sie, daß sie keine eigentlichen Theaterschriftsteller sind. Ein solcher muß fruchtbar sein, damit er sich die Schauspieler zur vorteilhaften Darstellung dessen, was er will, zubilde und die Zuschauer sich in seine Welt hineinsehen lehre; nur so kann er auf den Brettern herrschen. Darin sind auch unsre beliebten Theaterschriftsteller auf dem richtigeren Wege als die berühmten. Übrigens haben die Deutschen nirgends eine größere Armut im Erfinden gezeigt als gerade hier. Unser Theater bietet ein buntes Quodlibet dar von Übersetzungen und zum Teil schlechten Bearbeitungen aus dem Französischen, Englischen, Italienischen; und was Original sein soll, darin ist kaum eine eigentümliche Richtung wahrzunehmen: von den Gemälden der alltäglichen Wirklichkeit, die zwar beinah porträtmäßige Wahrheit haben, aber in Langeweile und Peinlichkeit verfallen, bis zu der von Verstand entblößten, aber der Anlage nach nicht unpoetischen Phantasterei unsrer Zauberopern, tappen wir alle echten und unechten Gattungen durch und suchen erst noch uns angemeßne Form und Gehalt. Von dem nachteiligen Einflusse, den Diderot, hauptsächlich durch Lessings Vermittlung, auf unsre Bühne gehabt hat, indem durch sie die Natürlichkeit, d. h. die Kunstlosigkeit, zum Prinzip erhoben ward, werde ich an einem andern Orte Gelegenheit haben zu reden. Bei dem Ernst der Deutschen und ihrer geringen Anlage zum mimischen Witz bedurfte es nur noch, daß die selbstbewußten und eingestandnen Übertreibungen der komischen Darstellung verworfen wurden, um bei uns die Komödie gänzlich verunglücken zu machen. Auch hat sich durchaus kein nationales Lustspiel gebildet, das uns deutsche Sitten und Charakter vorstellte: unsre bürgerlichen Sittengemälde haben nur die Engigkeit der Verhältnisse aufgefaßt, ohne sich durch freie Heiterkeit des Geistes darüber zu erheben. Sie sind daher auch schon sehr wieder aus der Mode gekommen, und eine Mischung von Scherz und Rührung, vom Alltäglichen und Wunderbaren, die uns das Romantische bedeuten muß, hat den Vorzug. In dieser Gattung haben wir noch das Beliebteste unter allem Beliebten aufzuweisen: denn es hat sich nicht nur bei uns der Bühnen ausschließend bemeistert, sondern in den meisten Ländern Europas ein ausgezeichnetes Glück[6] gemacht, ja sich noch weiter hinaus, auf der einen Seite bis nach Tobolsk, auf der andern Seite bis nach Amerika, verbreitet. Wir dürfen uns aber dieses Erfolgs keineswegs als eines Gegenstandes der Eitelkeit überheben, sondern können vielmehr an diesem Symptom erkennen, daß es bei andern Nationen auch ungefähr so aussieht wie bei uns, und es muß uns trösten, daß wir Genossen unsers Elendes haben. Mag es nun in den Gestirnen oder in der Luft liegen, so ist es ausgemacht, daß sich gegenwärtig über den ganzen Horizont der europäischen Bildung eine Epidemie prosaischer Nüchternheit und sittlicher Erschlaffung erstreckt.

Ich frage noch einmal: wo ist unsre dramatische Literatur? Wo sind die Vorräte, die wir den unermeßlichen Schätzen entgegenstellen können, welche die Griechen in diesem Fache besessen haben? Ferner denen der Spanier (denn diese sind hierin unter den neueren Nationen unstreitig die erste und dürfen keiner etwas beneiden, außer etwa den Shakespeare; in der italienischen Literatur ist dieser Teil grade nicht der glänzendste), ja auch denen der Engländer und Franzosen, wenn wir diese (den Shakespeare ausgenommen) nicht nach dem höchsten poetischen Maßstabe schätzen, sondern nach der technischen Fertigkeit (Theaterroutine), die sich darin offenbart, nach der Ursprünglichkeit aus einheimischen Sitten und der Angemessenheit für ihren Nationalgeschmack. Bei uns wird sich alles auf einige Dutzend wahre Originale zurückführen lassen, die irgend mit Achtung genannt werden können; unter diesen sind noch verschiedne, die in der allgemeinen Meinung sehr überschätzt werden, andre, von denen es sich erst ausweisen muß, ob sie der Vergänglichkeit der Modeerzeugnisse entgehen. Wir dürfen auch hier noch nicht so schnell auf große Bereicherungen hoffen: denn die dramatische Kunst ist sozusagen der weltlichste Teil der Poesie, und der sich am meisten in den geselligen Verkehr mischt. Das Talent zu ihr bedarf daher auch am meisten äußerlicher Erscheinungen und, daran geübt, äußerlicher Antriebe, um zu Hervorbringungen veranlaßt zu werden. Alle großen dramatischen Dichter hatten gute Theater vor Augen, ja oft standen diese unter ihrem Einflusse oder gar ihnen ganz zu Gebote. So gehört es sich auch, denn ohne diese Leitung wissen die Theater immer nicht woher noch wohin. Dichter, Schauspieler und Publikum setzen sich natürlich durch gegenseitigen Einfluß in Harmonie, wie sie sich selbst einander zubilden, so können sie sich auch wieder verbilden; ein fehlerhafter Zirkel, in welchem das Verderben dann immer wieder Ursache von sich selbst wird. So entziehen sich die besten Köpfe der Bühne immer mehr und mehr, und gute Stücke bleiben deswegen ungeschrieben, weil man nicht mehr versteht, sie gehörig aufzuführen, noch auch sie gehörig zu hören und zu sehn. Der Zustand kann auf diesem Wege so verzweifelt und unabhelflich werden, daß er nicht durch allmähliche Fortschritte, sondern nur durch einen großen Umschwung aufgehoben werden kann.

Ich komme jetzt auf die Art, wie der Dilettantismus der Versemacherei in den *kleineren Gattungen* sich ergießt; und wenn wir bei der Betrachtung der alltäglichen Romane und Dramen es mit großen Massen der Plattheit und Gemeinheit zu tun hatten, so finden wir hier mehr das Fade und Unbedeutende herrschend. Es sind Ephemeren, oder noch besser die Sonnenstäubchen der Poesie, die mit einem Schein des Lebens in dem Lichtstrahl poetischer Formen herumgaukeln, sobald ihnen aber das Geliehene, was sie nicht aus eigner Kraft haben, wieder entzogen wird, in ihr Nichts verschwinden. Diese Tändelei ist unschädlicher, man hat nicht nötig, das grobe Geschütz der Kritik gegen sie zu richten. Denn wenn schon wenig oder gar keine Kraft da ist, so werden doch einigermaßen die Fittiche zum Fliegen geregt, und man wird nicht auf eine so ekelhafte Art wie bei der Prosa der Romane und Dramen in das terrestre Element hinabgezogen. Wiewohl auch hier neben dem Bestreben nach charakterloser Abgeschliffenheit und Glätte, nach der sogenannten Korrektheit, die wunderlichen Gebärden der nachahmenden Originalitätssucht zum Vorschein kommen, so werden doch diese schon durch die Gesetzmäßigkeit der Formen (wie unvollkommen diesen auch Genüge geschehen mag) einiger Disziplin unterworfen*. Freilich wäre das eine vergebliche Hoffnung, wenn man durch die metrischen Schwierigkeiten die Dichterlinge abzuschrecken gedächte**. Ein Sonett? Kleinigkeit. Ja wenn gefordert würde, daß sich nicht bloß die Endsilben, sondern alle übrigen in den Versen, vor- und rückwärts, hinauf und hinunter miteinander reimen sollten, sie würden ebenso geschwind damit fertig sein: natürlich, weil sie keine langen Unterhandlungen mit ihren Gedanken abzutun haben. Man klagt jetzt besonders über die große Überschwemmung von schlechten Sonetten; ich will diese nicht in Schutz nehmen, jedoch sind es nur dieselben Bäche, welche sich sonst auf andre Art, z. B. in den schleppenden fünffüßigen Trochäen, ergossen. Und dann ist ein Sonett wenigstens ein kurzes Übel, und es ist eine von den vielen

---

\* Großes Unheil, welches Klopstock durch seine Oden in abgesetzten Zeilen ohne bestimmtes Silbenmaß angerichtet.
\*\* Nur wenn man mehr rhythmische Kunst von ihnen forderte, genauere Beobachtung der Quantität und vollkommnere Nachbildung der alten Silbenmaße, würden sie, wenigstens anfangs, ins Stocken geraten, weil dies einige Wissenschaft fordert.

Vortrefflichkeiten dieser Dichtart, daß sie durchaus nur vierzehn schlechte Zeilen enthalten kann. Man könnte durch die ewige Leierei Abnutzung solcher Formen besorgen: allein die echten Formen sind unvergänglich und ewig jung. Wer den Zauberstab der Poesie zu führen weiß, der kann Wort und Bild und Vers so verwandeln, daß man etwas noch nie Gehörtes zu vernehmen glaubt. Und bei denen, welche sie üben, kann diese Liebhaberei dazu dienen, den Sinn für Sprache und Versbau zu wecken. Nur sollten sie freilich zufrieden sein, sich selbst und ihre Freunde damit zu ergötzen, und nicht gleich alles drucken lassen, denn eine solche öffentliche Ausstellung verrät doch bedeutendere Ansprüche. Ein Bild davon, wie diminutiv dies ganze Bestreben ist, geben die kleinlich verzierten Taschenbücher, worin dergleichen Gedichtchen meistens gesammelt werden, mit Kupferstichen, die zu der bildenden Kunst ungefähr in ebendem Verhältnisse stehen wie jene zur Poesie.

*Journale* oder *Zeitschriften* könnten zu dem raschen Verkehr der Gedanken in irgendeiner Wissenschaft, irgendeinem Teile der menschlichen Bestrebungen dienlich sein, und wenn dies wäre, würde die Liebe zu ihnen reges Interesse und Betrieb in jenen beweisen. Hauptsächlich müßte dies aber in Wissenschaften stattfinden, wo durch Beobachtung Entdeckungen gemacht werden können. In andern, wo ein Gedanke doch nur erst in seinem ganzen Zusammenhange volle Bestimmtheit erhalten kann, sind ausführlichere Behandlungen vorzüglicher, und die Form des Journals ist wenigstens gleichgültig. Allein unsre meisten Journale haben gar keinen Zweck als den, eine leichte Leserei zu liefern, die keine Anstrengung kostet, aber auch nicht die mindeste Frucht bringt. Sie enthalten in buntem Gemisch schlechte Gedichte, prosaische Erzählungen, kleine Reisebeschreibungen, Anekdoten, Aufsätze, die philosophisch oder wenigstens räsonierend sein wollen und keinen gesunden Begriff enthalten und dergl. mehr. Es darf nichts Albernes in Paris und London gesagt oder getan werden, so wird es uns in einem eignen Journal berichtet; ein andres läßt es sich besonders angelegen sein, auf Gespenster Jagd zu machen, und wenn es dergleichen nicht gibt, so nimmt es auch mit den metaphorischen Gespenstern des Kryptokatholizismus, des Jesuitismus oder irgendeiner heimlichen Schwärmerei vorlieb. Dafür hat doch ein Journal über den Akazienbaum einen besseren Zweck. – Da in unsern Zeiten Konsequenz in der Denkart und die Beharrlichkeit, sich lange mit einer einzigen Sache zu beschäftigen, schon an sich sehr selten sind, so wird durch das Lesen der Journale die Verwirrung der Begriffe und die Zersplitterung des Geistes immer allgemeiner gemacht, wovon jene nur der Ausdruck sind; und Wißbegierde hat sich in bloße Neugier verwandelt.

Ich komme endlich auf die *rezensierenden Zeitungen*. Diese Form ist eine verkehrte Nachahmung der politischen. Die letzten erscheinen mit Recht tageweise in Blättern, weil doch in verschiednen Staaten im Kriege oder Frieden etwas geschieht und Materialien zur Geschichte geliefert werden. Was geschieht aber in der Literatur in so kurzen Zeiträumen? Es ist, als ob man das Gras wollte wachsen hören. Schicklicher ist's daher schon, wenn die Anzeigen der Bücher in Bände gesammelt erscheinen, da die Bücher selbst ja auch von Messe zu Messe in großer Menge herauskommen. Diese Zeitungen sollen uns literarische Neuigkeiten melden. Über wichtige Werke läßt sich schwerlich im ersten Augenblick ein eigentliches Urteil fällen, sondern der Beurteiler kann nur einen Bericht vom Inhalt abstatten und seine Ansicht darüber geben. Die historische Betrachtung erfordert einen umfassenderen Zusammenhang: es muß erst von den Zeitgenossen in ihren

Geist aufgenommen und assimiliert werden, auch sein Verhältnis zu dem bisher Vorhandenen muß sich erst mehr offenbaren. Was eigentlich geschehen war, läßt sich oft erst lange hinterdrein sagen. Ein einfacher Meßbericht, der gar nicht einmal von Gelehrten, sondern nur von ein paar geschickten Buchhaltern brauchte aufgesetzt zu werden, wäre in der Tat das einzige Erforderliche. Das Dasein vortrefflicher neuer Schriften wird denen, zu deren Fach sie gehören, ohnehin nicht verborgen bleiben; und von den mittelmäßigen und schlechten zu reden ist ein unnützes, langweiliges und überflüssiges Geschäft. In der schönen Literatur kann man nicht selten schon am Titel sehen, wes Geistes Kind ein Buch ist; oder wenigstens reicht für den Kenner die Durchsicht einiger Blätter hin. Das letzte ist auch bei wissenschaftlichen Schriften nicht selten der Fall. Leser, die kein eignes bestimmtes Urteil haben, sondern sich durch die Autorität eines Rezensenten lenken lassen, sind entweder noch lernende Schüler, und dann sollte ihr Lehrer ihnen auch ihre Lektüre vorzeichnen; oder sie sind es nicht mehr, und dann werden sie schwerlich noch durch alles Lesen Meister werden.

Wir haben verschiedne allgemeine rezensierende Institute. Da hier jeder Leser eine Menge Bücher aus Fächern des menschlichen Wissens, wovon er wenig oder nichts versteht, beurteilt findet, so müßten die Rezensionen, um zweckmäßig zu sein, solche Gesichtspunkte fassen, wodurch sie denselben eine allgemeine faßliche und interessante Seite abgewännen. Dazu würde aber bei den Verfassern nicht weniger erforderlich sein als vollkommne Universalität, d. h. nicht bloß Vielwisserei, Aufhäufung verschiedenartiger Kenntnisse nebeneinander, sondern wahre Durchdringung des Geistes der verschiednen Wissenschaften in dem ihrigen. Wieviel fehlt aber, daß die meisten

Rezensenten nur in *einem* auch beschränkten Fache wahre Gelehrte wären, geschweige denn allumfassende Denker. Nach der allgemeinen Observanz bleiben sie anonym: eine Maßregel, die zum Teil durch die Friedlichkeit so vieler beschränkteren Gelehrten nötig gemacht wird, die mit Unterzeichnung ihres Namens gar nicht wagen würden, ein dreistes Urteil zu fällen; zum Teil aber auch würde ohne diesen Kunstgriff das ganze Ansehen der rezensierenden Journale schleunig verfallen. Denn man würde alsdann sehr bald sehen, welche obskure Menschen, die in ihrem Leben nie das mindeste Ordentliche geleistet haben, über vortreffliche Geister das Wort führen, von deren höherem Treiben und Beginnen sie gar keine Ahndung haben; oder wenn sie auch in ihrer Beschränktheit sonst einige Achtung verdienen, daß sie doch über Dinge außerhalb ihrer Sphäre ihre pedantische Weisheit zum besten geben. So aber, bei der Anonymität der Rezensenten, leiten die mit dem Innern von dergleichen Anstalten unbekannten Leser von den übrigen Mitarbeitern eine Autorität auf den einzelnen ab. Sie scheinen fast zu glauben, als handle er nach gemeinschaftlicher Verabredung mit der ganzen Genossenschaft, und er ermangelt dann meistens auch nicht, sich solch ein vornehmes Ansehen zu geben. Wenn sie nur wüßten, wie solche Journale fabriziert werden! Wie man bloß sorgt, die Blätter zu füllen, unbekümmert um die Beschaffenheit! Ja wenn noch irgendein ausgezeichneter Geist an der Spitze stünde, der das ganze beseelte und die untergeordneten durch seine Leitung zu tüchtigen Werkzeugen zu bilden wüßte. Aber wo ist das allgemeine rezensierende Institut[7], das von einem unsrer ersten Nationalschriftsteller dirigiert würde? Höchstens sind es akademische Gelehrte, zuweilen aber auch Buchhändler, die dann ihre eignen Spekulationen dabei haben mögen.

Wie schlecht es aber auch mit den Rezensionen in allen Fächern bestellt ist, so fallen doch die zur schönen Literatur gehörigen, wo von eigentlichen Kunstwerken die Rede ist, noch am erbärmlichsten aus. Weit entfernt, ein solches im ganzen nach seinem Bau und Wesen konstruieren zu können und es historisch an die in derselben Art vorhandnen Meisterstücke andrer Zeiten und Nationen anzuknüpfen, hängen sie sich an Äußerlichkeiten, reißen einzelne Stellen aus dem Zusammenhange und loben und mäkeln auf gut Glück an Versen, Worten und Silben. Aber wenn sie auch nur den technischen Teil innehätten! Allein hier zeigt sich meistens die gröbste Ignoranz, bei gänzlichem Mangel an philosophischer Grammatik, an Sinn und Ohr, ja oft können diese Kritiker nicht einmal Verse lesen, denn eben das Kunstreichste darin, den höheren Wohllaut buchstabieren sie als Übellaut heraus. Kurz, wenn poetische Schulübungen angestellt werden sollten, so stünden die meisten dieser Kunstrichter in Quinta zu verweisen.

Außerdem nun, daß dies nie abreißende Geschwätz über Bücher, diese Abschreiberei aus solchen, die oft selbst bloß aus andern abgeschrieben sind, aus Unvernunft, Unwissenheit, Trägheit und Verkehrtheit zusammengesetzt ist, wozwischen sich nur selten einmal die verlorne Stimme der Wahrheit vernehmen läßt, kommen dann noch die Privatinteressen und Leidenschaften ins Spiel. Zuvörderst bei den einzelnen Rezensenten, die dabei durch ihre Namenlosigkeit gesichert sind. Sehr oft fällt ein Buch gerade dem in die Hände, gegen den es gilt, der davon die Vernichtung seiner literarischen Existenz zu befürchten hat: es ist, als ob sich Verurteilte zu Richtern über ihre Richter aufwerfen dürften. Dann die Absichten und Kunstgriffe der Herausgeber: ihre Nebenbuhlerei untereinander; eine Zeitung, die auf einer Universität erscheint, will diese heben und die Arbeiten der gelehrten Mitbürger herausstreichen; dann werden Rücksichten auf große Buchhändler genommen, die beim Vertrieb wieder manche Dienste leisten können: schlechter Verlag wird geschont, mittelmäßiger geflissentlich angepriesen oder der damit in Kollision kommende von andern Verlegern herabgesetzt. Ist der Herausgeber vollends ein Buchhändler, so begreift sich's leicht: er spielt die Rolle des Quacksalbers auf dem Markte. Bei allem dem befleißigt man sich aber eines großen Scheins von Mäßigung und Billigkeit; und diese Halbheit, dies Nichtverwerfen und Nichtanerkennen ist es eben, was den meisten Leuten recht ist. Schriftsteller von entschiedner Konsequenz, die immer bis auf den Grund gehn, und wie sie in ihrer Strenge sich selbst nie befriedigen auch gegen andre keine Rücksichten kennen: diese sind es, gegen welche alle und jede Rezensionsinstitute beständig verschworen sind und den Krieg entweder öffentlich führen (und dann oft ohne die schlechtesten Mittel: Verdrehungen, gehässige Insinuationen, nicht dahin gehörige Persönlichkeiten, zu verschmähen) oder, wenn sie dazu zu feige sind, heimlich durch Verschweigen und indirekte Streiche. Gegen diese Geächteten ist alles erlaubt, wird alles billig gefunden.

In dieser Übereinstimmung lassen sich denn doch an den hauptsächlichsten dieser Institute noch verschiedne Charakter wahrnehmen. Die Göttingischen Anzeigen[8] haben den Vorzug, von kostbaren ausländischen Werken, die in das Fach der Erfahrungswissenschaften schlagen, oder von philologischen, historischen, geographischen usw. Berichte zu erteilen, weil diese Werke für die Göttingische Bibliothek angeschafft werden. Desto schlechter sind sie aber bestellt, wo es Selbstdenken und Urteilen gilt, in der Philosophie und Poesie, ja sie verhehlen es nicht, daß sie gegen eigne

Gedanken und Kompositionen eine souveräne Verachtung hegen, und alle Bücher scheinen ihnen nur des Exzerpierens und Zitierens wegen vorhanden zu sein. So ein erz-Göttingischer Professor (die Ausnahmen verstehen sich) lebt nur von der Bibliothek: er ist wie eine Schmarotzerpflanze oder ein Steinpilz an ihr zu betrachten. – Die Allgemeine Deutsche Bibliothek[9] hat sich sonst der Aufklärung vorzüglich beflissen und rühmt sich, durch ihren Einfluß viel zur Bildung der neueren, gänzlich haltungslosen und sich selbst vernichtenden Theologie beigetragen zu haben, welches ihr auch nicht streitig gemacht werden soll. Gegen die ältere Theologie wendete sie die Waffen ihrer sogenannten Philosophie; jetzt aber, da jenes Phantom verschwindet und es mit der Philosophie Ernst wird, zieht sie aufs eifrigste dagegen als gegen einen neuen Aberglauben zu Felde und erhebt auch in der schönen Literatur ein Zetergeschrei gegen alles Neuere, was über die sogenannte klassische Epoche hinaus will. Hier kann man das ganze Arsenal gemeiner Polemik kennenlernen, und sie läßt sich selbst Gerechtigkeit widerfahren, indem sie das Unerfreuliche ihres ganzen Treibens durch die stumpfen Lettern, das graue Papier und die schlechten Porträtkupfer von Gelehrten sinnbildlich ausdrückt. Die Leipziger Bibliothek der schönen Künste und Wissenschaften[10] beschränkt sich ihrem Titel gemäß. Sie wird von Priestern des guten Geschmacks bedient, die so enthaltsam sind, daß sie nie etwas Gutes zu schmecken bekommen. Wenn auch die Kritiken, wie die Kunstwerke selbst, durch die Form den Inhalt reflektieren sollen, so sind die ihrigen darin vortrefflich, indem sie die Langweiligkeit der kalten, nüchternen, sogenannten korrekten Geistesprodukte, welche sie einzig anpreisen, unvergleichlich darstellen. – Die Allgemeine Literatur-Zeitung[11], ein weit neueres Institut wie die bisher genannten, hat sich den ausgezeichnetsten Ruf durch Verbindungen mit berühmten Gelehrten erworben; die Teilnahme von diesen ist denn doch aber meistens nur scheinbar: sollte sie reell sein, so müßten diese wirklich alles zur Beurteilung übernehmen, was ihnen zukömmt, worüber sie allein oder am besten die Stimmen führen können. Dies ist aber wohl nur bei wenigen und auf kurze Zeit der Fall gewesen: meistens sind es nur Namen auf ihrer Liste. Doch ist nicht zu leugnen, daß die Literatur-Zeitung von Zeit zu Zeit Meisterstücke von Rezensionen gegeben, daß vortreffliche Köpfe sich ihrer als eines einmal in Gang gesetzten Vehikels der Mitteilung bedient haben. Bei einer innerlichen Scheu vor dem allzu Gründlichen und Durchgreifenden scheinen ihre Herausgeber manchmal gewünscht zu haben, das Neue und Auffallende, wenn sie voraussahen, daß es doch mit großem Ansehen gesagt werden würde, möchte zuerst bei ihnen gesagt werden. Im ganzen ist die Richtung dennoch nicht weniger schlecht, und seit einigen Jahren, da sowohl in der Philosophie und Poesie bedenkliche revolutionäre Symptome ausgebrochen sind, hat sie sich ganz vom Kampfplatz zurückgezogen und der Nullität ergeben. Sie handelt umständlich von Büchern, von denen niemand etwas wissen will, und übergeht das Wichtige, und diese feige Politik des Übergehens ist fast ihre einzige Art zu fechten. – Die Oberdeutsche Allgemeine Literatur-Zeitung[12] will es in der Form der Jenaischen nachtun; sie legt sich auch besonders auf Theologie und sucht die Aufklärung der Allgemeinen Deutschen Bibliothek für das katholische Deutschland zuzubereiten. Hiebei und überhaupt, wenn sie philosophieren will, verfällt sie in eine breite Unbeholfenheit und Verworrenheit. In der schönen Literatur ist sie aber vollends unnachahmlich lächerlich; unter andern hat sie an Gedichten immer viel gegen die Reinheit der

Sprache einzuwenden, als ob den Rezensenten wegen ihres bayrischen Dialekts das Gewissen schlüge und sie durch dieses Mittel die Aufmerksamkeit davon ablenken wollten. Die Verfasser derselben sind unter allen Rezensenten des Heiligen Römischen Reichs von der naivsten und offenherzigsten Dummheit: ich möchte ihnen raten, sich im gebildeten Deutschland einen Spion zu halten, der auskundschaftete, wie die Sachen dort eigentlich stehen, wovon die Rede und was die Meinung ist, ich fürchte aber, er würde sich wie der berühmte alte Spion von Erfurt gleich am feindlichen Tor als solcher angeben. – Noch andre gelehrte Zeitungen verdienen wegen ihrer geringen Bedeutung gar nicht erwähnt zu werden. Bei diesem Zustande des Rezensionswesens ist es kein Wunder, wenn selbst kleine Schreier, die bei ihrer Ignoranz nur mit Unverschämtheit gewaffnet sind und sich auf ihre eigne Hand etwas Rezensierliches oder Krittliches einrichten, Gehör finden: nur unter der Bedingung, daß sie das so schon Beliebte anpreisen, einige angetastete klassische Schriftsteller behaupten und das noch nicht erkannte Große und Gute schimpfen und schmähen. Da wir nach Prinz Heinrichs Ausdruck beim Shakespeare, wie er sich in der Schenke mit gemeinen Aufwärtern eingelassen, durch diese Erwähnung die tiefste Baßnote der Leutseligkeit[13] angegeben haben, so können wir nun in der Literatur nicht tiefer herabsteigen und wären wohl berechtigt, nachdem wir ihre ganze Schmach durchgemacht, unsre Betrachtung auf erfreulichere Gegenstände zu richten.

Wenn wir aber nach den Ursachen dieses Zustandes fragen, so ist es bei der immer in einigem Grade stattfindenden Wechselwirkung zwischen den kultivierteren europäischen Nationen, von denen wir sonst alles annahmen und die jetzt von uns anzunehmen anfangen, natürlich, sich zu erkundigen, wie es in Ansehung derselben Punkte bei ihnen steht. Zuerst bei den *Franzosen* und *Engländern*, die überall den Ton der Mode und Meinung angeben. Die herrschendsten Gegenstände der Liebhaberei sind bei ihrer großen Lesewelt ungefähr dieselben wie bei uns, vor allem Romane, die eben wie die unsrigen ganz von poetischem Verdienst entblößt sind, nur mit verschiednen Nuancen des Nationalcharakters, indem die engländischen, die zum Teil ja auch von Frauen herrühren sollen, grade wie die Sitten der dortigen Frauen, in steife Delikatesse und pretiöse Moral eingezwängt sind, die französischen hingegen mit der beliebten Sentimentalität mehr Lüsternheit und Leichtfertigkeit verbinden. [Für Muster dessen, was beide suchen und lieben, können gelten unter den englischen die der Miß Burney, unter den französischen der Faublas.] Den Franzosen war sogar, wenigstens vor dem Kriege, England das romantische Land geworden, wo die edelmütigen Lords herkommen; so wie dagegen die englischen Romanschreiber mit den deutschen das gemein haben, daß sie, wo sie nach dem Wunderbaren streben, die Szene gern ins südliche Europa, nach Italien oder Spanien, verlegen. Die Sucht nach dem Abenteuerlichen hat auch in England viel Liebhaberei für Spukgeschichten von alten Burgen u. dergl. hervorgebracht, wovor ein gewisser Sinn für das Schickliche die Franzosen bei ihrer Nüchternheit mehr bewahrt. Daher haben auch in England aus dem Deutschen übersetzte Romane mehr Glück gemacht als in Frankreich, ja einige der beliebtesten anmaßlichen Originale sind aus schlechten deutschen zusammengeborgt und nachgeahmt. [The Monk[14].] Auf der englischen Bühne ist eine große Stockung: die älteren Stücke, selbst die Shakespeareschen, die man immer dem Inhalt nach verstümmelt, der Form nach manieriert gegeben hat, welche die Engländer eigentlich nur auf

Autorität verehren, ohne recht zu wissen, was sie daran haben, ist man, wie es scheint, satt; und an neuen Produkten so äußerst dürftig, daß die deutschen beliebten Sachen (die beliebten par excellence) ein ungeheures Glück machen konnten, welches uns allein schon einen Maßstab für die dortige Versunkenheit gibt. Bei den Franzosen ist dies nicht so durchgreifend gelungen, doch fragt sich's, ob ein gutes Prinzip dem Erfolg entgegenstand. Der Einführung fremder Stücke scheint sich bei ihnen besonders die Gewöhnung an einheimische Theaterkonvenienzen zu widersetzen, dann ein Sinn für das Schickliche zwar, aber mit einer Neigung verknüpft, alles Abweichende und Kühne ins Lächerliche zu wenden, welche auch das echt phantastisch Wunderbare und die romantische Verschmelzung von Ernst und Scherz bei ihnen nicht aufkommen läßt. Auch sind sie an Originalen nicht ganz so arm, wenngleich meistens nichts Neues und Großes geliefert wird, sondern nur Variationen in dem Rahmen völlig fixierter beschränkter Gattungen. Besonders übertragen sie den muntern Ton ihres geselligen Lebens in Nachspiele und Operetten: doch haben sie auch in größeren Lustspielen Darstellungen der bürgerlichen Verhältnisse, Familiengemälde\*, die wohl den unsrigen als bessere Muster aufgestellt zu werden verdienen. Kurz, sie sind mit ihrem eignen Zustande mehr zufrieden und haben auch mehr Ursache, es zu sein, als die Engländer.

Was die übrigen Gattungen von Gedichten betrifft, so ist beiden die schöpferische Kraft, die Mythologie, die Fiktion, längst ausgegangen, und was sie so nennen, sind bei den Engländern meist schwerfällige lehrende Versuche (dahin gehören auch die überladnen Landschaftsmalereien), bei den Franzosen leere rheto-

---

\* Fabre d'Eglantine, Colin d'Harleville. Schon die übliche Versifikation hat einen guten Einfluß.

rische Diskurse in Versen, worin sich bei jenen mehr ihr sogenannter gesunder Menschenverstand und die ökonomische Richtung*, bei den Franzosen das Bestreben zu glänzen und der Hang zu sophistischem Räsonnement offenbart**; an wahre Poesie ist weder bei den einen noch den andern zu denken. Wie ihre Sprachen überhaupt sehr wenig musikalisch sind, so haben sich auch bei ihnen die schlechtesten gereimten Versarten bis zur toten Einförmigkeit fixiert, und so wie sie aus diesen, die Engländer aus ihren fünffüßigen Couplets, die Franzosen aus den Alexandrinern, heraus wollen, so verfallen sie in die äußerste Laxität, jene in ihrem Blankvers, wie sie ihn jetzt behandeln; diese in den regellos gemischten Reimversen oder auch, indem sie sich in poetische Prosa ergießen: so daß selbst durch die Form ihre Poesie ein gleichgültiger Gegenstand werden muß. Im scherzhaften Fach sind die Franzosen doch leichter und luftiger, wiewohl auch ihrem Scherz oft ein nüchterner Ernst zum Grunde liegt und die genialische überströmende Begeisterung des Witzes fehlt (dies ist selbst bei Voltaire, ihrem anerkannt witzigsten Kopfe, und von dessen Schätzen ihre jetzigen so ziemlich leben, meistens der Fall, weniger bei Diderot); die satirischen Gedichte der Engländer hingegen sind plump und haben fast nur ein bedingtes Zeitinteresse: sie lassen sich am besten mit ihren politischen Karikaturen vergleichen, dies gilt von Butlers Hudibras bis auf Peter Pindar.

Die Journale der Engländer und Franzosen haben der Beschaffenheit nach viel Analogie mit den unsrigen, mit der Kritik der Poesie steht es eben nicht besser. Die engländischen Kritiker schätzen alles auf quantitative Art und fordern von der Poesie moralische

* Es fehlt den Engländern nur noch an einem Gedicht über die Rumfordschen Suppen.
** Delille. Le Malheur et la pitié.

oder anderweitige Belehrung. Ich erinnere mich, daß ein englischer Kritiker als Haupterfordernis einer guten Tragödie aufstellte: an uncommon accumulation of distress. Mich wundert, daß die Engländer noch nicht auf den Gedanken einer poetischen Bank geraten, von woher man das Nötige entlehnen könnte. Die französischen hängen sich an Äußerlichkeiten, ihr eins und alles ist, was sie den guten Geschmack nennen, eine der abgeleitetsten Konvenienzen, die ihnen aber für ein Erstes und Ursprüngliches gilt. Ihre Belesenheit erstreckt sich meistens nur auf einheimische Autoren und unter diesen auf die für klassisch erklärten; Kennerschaft in der italienischen, spanischen und alten Literatur ist äußerst selten\*, es fehlt gänzlich an der zur Kritik so notwendigen Kenntnis der universellen Geschichte der Poesie. Bei den Engländern wird das Studium der Alten zwar noch mit Ernst getrieben, jedoch pedantisch und unfruchtbar; bei den Franzosen ist die philologische Gelehrsamkeit wie ausgestorben. Auch philosophische Theorie der Kunst kann ihnen dabei nicht zu Hülfe kommen, denn die Philosophie ist in diesen Ländern lange nicht mehr zu Hause: die Engländer bleiben bei ihrem Locke und seinen auswässernden Nachfolgern, die Franzosen halten den Condillac, ein bloßes Abc-Buch der empirischen Psychologie, für die Bibel philosophischer Evidenz; beide sind mit der Spekulation und allem, was nur dazu hinneigt, aus der Kunde gekommen, besonders was die Franzosen Metaphysik nennen, ist zum Lachen. Die vorzugsweise kultivierten Fächer bei ihnen sind die physikalischen Erfahrungswissenschaften, weil sich von diesen unmittelbar nützliche Anwendun-

---

\* So war es auffallend, daß keiner der französischen Beurteiler von Hermann und Dorothea in Bitaubés Übersetzung auf den nächsten natürlichsten Vergleichungspunkt mit der Odyssee fiel, ja nur eine Spur gab, diese gelesen zu haben.

gen machen lassen, und bei den Franzosen die Mathematik, welche diesem räsonierenden Volke, das gern jedes Geschäft durch schnelle Berechnung abtut, vorzüglich zusagen muß.

Mit der Literatur der *südlichen Völker* Europas haben wir weniger Verkehr, wir hören weniger von dorther, und es erscheint auch bei weitem nicht so vieles, weil zum Glück bei ihnen die Industrie der Druckerpressen und des Buchhandels noch lange nicht so hoch gestiegen ist. Die nördlicheren Nationen reden daher von einem Stillstand, einem lethargischen Zustande bei ihnen; aber es fragt sich, ob diese Apathie gegen manches, was jene so lebhaft beschäftigt hat, ihnen nicht vielmehr zugute kommt, wie einem, der die schlechte Witterung verschlafen hat. Es kann sein, daß sie auch alle unsre Mißverständnisse und Verirrungen durchmachen müssen, aber doch schneller davonkommen, wenn diese erst dann bei ihnen recht eingreifen, wann die Sachen in jenen Ländern schon einen andern Umschwung genommen haben. Ein übles Zeichen ist die bei ihnen so sehr überhandnehmende Auctorität der Engländer und Franzosen, der letzten besonders in Sachen des Geschmacks. Doch trifft dies vielleicht mehr die Gelehrten als den Sinn der gesamten Nation. – Die moderne Romanleserei scheint dort lange noch nicht so herrschend zu sein und kann es auch schwerlich werden, solange sie die älteren, wahrhaft romantischen Bücher noch lesen, die sie besitzen. Die heutige Bühne der Italiener scheint freilich sehr dürftig an neuen Produkten und prosaisch zu sein, doch findet dies dadurch Entschuldigung, daß sich bei ihnen die lebhafteste Neigung auf die Oper wendet. Die Spanier sollen, wie man mir versichert, immer noch die Stücke ihrer alten großen Meister aufführen; manches neuere, was ich gesehen oder wovon ich gehört, trägt freilich die Spuren französischer Einwirkung und sentimentaler Tendenz an sich\*. In andern Gattungen von Gedichten hat Italien in der neueren Zeit nichts hervorgebracht, was sich mit den alten Meistern großen Stils nur entfernt vergleichen dürfte, doch fehlt es bei ihnen allem Anschein nach nicht an Talenten, welche die Poesie in der Stille mit wahrer Lust und Liebe ausüben, ohne die Eitelkeit, öffentlich aufzutreten, und ohne einen Erwerb daraus zu machen\*\*. Solange sich auch in Diktion und metrischen Formen das Gepräge nicht ganz verwischt, was die großen Dichter ihrer Sprache eingedrückt haben, kann die Poesie bei ihnen fast nicht aussterben. Ungefähr ebenso mag es sich in Spanien und Portugal verhalten. – Was die übrigen Fächer betrifft, so scheint wohl das der empirischen Naturkenntnisse das einzige zu sein, worin sich in diesen Ländern eigne Tätigkeit regt; die Italiener sind hier sogar als bedeutende Entdecker aufgetreten.

Dieser kurze Überblick kann uns schon lehren, daß von dem jetzigen Zustande der schönen Literatur bei den ausgezeichnetsten Nationen Europas nicht viel zu rühmen ist; daß sie, so wie die Deutschen darin seit dem Anfange der gelehrteren Bildung noch nie recht emporgekommen (denn das Große, was sie besitzen, ist Naturpoesie aus den Ritterzeiten; ebenso ist es meines Erachtens auch mit den Franzosen), von ehemaligen Höhen heruntergesunken. Aber vielleicht macht die Poesie eine Ausnahme, und mit den *übrigen Künsten* steht es besser. Um mit den bildenden anzufangen, so ist der unermeßlich weite Abstand unsers Zeitalters von der großen Epoche derselben unter den

---

\* So erinnere ich mich, vor einigen Jahren von einem spanischen Stücke gelesen zu haben, das eigends gegen die Tortur gerichtet war, etwa wie in der Melanie[15] gezeigt wird, daß man die Töchter nicht zum Klosterleben zwingen soll. So etwas ist ein Exempel und keine freie Darstellung.
\*\* Dilettantismus der Abaten. Französierende Schriftsteller.

Modernen, zu Ende des fünfzehnten und Anfang des sechzehnten Jahrhunderts, noch weit augenscheinlicher und allgemeiner anerkannt. Wer kann sich gegenwärtig berühmen, zu malen und zu komponieren wie Leonardo, Raffael, Michelangelo, Giulio Romano, Fra Bartolomeo, Correggio oder auch wie Holbein und die andern großen Meister? Ja jeder jetztlebende Künstler, der sich durch sie zu reinerer Kunstanschauung erhoben hat und in verwandtem Geiste malt, wird in seinen Bildern hart und unfaßlich gefunden und findet keinen Beifall. Wie sehr der Sinn verlorengegangen, davon ist es der auffallendste Beweis, daß überhaupt nur die Rede von der Kunst der Engländer sein kann, die ganz vor kurzem noch gar keine einheimischen Kunstversuche besaßen und unter deren Händen, ihrem sonstigen merkantilen Geiste gemäß, alles, was sie als Kunstwerk liefern, zu saubrer Manufakturarbeit herabgewürdigt wird. Wenn hier und da mit Recht von Fortschritten die Rede sein kann, so ist es nur in bezug auf eine noch kläglichere Ausartung, man malt z. B. in Frankreich nicht mehr so manieriert als vor dreißig oder fünfzig Jahren, zu den Zeiten eines Coypel und Boucher; man studiert die Antike und die alten Meister und drückt dies Studium mehr oder weniger in den eignen Gemälden aus: von da ist es noch weit hin bis zu wahren Originalschöpfungen. Dasselbe gilt von der Skulptur und Architektur: man hält in jener nicht mehr den Bernini für das höchste Muster, man baut nicht mehr mit so überladnen Zieraten, wie es unter ihm zur Mode ward. Man hat sich in diesen Künsten auf dem historischen Wege wieder zu orientieren gesucht, welches auch in der Poesie für jetzt das einzige Mittel ist. Wenn dies nun auch so viel gefruchtet, daß zum Teil einfacher und reiner, selbst mit einer gewissen Eleganz gebaut wird, so wird uns doch ein echter Kenner sagen können, wie weit man damit noch vom gründlichen Verständnis der antiken Architektur und vollendeter Erscheinung der Zweckmäßigkeit entfernt ist. In diesen Künsten, die so ganz dafür gemacht sind, ins Große und für die Ewigkeit zu arbeiten, offenbart sich aber noch ganz besonders der kleinliche Geist unsers Zeitalters, das immer nur auf die Gegenwart denkt und unter dem Wirbel der Zerstreuungen und Bedürfnisse nicht Zeit hat, für die Nachkommen zu sorgen. Wie selten erhält jetzt ein Bildhauer nur einmal zu lebensgroßen Statuen Aufträge, geschweige denn zu kolossalen Statuen und Denkmälern. Man vergleiche damit die Reichtümer der Griechen und die Herrlichkeit der Römer! Aus Mangel an Übung ist man selbst in manchen Stücken der Technik, z. B. dem Gießen in Bronze usw., sehr zurückgekommen. Auch in der Malerei ist das Fresko, die eigentliche Gattung für kolossale Kompositionen, gänzlich untergegangen. Die Architektur ist sonst immer die Kunst gewesen, welcher große Nationen ihren Ruf bei der Nachwelt vornehmlich anvertrauten: die Säulen und Gewölbe waren die riesenhaften Buchstaben, in welchen sie für die letzte Lehren der Besonnenheit, des Blickes auf Vergangenheit und Zukunft niederschrieben. Jetzt hat sich der Sinn für die unvergängliche Pracht, ja auch für das Öffentliche und Gemeinsame verloren: das Bauen wird mehr als Privatunternehmen betrieben und auch auf lauter Privatbequemlichkeiten gerichtet. Ja in der Festigkeit und Solidität beschämen uns alle früheren Zeitalter, von dem an, aus welchem die ägyptischen Pyramiden herstammen, durch die ganze griechische und römische Baukunst hindurch, selbst die gotische nicht ausgenommen (die doch oft scheinbar an die Grenzen des Unmöglichen streift und ihre Teile nicht so kompakt wie die antike Baukunst, gleichsam wie Muskeln des tierischen Körpers, zusammenfugt, sondern in Stämmen,

Schößlingen, Zweigen, Ranken, Blättern und Blüten aufschießend, gleichsam eine vegetabilische Architektur darstellt), und dann in der Epoche seit der Wiederauflebung der Künste, nur die neuesten Zeiten abgerechnet. – Man hat ein Epigramm von einem Barbier, der so langsam schert, daß der Bart auf der ersten Seite wieder wächst, während er auf der andern abgenommen wird; so will man jetzt umgekehrt so rasch und leicht bauen, daß das Gebäude dort wieder einstürzt, während es hier noch nicht fertig ist. Wer weiß, es kommt noch dahin, daß man die Häuser so oft wechselt wie die Kleider und Möbeln. Aber wenn man auf diese zerbrechliche Zierlichkeit ausgeht, so bauen wir wiederum noch lange nicht leicht und luftig genug und müßten es erst von den Chinesen lernen, Häuserchen aus Porzellan zu brennen und aus lackierter Pappe zusammenzuschnitzeln. Wenn unsre Denkmäler Jahrhunderte überdauern, ohne von der Erde weggestoben zu werden, wird eine weisere Nachwelt nicht urteilen müssen, dies sei ein wirblichtes und leichtsinniges Geschlecht gewesen und dabei auf üble Art ökonomisch, am Großen sparend und im Kleinen verschwenderisch?

Von der Musik habe ich nicht genug eigne Kenntnis: doch ist es ziemlich anerkannt, daß in der eigentümlichsten Gattung der Neueren, der Kirchenmusik, die alleräältesten Meister auch die besten sind. Ich überlasse es Kennern zu beurteilen, inwiefern das, was man gegenwärtig in andern Gattungen rühmt, nur Variation von etwas schon Vorhandnem sein mag und welchen Anteil Neuheit und Mode an dem großen Beifall mancher neuen Erzeugnisse haben mögen. Es muß dabei sehr in Erwägung kommen, daß man einer alten Musik leicht Unrecht tun kann, wenn man die rechte Art verloren hat, sie vorzutragen. Wenn der Wert der musikalischen Erfindungen einen sichern

Maßstab abgeben könnte, so würden wir mit unserer Harmonika, Euphon usw. schlecht gegen die Zeit bestehn, wo die Orgel erfunden ward.

Um auch eine Kunst des Vortrags zu erwähnen, so muß ich es aus weiter oben angeführten Gründen als Grundsatz annehmen, daß die Schauspielkunst mit der dramatischen Poesie zugleich blüht und verfällt. Einzelne große Talente können freilich unabhängig davon zu jeder Zeit erscheinen. Ferner sind manche Fortschritte, die gerühmt werden, gerade wie bei der Malerei und andern Künsten, nur bedingt gegen einen bisherigen Zustand zu verstehen. Man spielte z. B. vor fünfzig Jahren vielleicht sehr pretiös und manieriert, man hat etwan hier und da einen natürlicheren Ton angenommen, sich edleren, einfacheren Formen angenähert. Dies ist lobenswert; das vollkommne Schauspiel soll uns aber die Intentionen der großen dramatischen Dichter in ihrem ganzen Umfange, ihrer ganzen Tiefe zur Erscheinung bringen. Und hiernach frage man: wo in der Welt jetzt z. B. Shakespeare auf angemeßne Art dargestellt werden kann?

Es ließe sich zu dem Gesagten noch vieles hinzufügen; doch reicht das Bisherige schon hin, uns zu überzeugen, daß die Künste insgesamt in tiefem Verfalle sind (den Verdiensten einzelner Künstler unbeschadet, denen es um so höher angerechnet werden muß, wenn sie sich durch die Einflüsse des Zeitgeschmacks nicht vom rechten Wege ableiten lassen) und daß wir vorige Zeiten als unerreichbar darin verehren müssen. Woher kommt dies, wenn unser Zeitalter wirklich ein so überaus gebildetes, unterrichtetes und weises ist, als man gewöhnlich schlechthin voraussetzt? Wird man antworten: die schönen Künste sind doch nur eine angenehme Tändelei, untergeordnete Kräfte des Geistes beschäftigen sich mit ihnen; unser Zeitalter ist zu sehr auf das Reelle, das wahrhaft Nutzbare gerichtet, zu sehr in ernste Wissenschaften vertieft, als daß es ihm sonderlich mit jenen gelingen solle. – Man hüte sich, durch solch ein aus der Denkart des Zeitalters entlehntes Argument, dieses selbst am ärgsten zu verdammen. Denn die Verkennung des Höchsten im Menschen, die Umkehrung des Ranges der menschlichen Angelegenheiten, möchte eben die herrschende Ausartung und Verderbnis sein. In echten Kunstwerken spricht sich die Tiefe der Weisheit und die Hoheit des Gemüts ganz anders aus als in so vielen für wissenschaftlich geltenden Büchern, es sind bei jenen eben die Kräfte in höchster Energie wirksam, wodurch die Wissenschaft par excellence, die Philosophie, zustande gebracht wird: Vernunft und Phantasie, aus einem höheren Gesichtspunkte betrachtet, beide nur *eine* gemeinschaftliche Grundkraft; da hingegen das Wissen, womit man sich gewöhnlich so viel weiß, nur Sache wahrhaft untergeordneter abgeleiteter Kräfte, des Verstandes und Gedächtnisses, ist.

Ich muß hier unsern Betrachtungen eine noch allgemeinere Richtung geben und kann nicht umhin, den *Geist des Zeitalters im ganzen* zu charakterisieren, von welchem der geschilderte Zustand der Künste nur eine Erscheinung unter vielen ist. Hier werde ich nun noch weit mehr in Widerspruch mit den geltenden Meinungen geraten, denn ich sehe, daß die meisten Zeitgenossen als ein unzweifelbares Axiom immerfort ausdrücklich und stillschweigend behaupten: die Welt sei, seit sie steht, noch nie so verständig und gebildet, so gesittet und sittlich gewesen als jetzt. Mir kommt es nun, offenherzig zu reden, ganz und gar nicht so vor, und ich habe schon bei der Würdigung des Zustandes der Künste manches dergleichen äußern müssen. Ich finde aber auch jene Überzeugung sehr begreiflich und wollte es wohl historisch nachweisen, daß auch diejenigen Zeitalter, die unleugbar die kleinlichsten und entartetsten waren, z. B. unter den späteren römischen Kaisern sowohl in Rom als Konstantinopel, nicht weniger gut von sich dachten. Denn mit der echten Größe geht auch der Maßstab dafür verloren. Die Täuschung ist natürlich: der einzelne, er mag leben, wann er will, fühlt, daß er Erfahrungen macht, Irrtümer ablegt, seine Einsichten erweitert usw., dies trägt er durch einen optischen Betrug auf das Ganze über; und da die Menschen doch immer auf irgendeine Art streben und tätig sein müssen, da ihnen dies oft Mühe genug kostet und sie ein gewisses Gelingen dabei wahrnehmen, so zweifeln sie auch keinesweges an den allgemeinen Fortschritten. Glaubt doch wohl das geblendete Pferd, das in der Mühle im Kreise herumgeht, immer fortzuschreiten. Dann kommt die Eigenliebe dazu, vermöge deren alles, was uns gehört, durchaus das Beste sein soll: unsre Kleider und Möbeln, unser Haus, unsre guten Freunde, unsre Stadt, unsre Regierung, unsre Nation und so auch endlich unser Zeitalter. Man bedenkt aber nicht, daß dieses nur insofern das unsrige wird, als wir selbst wollen. Als sinnliche Erscheinung ist der Mensch in der Zeit, aber als selbsttätiges Wesen trägt er sie in sich, und da kann er historisch leben und sein geistiges Dasein aufschlagen, wo er will.

Wir gehen also zu einer kurzen Prüfung der allgepriesenen Fortschritte und Vortrefflichkeiten des Zeitalters (nicht *unsers,* damit keiner sich beleidigt finde) fort, wobei ich zuvörderst einen allgemeinen Grundsatz für die Schätzung aufstellen muß. Wir können nämlich bemerken, daß alle menschlichen Bestrebungen entweder auf das irdische und körperliche Dasein gehn, also Überfluß, Vergnügen und Wohlleben befördern wollen; oder auf etwas hievon ganz Verschiednes, nach unsrer Behauptung Höheres, gerichtet sind. Den Gegenstand der ersten, den Inbegriff der bedingten Zwecke, faßt man unter dem Namen des

Nützlichen zusammen; den der letzten, die Gesamtheit unbedingter Zwecke des Menschen, unter dem des an sich Guten. Gesetzt nun, ein Zeitalter erschöpfte sich in erfinderischen Bemühungen um die irdische Wohlfahrt, verabsäumte aber darüber das höhere Heil, den Anbau des himmlischen Erbteils, wenn ich so sagen darf; so würde es unstreitig einem andern nachgesetzt werden müssen, wo man in Ansehung jener genügsamer und weniger raffiniert wäre, manches dem Zufall und der Güte der Natur überließe, wo dagegen dem Geiste edlere Befriedigungen reichlich gewährt würden. Ich setze hiebei freilich voraus, daß man nicht die sinnliche körperliche Existenz des Menschen, die er am Ende mit den Tieren gemein hat, für das einzige und alles übrige für leere Einbildung hält. Mit jemanden, der dieser Meinung wäre, könnte ich nicht weiterreden, sondern müßte erst auf die menschliche Natur überhaupt zurückgehn, um ihm daraus die Realität und Notwendigkeit dessen, was ich höhere Strebungen nenne, darzutun. Doch dies würde uns hier zu weit führen und auch überflüssig sein: schon wenn Sie den unendlichen Wert der schönen Künste zugegeben haben, wie ich in der ersten Stunde postulierte, sind Sie mit mir auf demselben Gebiet.

Welches sind denn aber jene ursprünglichen und ewigen Anlagen, Richtungen des menschlichen Gemüts? Wissenschaft und Kunst, mit andern Namen Philosophie und Poesie (denn Poesie ist der Geist aller schönen Kunst und Philosophie die absolute Wissenschaft, die Wissenschaft der Wissenschaften, ohne die es gar keine gibt, denn auch die Mathematik lernt erst durch Philosophie sich selbst begreifen), dann Religion* und Sittlichkeit. Keines dieser Dinge ist von dem

---

\* Es versteht sich, daß mit diesem Namen hier nicht die christliche oder irgendeine andre bestimmte, sondern Religion überhaupt gemeint ist.

andern abgeleitet oder abhängig, alle sind in gleicher Dignität, und zwar so, daß sich je zwei und zwei symmetrisch gegenüberstehn. Dies letzte bestätigt sich auch dadurch, daß sie anfangs ineinander eingewickelt und verwebt zum Vorschein kamen. Die ersten Sittengesetze hatten die Form religiöser Gebote, und die innere Weihe der Religion wurde durch die Cerimonien des Gottesdienstes in Pflichthandlungen verwandelt. Mythologie war das verbindende Mittelglied zwischen Philosophie und Poesie und wurde auch von den Griechen als die gemeinschaftliche Wurzel beider betrachtet. Bei einer entschiednern Ausbildung sondern sich diese Dinge mehr, und um ihr Wesen gründlich zu erforschen, muß man sie sorgfältig auseinander halten. Zwar ist im menschlichen Geiste nichts isoliert vorhanden, und so ist auch in jedem wieder alles übrige enthalten: aber nur indem es sich ganz in seiner Sphäre hält, sich selber treu bleibt, kann es erst es selbst und demnächst alles übrige mit sein. Die Verwirrung der Grenzen hat von jeher großes Unheil angerichtet. Echte Poesie wird von selbst zugleich philosophisch, moralisch und religiös sein: gleichsam eine sinnbildliche Philosophie, eine losgesprochne freie Sittlichkeit und eine weltlich gewordne Mystik. Fordert man aber voreilig und auf ungebührliche Art von ihr einen baren Ertrag philosophischer Wahrheiten, nebst moralischer Nutzanwendung und religiöser Erbauung: so wird die Bedingung von allem diesem, das wahrhaft Poetische, selbst zerstört. Ebenso ist es mit den übrigen. Ich glaube das Verhältnis dieser vier Richtungen oder Sphären am besten durch ein Gleichnis deutlich machen zu können. Zuerst ist es nicht ohne Bedeutung, daß es viere sind: denn in der höhern philosophischen Arithmetik entsteht die Zwei aus der Spaltung der Einheit in sich und die Vier (die heilige Vierzahl, wie die Pythagoreer sie nannten) nicht aus der Hinzufügung der Zwei zur Zwei, sondern aus ihrer Vervielfältigung mit sich selbst, als das erste Quadrat. Philosophie, Poesie, Religion und Sittlichkeit möchte ich die vier Weltgegenden des menschlichen Geistes nennen. Die Religion ist der Osten, die Region der Erwartung; ewige Morgenröte ist ihr Symbol, indem die Sonne, die von sterblichen Augen nicht ohne Blendung angeschaut werden kann, aus den irdischen Dünsten einen Schleier um sich zieht, der in den schönsten Farben spielt. Die Sittlichkeit ist der Westen, diejenige Himmelsgegend, welche Bilder der Ruhe und Befriedigung nach wohl vollbrachtem Tagewerk mit sich führt, nach welcher hin die Gestirne ihren Kreislauf vollenden, gerade weil die Erde sich in entgegengesetzter Richtung dreht, so wie aus der Gegenstrebung zwischen Trieb und Gebot, Begierden und Willen die sittlichen Erscheinungen hervorgehn. Die Wissenschaft ist der Norden, das Bild der Strenge und des Ernstes: im Norden ist der unbewegliche Polarstern, der die Schiffahrenden leitet; nach Norden hin weist der Magnet, das schönste Symbol von der Unwandelbarkeit und Identität des Selbstbewußtseins, welche das Fundament aller Wissenschaft, aller philosophischen Evidenz ist. Dem Süden gehören die würzigen, erquickenden Erzeugnisse der schönen Kunst an, die nur durch Wärme und lieblichen Sommer hervorgelockt werden können. – Oder auch Philosophie, Poesie, Religion und Sittlichkeit sind den vier Elementen zu vergleichen. Die Religion ist das Feuer, welches immer nach dem Himmel strebt und auf der Erde nur dadurch bestehen kann, daß es den irdischen Körper, an welchem es sich befindet, verzehrt, das gewaltigste und in seinem Mißbrauch das verderblichste aller Elemente. Die Sittlichkeit ist das Wasser, welches Pindar[16] das vortrefflichste aller Dinge nennt: ruhig, rein, ungetrübt, ein Bild vollkommner Affektlosigkeit; aus allen Vermischungen selbst wieder hervorgehend, aber das Bindungsmittel der übrigen Substanzen, das allgemein Vermittelnde auf der Erde. Die Wissenschaft ist die Erde, der festgegründete Boden, der uns trägt und durch ergiebige Früchte nährt. Die Poesie endlich ist der Luft zu vergleichen, dem Anschein nach ein bloß spielendes und ergötzliches Element, das in gelinden Zephyrn Blumendüfte, die geistigen Ausflüsse zarter Körper, herbeiführt, aber im unbewußten Atmen zum Leben unentbehrlich ist. Man könnte das Gleichnis noch spezieller ausführen. So sind die verheerenden Explosionen, welche die Religion von Zeit zu Zeit verursacht, eigentliche Gewitter. Sittliche und religiöse Antriebe sind alsdann in einer Mischung zusammengedrängt, die nicht lange Bestand haben kann: das poetische Element, die Phantasie, wird dann stürmisch und treibt diese Massen umher, bis das Feuer sich entbindet und in der seiner Richtung gegen den Himmel entgegengesetzten als Zornfeuer auf die Erde herabschießt; so wie dieses ausgewüt, erzeugt sich Wasser und fällt wohltätig befriedigend auf die Erde herab; alsdann ist auch die Luft wieder erfrischt und erheiternd. Man erinnre sich nur der Kreuzzüge, wie sie phantastisch und religiös eifernd geführt wurden, wie sie dann für Europa sittlichkeiterzeugend und poesieentfaltend wirkten. – Doch dies sei genug, um meine Ansicht ins Licht zu setzen.

Wenn nun diese vier Regionen oder Elemente der menschlichen Natur die Heimat und der Urquell aller *Ideen* sind, welche das Leben ordnen, erheben, verschönern, so behaupte ich, daß der herrschende Charakter unsrer Zeit eben in einem allgemeinen Verkennen der Ideen, beinahe in einem Verschwinden derselben von der Erde, wofern dies möglich wäre, besteht. Ich nehme dies Wort aber in seinem höheren eigentlichen Sinne: denn es kann selbst ein Beispiel obiger Behauptung abgeben, selbst die Idee einer Idee war verlorengegangen. Von der ursprünglichen Bedeutung beim Plato, der darunter die Urbilder der Dinge im göttlichen Verstande, in welchem Denken und Anschauen eins ist, versteht, denen allein wahres Sein zukomme, und worin Allgemeines und Besondres nicht, wie in der Erscheinungswelt Begriff und Individuum, getrennt, sondern unzertrennlich verknüpft sei; von dieser hohen Bedeutung göttlicher ewiger Urbilder ist das Wort zu der einer durch sinnliche Eindrücke erregten Vorstellung, einer Sensation, selbst in der Sprache seinwollender Philosophen herabgesunken; Kant hat es zuerst in seine Rechte wieder eingesetzt. Das Wesen und die Wichtigkeit der Ideen kann nur philosophische Betrachtung recht kennen lehren. Ich habe sie wohl sonst in diesen Vorlesungen als „schrankenlose Gedanken" definiert oder als „etwas, worauf der menschliche Geist mit einem unendlichen Bestreben gerichtet ist", bezeichnet; mein Bruder hat sie im Athenäum[17] treffend so beschrieben: „Ideen sind unendliche, selbständige, immer in sich bewegliche, göttliche Gedanken." Ich möchte sie auch organische Gedanken nennen, nach deren Hinwegnahme nur ein toter Mechanismus zwischen den ihnen untergeordneten Begriffen übrigbleibt. Die neuere Philosophie hat sich Idealismus genannt: man könnte dies auch so deuten, und gewiß werden die Philosophen, welche wissen, warum es ihnen zu tun ist, nichts dagegen haben, der echte Idealismus sei diejenige Philosophie, in welcher die Ideen anerkannt und dargestellt werden.

Unser Zeitalter nun, behauptete ich, verkennt die Ideen: man hat die vier beschriebnen Sphären nicht nur ihren Grenzen nach aufs äußerste verwirrt, sondern auch das Positive in ihnen, das wahrhaft Reelle, ganz weggeleugnet und aus dem entgegengesetzten Negativen abzuleiten versucht. So hat man Kunst und Poesie zur bloßen Verstandesprosa gemacht, indem man Nachahmung der Natur, richtiger der äußeren Welt, zu ihrem letzten Ziel setzte; so hat man die Philosophie auf Erfahrung zurückführen wollen, da doch echte Spekulation es mit einem absoluten Wissen zu tun hat, gegen welches sich alle Erfahrung bloß beschränkend, negativ verhält; so hat man die Sittlichkeit aus dem Hange zum Vergnügen, dem Eigennutz erklärt und sie damit gänzlich vernichtet, man hat sich nicht geschämt, die monstrosesten Systeme ans Licht zu fördern, und die Moral in eine bloße Klugheitslehre verwandelt. Der Religion ist es noch am allerschlimmsten ergangen: man hat sie, weil ihre Anschauungen ihrer Natur nach keine wissenschaftliche Demonstration zulassen, weil sie auch nicht irdisch nutzbar sein will, als ein leeres abgeschmacktes Phantom verworfen; höchstens hat man sich ihrer zur Verstärkung der Motive für die sogenannte Sittlichkeit bedienen wollen, gleichsam als einer Klugheitslehre in bezug auf ein etwaniges künftiges Leben. Man ist dabei nicht nur höchst unphilosophisch, sondern auch unhistorisch zu Werke gegangen, denn das Phänomen der Religion wie der übrigen ursprünglichen Richtungen des menschlichen Gemüts liegt doch unleugbar in der ganzen Geschichte des Menschengeschlechts da. Wenn man nun wie z. B. Condorcet in seiner Esquisse die abergläubischen Vorstellungsarten aus dem Betruge der Priester herleitet, so vergißt man, daß die Anlage zu jenen schon vorhanden sein mußte, wenn diese dadurch eine so große Gewalt über die Gemüter erschleichen sollten; man kehrt die wesentliche Ordnung um und erklärt die Religion aus der Irreligion, eben wie man in der neueren Physik das Organische aus bloß mechanischen Beschaffenheiten der Materie, das Leben aus dem Tode hat erklären wollen. Und darüber hat man sich nicht zu wundern, da es sogar Leugner der Vernunft gegeben hat. Helvetius sagt gerade heraus, die Überlegenheit über die Tiere, was wir Vernunft nennen, möge der Mensch wohl nur seinen Händen zu danken haben. Umgekehrt, weil der Mensch Vernunft hat, hat er auch einen ihr dienstbaren, willkürlich zu gebrauchenden Verstand, und nicht einmal von der Vernunft, sondern von diesem sind die Hände der symbolische Ausdruck, als Werkzeuge, die sich grade wie jener die körperlichen Dinge willkürlich zum Objekt machen, wie der Verstand ergreifen und begreifen. Helvetius hat vergessen zu erklären, warum die Affen, wiewohl mit Händen begabt, doch keine Vernunft haben, und muß dabei den blinden Zufall zu Hülfe rufen. Ich glaube hingegen sehr gut einzusehen, warum die Affen eben wegen der Hände, ohne die rechte Bedeutung derselben, ihre komische Rolle im Tierreich spielen müssen und durch scheinbar willkürliche Verrichtungen ohne wahre Willkür Nachäffer des Menschen, d. h. Affen werden.

Wenn demnach, um aufs allgemeine zurückzukommen, jene ursprünglichen und unendlichen Strebungen dem jetzigen Geschlecht so fremd geworden, daß die Zeitgenossen, welche den Geist des Zeitalters in den ihrigen aufgenommen haben, die Versäumnis derselben eingeständig sind, indem sie sie gar nicht für das Höchste gelten lassen, sondern alle wahre Spekulation für Transzendenz, für Verirrung der Vernunft außerhalb ihrer Grenzen, alle religiöse Mystik für Aberglauben und Schwärmerei, alle genialische Poesie für Exzentrizität der Phantasie erklären und an die Stelle der echten Idee von diesen Dingen ihre nichtigen Begriffe substituieren: so müssen sie wohl etwas andres als das Wichtigste und Beste erkoren haben, worauf sich der Ruf von den bewundernswürdigen Fortschritten dieses Zeitalters und die stolze Verachtung aller vorhergehenden gründen. Dies andre kann nun entweder in der Kultur der Gelehrsamkeit und mannigfaltiger Kenntnisse, in den von einigen unter diesen zum Teil abhängigen mechanischen Künsten (denn in den schönen Künsten liegt es einmal nicht, wie wir gesehen haben) oder es kann in den Einrichtungen des Lebens, den politischen, bürgerlichen und häuslichen, oder endlich in Ansichten und Gesinnungen bestehen. Man fußt ohne Zweifel bei jenen Ansprüchen auf alles dreies, und wir müssen es daher einzeln durchgehen.

Wenn die Philosophie abgerechnet wird, so behalten wir von Kenntnissen, die den Geist für sich interessieren und zu seiner Bildung beitragen können, übrig: Historie, Philologie, Mathematik und die physikalischen Wissenschaften.

Die *Geschichte* ist freilich, seit die großen Muster der Geschichtschreibung unter den Alten gelebt haben, um ein paar tausend Jahre länger geworden; es fragt sich aber, ob sie mit zunehmendem Alter nicht bloß klüger, sondern auch weiser geworden sei: die Anhäufung der Tatsachen, welche uns die Vorwelt überliefert, ist ein bloßer Erfolg vom Fortgange der Zeit; und ohne historische Weisheit, ohne den prophetischen Blick in die Vergangenheit, sind wir dadurch um nichts gebessert. Der historische Horizont hat sich auch erweitert: wir haben die Geschichten von Nationen in andern Weltteilen kennengelernt, von denen die Alten nichts wußten; wir haben sie zum Teil mit den europäischen Begebenheiten in Beziehung gesetzt. Dies ist wiederum bloß die Folge von der Erweiterung geographischer Kenntnisse, die wir großenteils den Handelsunternehmungen der Seefahrer zu danken haben. Wie weit sind wir aber im wahren Verständnis jener Geschichten gekommen? Wie wird meistens alles ganz subjektiv, von dem Standpunkte europäischer Kultur aus betrachtet? Z. B. von der indischen Mythologie, Geschichte und Literatur sind gewiß die wichtigsten Aufschlüsse über die Geschichte des Menschengeschlechts zu erwarten, wenn man erst recht in ihren Sinn eingedrungen sein wird; man hat den Anfang damit gemacht, diese ehrwürdigen Urkunden zugänglich zu machen, allein noch warten sie auf ihre Enträtselung.

Auf eine äußerst gelehrte Art wird ferner die Geschichte behandelt, jeder Umstand soll bewiesen sein, und zwar womöglich diplomatisch: nicht selten erscheint sie in der Form, daß der obere Teil der Seite die Geschichtschreibung, der untere die Geschichtforschung in Zitationen usw. enthält. Ich glaube, die ältesten Geschichtschreiber sind wohl ebenso genau und fleißig gewesen, nur haben sie die Leser nicht so unaufhörlich mit der Ostentation ihrer Gründlichkeit behelligt, sondern auf Treu und Glauben geschrieben: der Vater der Geschichte, Herodot, der als so fabelhaft von überklugen Neueren verschrien worden, hat seine Wahrhaftigkeit schon in vielen Punkten zu ihrer Beschämung bewährt. Freilich hat die verwickelte und weitläufige Führung der Staatsgeschäfte und der Verhandlungen zwischen Staaten eine unendliche Menge Aktenstücke erzeugt, und die Bequemlichkeit des Drucks hat sie vor dem Untergange bewahrt und vervielfältigt: alles dieses muß der heutige Historiker kennen, aber eigentlich ist ihm damit die Mühe des Nachforschens erleichtert, denn er kann das meiste, was er braucht, in Büchern finden, da hingegen der alte Geschichtschreiber einen großen Teil seines Lebens mit Reisen hinbrachte, um die glaubwürdigsten Nachrichten von Augenzeugen mündlich einzusammeln und zu den Archiven, wo die einzigen Exemplare der Urkunden verwahrt wurden, Zutritt zu erhalten. Und sind denn wirklich geschriebene Dokumente die ersten und einzigen Quellen der Historie? Muß nicht vielmehr alles Leben in ihr aus unmittelbarer Anschauung der Personen und Begebenheiten herfließen? Hier ist es eben, wo es unsrer Geschichte fehlt: das Öffentliche, Gemeinsame ist aus dem Leben verschwunden, und man sieht es unsern meisten Geschichtbüchern wohl an, daß sie von Stubengelehrten herrühren. Wie sollen sie sich zur Darstellung von etwas Großem erheben, sie, die nie etwas erlebt haben? Die meisten dieser Schriften enthalten daher auch bloß Sammlung von Materialien; ist hierin Vollständigkeit und Ordnung, so sind sie als brauchbare Handlanger für einen künftigen Geschichtschreiber zu betrachten. Unzählige andre haben sogar hierin kein eignes Verdienst, sondern ihre Schriften sind nichts als Reflexion über die von andern gesammelten Materialien. Hiebei offenbart sich dann oft nicht bloß die gänzliche Unfähigkeit, sich in den Geist entfernter Zeiten zu versetzen, sondern eine wahre historische Freidenkerei, ein Unglaube an alles Große und Wunderbare und ein Bestreben, alles zu nivellieren, um dann mit der Weisheit unsers Zeitalters die einfältige Vorwelt zu übersehen. [Faust S. 16[18].] Endlich wird die Geschichte meistens mit ganz bedingten Zwecken behandelt, staatsrechtliche und staatswirtschaftliche Verhältnisse soll sie erörtern, oft nur zur Brauchbarkeit für den Geschäftsmann einer einzelnen kleinen Provinz. Die Historie, die wirklich diesen Namen verdient, arbeitet für das gesamte Menschengeschlecht und die Nachwelt; sie hat einen unbedingten Zweck, und dies spricht sich in der Form eines Kunstwerkes aus: sie ist die Poesie der Wahrheit. Reine, gediegne, objektive Darstellung ist ihr Gesetz: in dieser Art haben wir zwei erhabne historische Poeme (wie Dionysius von Halicarnaß sie nennt) aus dem Altertum, von Herodot und Thukydides, welche unübertroffen geblieben sind (das erste gleichsam ein Epos der Geschichte, das zweite eine Tragödie), wiewohl unter Griechen und Römern nachher die ausgezeichnetsten Geister und erfahrensten Männer ihre Bemühungen diesem Fach gewidmet haben. Was man mit Recht an modernen Historikern, sei es nun am Machiavell oder Johannes Müller, am meisten gelobt hat, ist die Annäherung an diesen großen Stil der Geschichtschreibung gewesen. Man glaube auch ja nicht, daß die sogenannte pragmatische Geschichte eine neuere Erfindung sei: sie fängt schon mit dem Polybius an, der die poetische Geschichte verwarf und, wie sie zu seiner Zeit ins Rhetorische ausgeartet war, sie mit Recht tadelte. Die Trennung der Reflexion von der Erzählung scheint aber keineswegs eine Vervollkommnung, sondern vielmehr eine Störung der Harmonie: sowie die Reflexion den höchsten Grad lebendiger Anschaulichkeit erreicht hat, wird sie wieder in die Darstellung übergehen, und es wird eine neue umfassendere Form für diese gefunden werden. Ich glaube allerdings, daß eine höhere Vollendung der Geschichte möglich ist, aber nur, indem man mit Absicht und Besonnenheit zu dem zurückkehrt, was jene großen Meister unbewußt aus unmittelbarem Triebe taten, sie muß sich zu ihren Werken wie Kunstpoesie zur Naturpoesie verhalten.

Die *Philologie* ist an sich ein liberales Studium, weil es bloß auf Übung und Bildung des Geistes im allgemeinen abzweckt und sich der Gemeinnützigkeit bestimmter Anwendungen entzieht. Man hat sie aber auch in der neueren Epoche diesen unterwürfig machen wollen und dadurch auf Abwege geleitet. Die älteren Philologen suchten den Schülern bloß den Buchstaben der alten Autoren zu eröffnen, in der Zuversicht, wenn sie selbigen treufleißig erlernt hätten, würde ihnen der Geist nach dem Maße ihres Sinnes von selbst aufgehen. Jetzt hat man sie voreilig in diesen einzuweihen gedacht[19], ohne ihn selbst recht gefaßt zu haben: man hat in Noten viel über die Schönheiten der Dichter gefaselt, man hat die Mythologie nach oberflächlichen Ansichten aus der sogenannten Geschichte der Menschheit, d. h. aus Vergleichungen mit andern Nationen auf gleichen Stufen der Kultur* zugestutzt usw. Was ist dabei herausgekommen? Die grammatische Gründlichkeit ist vernachlässigt und das Höhere nicht erreicht worden. Die besseren Philologen haben dies eingesehen und fahren wieder auf dem von ihren Vorgängern betretnen Wege fort, den Text der alten Autoren zu säubern und herzustellen und sie durch mancherlei kritische Untersuchungen für Kenner (denn die Schüler überläßt man besser dem mündlichen Unterrichte) zu beleuchten. So vortreffliche Gelehrte wir aber in diesem Fache besitzen, so werden sie selber doch schwerlich behaupten, daß sie es den großen Philologen des sechzehnten und siebzehnten Jahrhunderts zuvortun. Ja, wenn man die Schwierigkeiten bedenkt, womit die allerersten Herausgeber von Klassikern und Wiederhersteller der Literatur zu ringen hatten, so würde man eingestehen müssen, daß sie größere Anstrengungen aufgewandt, als jetzt bei der Menge der Hülfsmittel, und da das ganze Studium des Altertums geebneter (freilich auch mit gelehrtem Wust überladen) ist, zu der vortrefflichsten kritischen Ausgabe gehören. Noch mehr: schon die alexandrinischen Grammatiker haben nach allem, was wir von ihnen wissen, in der Auslegung und grammatischen Kritik (welche die beste Vorübung der poetischen ist) einen Scharfsinn und eine Meisterschaft bewiesen, die man wohl für unübertrefflich erklären muß; und der Vorzug der neuern Philologen vor ihnen kann nur in der größeren Entfernung von den Klassikern und in dem

* Diese Vergleichungen sind an sich nicht zu tadeln, nur mit der größten Vorsicht zu gebrauchen, daß man die Unähnlichkeiten ebensosehr beachte als die Analogie.

weiteren Überblick und der Vergleichung erstlich der römischen und griechischen, dann andrer Sprachen und Literaturen bestehen, da jene ganz auf das Griechische eingeschränkt waren. – Am wenigsten kann also in diesem Fache mit irgendeinigem Schein von unsrer Zeit etwas Einziges und noch nie Geleistetes gerühmt werden.

Die glänzendste Seite unsrer Gelehrsamkeit machen unstreitig die *physikalischen Erfahrungswissenschaften,* nebst dem vervollkommten und auf sie angewandten Kalkül aus. Dies ist das Gebiet der Entdeckungen und der durch sie möglich gewordnen Erfindungen von Maschinen und Werkzeugen, die dann wieder Quelle neuer Entdeckungen wurden. Das ist keine Frage: ein heutiger Physiker weiß mit Leichtigkeit Wirkungen zu veranstalten, Erscheinungen hervorzurufen, welche ein alter unfehlbar für Zauberei gehalten hätte; die es aber so wenig sind, daß sie vielmehr die Nichtigkeit aller Zauberei zeigen, ja die Natur selbst, diese ewige und universelle Zauberin, entzaubern sollen. Mitleidig lächelnd sieht man jetzt auf jene kindischen Bemühungen herab, womit sich die ältesten Physiker, ein Thales, ein Pythagoras, ein Demokrit, ja noch ein Plato, bei so ungeübten Kräften, so geringen Erfahrungen, sogleich an das Universum wagten und nichts Geringeres als die Schöpfung, das unaufhörliche Werden aller Dinge begreifen wollten. Allein dieses Streben betrog sie darin nicht, daß man sich der Idee der Natur, in welcher erst die einzelnen Erfahrungen über sie Sinn und Bedeutung bekommen und sich zu einem Ganzen ordnen können, nur durch innere Anschauung bemächtigen kann; hiebei ist die Masse der äußern Erfahrungen gewissermaßen gleichgültig, in denen, wie sehr sie auch erweitert und genauer bestimmt werden, doch keine Vollständigkeit möglich ist; sie dienen nur dazu, jener ins unendliche hin eine vollkommnere Darstellung zu verschaffen, sie selbst aber können sie durchaus nicht erhöhen. Unsre Naturforscher haben sich meistens so in die Zergliederung der Naturprodukte vertieft, daß ihnen darüber die Natur gänzlich abhanden gekommen. [Baader, Schelling, Steffens, Novalis.] Ihre speziellen Wissenschaften sind entweder Aufzählung und Beschreibung von Naturobjekten oder Zurückführung von Naturerfolgen auf Gesetze. Die ersten beehrt man mit dem Namen der Naturgeschichte, den nur das Letzte und Höchste in der Physik, Darstellung von den Entwicklungen des Naturgeistes, verdienen kann. Die Klassifikationen, entweder nach Einteilungen, die so offenbar daliegen, daß wenig Scharfsinn dazu gehörte, sie wahrzunehmen, oder nach außerwesentlichen und insofern zufälligen Kennzeichen, sind nur ein totes Fachwerk; und die, welche ihr Leben damit zubringen, es auszufüllen, sind Registratoren der Natur, die aber den Sitzungen ihres geheimen Konseils schwerlich beiwohnen dürfen. [Aristoteles der erste große Gelehrte in diesem Fach.] Sehr selten sind die Naturhistoriker, welche Tiere, Pflanzen und Steine mit einem physiognomischen Blick betrachtet haben, wie z. B. ein Büffon. Dieser Sinn scheint unter den Alten weit häufiger gewesen zu sein: daher ihre so wunderreichen und charakteristischen Beschreibungen, die man oft für fabelhaft ausgegeben und bei besserer Erkenntnis nachher bestätigt gefunden hat. Wenn sie auch eine Menge spezielle Irrtümer enthalten, so verraten sie doch eine große Ehrerbietung vor der Individualität, und es liegt ihnen eine tiefe allgemeine Wahrheit, nämlich die symbolische Ansicht der Natur, zum Grunde. Daher der so wichtige Gebrauch dessen, was ich schon sonst mythologische Naturgeschichte genannt habe, in der Poesie. – Was die experimentierenden Naturwissenschaften betrifft, so hat man das Experimentieren[20] treffend beschrieben als die Kunst, die Natur in Lagen zu versetzen, wo sie genötigt ist, auf unsre Fragen zu antworten. Wenn nun aber der Frager selbst nicht weiß, was er fragt, wenn er spitzfindige, verworrene, in sich mißhellige Fragen vorlegt, was Wunder, wenn die geängstete Natur, wie der Verbrecher bei einem peinlichen Verhör, ebenfalls zweideutig, mißverständlich, irreleitend antwortet? Zum reinen objektiven Beobachten der Natur gehört ebensowohl ein Seherblick als zur Spekulation über sie; der Unterschied dieser von jenem liegt nur in der Richtung nach innen und dem reflektierenden Bewußtsein. Ohne leitende Ideen wird man durch Beobachtung wenig ausmitteln. Daher ist auch nichts hypothetischer und schwankender als diese Wissenschaften, die sich aus sichern Erfahrungen und genauen Berechnungen zu bestehen rühmen. Immer nach andern und andern Hypothesen wird der Knäul ihrer Erfahrungen auf- und abgewickelt; oft kann eine einzige Entdeckung das bisher so mühsam Zusammengestellte wieder durcheinanderwirren. Man erlebt es oft in kurzen Zeiträumen, daß mit ihnen schleunig totale Umwandlungen vorgehen, z. B. mit der Chemie. Ja, da die Natur durch manche seltsame Erscheinungen ihnen gleichsam ihr Spiel verriet und ihnen die mannigfaltigsten Kräfte oder richtiger Seiten und Erscheinungspunkte *einer* großen Kraft in ihre Werkstätten zum Experimentieren gefangen gab: so sind ihnen diese alsbald unter den Augen des Geistes wieder verschwunden, indem sie für jede Kraftäußerung das Substrat einer Materie oder, wie die Chemiker es nennen, eines Stoffs bedurften, welche Stoffe allerdings höchst willkürliche Hypothesen sind, da sie, nicht wägbar, durch keinen Sinn aufgefaßt werden können. Sie beweisen dadurch, daß sie die Materie nur grobsinnlich betrachten: denn was uns so erscheint ist bloß ein Residuum, ein Denkmal von Kräften, die sich zu einem bleibenden Verhältnis ins Gleichgewicht gesetzt haben. Daß es bei solch einem krassen Materialismus um die Erklärung der Phänomene des Lebens am schlimmsten aussehen muß, versteht sich von selbst: denn der Organismus ist ein solches Naturprodukt, worin das Ganze den Teilen vorausgedacht werden muß, die durch jenes erst ihre Bestimmung erhalten. Er bietet schon ein sehr deutliches Bild der gesamten Natur im Kleinen dar, indem er ein sich selbst produzierendes Produkt ist und sich ihm ein Teil der allgemeinen ewigen Schöpferkraft sehr sichtbar eingeprägt hat. Auch die unendliche Wechselwirkung, da jede Wirkung wieder Ursache ihrer Ursache ist, und die wir in dem übrigen Naturlauf nicht so wahrnehmen können, ist uns in ihm offenbart. Aber eben deswegen begreift der ganz und gar nichts vom Organismus, der nicht die Idee der Natur mitbringt, und so sehen wir denn auch, daß die Physiologie sich entweder mit den unhaltbarsten, verworrensten Hypothesen von mechanischen und chemischen Wirkungsarten (d. h. von solchen, die durch den Organismus gewissermaßen aufgehoben werden und nur bedingt in ihn eintreten können) beladen oder geradezu eingestanden hat, sie wisse die Geheimnisse des Lebens nicht zu enträtseln.

Aber gegen die Zuverlässigkeit und vollkommne Wissenschaftlichkeit der *Astronomie* wird doch nichts einzuwenden sein? Allerdings verdienen ihre genauen Beobachtungen, ihre sinnreichen und verwickelten Berechnungen in den höchsten Ehren gehalten zu werden. Aber wenn von Fortschritten *unsrer* Zeit die Rede ist, so muß ich doch zuvörderst bemerken, daß die großen Entdeckungen von Naturordnungen und Naturgesetzen, welche der gegenwärtigen Astronomie ihre Gestalt gegeben haben, schon in früheren Epochen der modernen Bildung von einem Kopernikus, Kepler usw. gemacht worden und seitdem nur weiter ausgebildet sind. Die Vervollkommnung der Gläser, die wiederum auf optischen Entdeckungen und Erfindungen beruht, hat den größten Anteil an den neuesten Entdeckungen; und es fragt sich, was bewundernswürdiger ist, diese oder Wahrnehmungen und Berechnungen, selbst von großen Himmelsperioden, die ohne Hülfe so künstlicher Werkzeuge, mit bloßen Augen gemacht, aus den urältesten Zeiten von Ägyptiern, Babyloniern u. a. auf uns gebracht worden sind. Scheinen doch schon die Pythagoreer um die Mehrheit der Sonnensysteme gewußt oder sie vermutet zu haben, und nur durch Aristoteles ist die entgegengesetzte Lehre von der Erde im Mittelpunkte und den Bewegungen der Himmelskörper oder Sphären um sie her (welche, wie wir besonders beim Dante[21] sehen werden, für den poetischen Gebrauch äußerst günstig ist) durch das ganze Mittelalter hin fixiert worden. – Man preist besonders die würdigere Vorstellung von der unermeßlichen Größe des Universums, welche uns die Teleskope verschafft haben; man erschöpft sich in Zahlenangaben von der Größe der Massen und Entfernungen der Himmelskörper nicht nur, sondern auch von der unendlichen Menge der Sonnensysteme und größeren Welten, wozu diese sich wieder planetarisch verhalten, der Nebelsterne, in welche für uns durch die ungeheure Entfernung Milchstraßen zusammenschwinden sollen, und findet hier nirgends Ziel oder Grenze. Erst damit glaubt man einen würdigen Schauplatz für die göttliche Allmacht, Weisheit und Güte gefunden zu haben, und es ist gewiß, daß bei dem Bestreben, sich dies vorzustellen, dem Geiste schwindelt und der körperliche Mensch in sein Nichts verschwindet. Aber dazu bedarf es keiner Teleskope, um uns zu belehren, daß Größe und Kleinheit bloß relative Begriffe sind, wobei man nie auf etwas Absolutes kommt, ebenso wie es durch die Mikroskope bloß handgreiflich gemacht wird, was man schon aus der Idee wissen kann, daß sich in jedem, auch dem, relativ für uns, kleinsten Naturobjekte wieder eine Unendlichkeit auftut. Eine formlose Ausdehnung kann uns schwerlich mit bewunderndem Entzücken erfüllen, wenn es nicht die Schönheit und Gesetzmäßigkeit der himmlischen Bewegungen tut, auf die schon das Aristotelische System ausging, die aber freilich durch die Keplerschen Entdeckungen in ein ganz andres Licht gestellt sind. Jedoch weiß man auch, wie Newton (der Keplern leider ganz verdunkelt hat) diese aus dem dynamischen Gebiet ins mechanische herunterzog und unter andern die Zentrifugalkraft sich nicht anders erklären konnte als durch einen ersten von Gott unmittelbar den Weltkörpern erteilten Stoß. Auf ähnliche Art haben die *mathematischen* Erklärungsarten alles ertötet, und die mathematischen Physiker, die alles durch den bloßen Kalkül ausmachen wollen, sind wiederum Maschinen dieser ihrer Maschine geworden[*]. Solange man bei Massen und Entfernungen und mechanischen Wirkungsarten stehenbleibt, kann ich nichts sonderlich Erhebendes und das Gemüt Nährendes in der Astronomie finden. In dem Sinne, wie man Keplern den letzten großen Astrologen nennen kann, muß die Astronomie wieder zur Astrologie werden. Wir wollen nicht bloß die Gestirne zählen und messen und ihrem Laufe mit den Ferngläsern folgen, sondern die *Bedeutung* von dem allen begehren wir zu wissen. Die *Astrologie* ist durch anmaßliche Wissenschaftlichkeit, wobei sie sich nicht behaupten konnte, in Verachtung geraten; allein durch die Art der Ausübung kann die Idee derselben nicht herabgewürdigt werden, welcher unvergängliche Wahrheiten

---

[*] Chateaubriand Vol. III pag. 40.

zum Grunde liegen. Die dynamische Einwirkung der Gestirne, daß sie von Intelligenzen beseelt seien und gleichsam als Untergottheiten über die ihnen unterworfnen Sphären Schöpferkraft ausüben: dies sind unstreitig weit höhere Vorstellungsarten, als wenn man sie sich wie tote, mechanisch regierte Massen denkt. Selbst in dem am meisten phantastisch und willkürlich behandelten Teile, der judiciären Astrologie, ist die innige Anschauung von der Einheit und Wechselwirkung aller Dinge, da jedes ein Spiegel des Universums ist, aufbewahrt; und gewiß erhebt es den Menschen mehr, dem der Anblick der Gestirne nur darum gegönnt zu sein scheint, um ihn über das Irdische zu erheben, wenn er überzeugt ist, daß sie sich auch individuell um ihn bekümmern, als wenn er sich für einen bloßen glebae adscriptus, einen Leibeignen der Erde, hält. Die Beziehung der Planeten auf die Metalle und so manche verworfne Vorstellungsarten der Astrologie werden durch gründliche Physik wieder emporgebracht. – Alles bisher Bemerkte ist nicht bloß für die Charakteristik des gegenwärtigen Zustandes der Wissenschaften, sondern auch sonst unserm Gegenstande nicht fremd: denn die Astrologie ist für die Poesie eine unentbehrliche Idee; sie kann derselben nicht entraten, wenn sie sich irgend mit den Sternen einläßt, und ohne den Sinn dafür machen die Erweiterungen der neueren Astronomie, auf das prächtigste in ihr aufgeführt, wie z. B. in Klopstocks Messias, nur eine trübselige Erscheinung.

Ebenso wie die Astrologie fordert die Poesie von der Physik die *Magie*. Was verstehen wir unter diesem Worte? Unmittelbare Herrschaft des Geistes über die Materie zu wunderbaren, unbegreiflichen Wirkungen. Die Magie ist ebenfalls durch die schlechten Zauberer in Mißkredit gekommen. Die Natur soll uns aber wieder magisch werden, d. h., wir sollen in allen körperlichen Dingen nur Zeichen, Chiffren geistiger Intentionen erblicken; alle Naturwirkungen müssen uns wie durch höheres Geisterwort, durch geheimnisvolle Zaubersprüche hervorgerufen erscheinen, nur so werden wir in die Mysterien eingeweiht, soweit unsre Beschränktheit es erlaubt, und lernen die unaufhörlich sich erneuernde Schöpfung des Universums aus Nichts wenigstens ahnden.

So viel vom Zustande der Wissenschaften, jetzt will ich die Einrichtungen des *geselligen Lebens* nur mit wenigem berühren.

Zuvörderst, was die *politischen* Anstalten und Verfassungen betrifft, so können wir drei Stufen in denselben unterscheiden. Die erste nehmen solche ein, welche bloß auf Beförderung des körperlichen Wohls abzielen; die zweite solche, die einen rechtlichen Zustand hervorzubringen und zu erhalten streben; die dritte endlich diejenigen, welche die gesamte Natur des Menschen zu ihrer Veredlung und Vollendung in Anspruch nehmen. Diese letzte höchste Idee der Politik als einer Bildnerin des Menschengeschlechts hat Plato in seinen Büchern von der Republik aufgestellt, wo er anfangs vom Begriff der Gerechtigkeit ausgeht, allmählich aber jedes menschliche Streben in den Kreis des Staates zieht.

Die vielfältige Sorgfalt, die in unsern heutigen Staaten auf Bevölkerung, Wohlstand, Gesundheit usw., überhaupt äußerliches Wohl, verwandt wird, verdient mit allem Dank erkannt zu werden. Nur müssen wir dabei an das oben festgesetzte Verhältnis zwischen den Bemühungen um irdische Wohlfahrt und denen um ein höheres inneres Dasein erinnern. Das Vergessen von diesem über jenem, die bezielte Zurückführung von allem möglichen auf das sogenannte Nützliche, welches doch ohne Hinweisung auf das an sich Gute gar keine Realität hat, der ökonomische

Geist mit *einem* Worte, ist eine der hervorstechendsten Eigenheiten des Zeitalters und hängt genau mit meiner übrigen Charakteristik desselben zusammen. Übrigens würde man sich sehr irren, wenn man glaubte, wir hätten in dieser Art von Fürsorge so vieles noch nie zuvor von andern Nationen in andern Zeitaltern Geleistetes und Erfundnes aufzuweisen. In der bürgerlichen Gesetzgebung bleiben doch alle andern Völker gegen die Römer nur Kinder, und das künstliche Triebwerk der Administration, die kollegialische Verhandlung der Geschäfte bis auf die Titulaturen, war gerade schon so unter den späteren römischen Kaisern vorhanden.

Wie wenig unsre Zeitgenossen über das Recht in politischer Hinsicht einverstanden sind, das hat das letzte Jahrzehend auf eine furchtbare Art bewiesen, und man darf diesen Kampf schwerlich als geendigt ansehn. Es hat sich ein politischer Protestantismus aufgetan, der, wie der ihm drei Jahrhunderte vorangegangne religiöse, gegen Mißbräuche eiferte; dem es aber grade wie diesem begegnete, mit den ausgearteten Formen zugleich die ursprünglich in ihnen dargestellten wahrhaften Ideen zu verkennen und zu verwerfen. Es scheint wenigstens, daß die unhistorische Verfahrungsart bei der Französischen Revolution, da man durchaus nichts von dem Tun der Vorwelt bestehn lassen wollte (wie es im Hamlet[22] heißt:

„als finge
Die Welt erst an, als wär das Altertum
Vergessen und Gewohnheit nicht bekannt,
Die Stützen und Bekräft'ger jedes Worts"),

sich an ihr selbst rächen und auch von ihrem anfänglichen Beginnen keine Spur auf die Nachwelt kommen lassen dürfte. – Man glaube doch ja nicht, wie man uns hat überreden wollen, als wenn das Mittelalter hierin ganz verwahrloset und ohne echte politische Ideen gewesen wäre. Schon die einer universellen höchsten weltlichen und höchsten geistlichen Macht, welche durch die Person des Kaisers und des Papstes repräsentiert wurden, ist sehr groß. Doch diese Trennung des Staates und der Kirche ist wiederum etwas Negatives; eine höhere Idee schmilzt beide zur Einheit zusammen und heiligt den Staat durch Religion. – Das hatte man bei der Französischen Revolution doch nicht ganz vergessen, daß Ideen einer sinnbildlichen Darstellung bedürfen. Allein man wollte der prosaischen Vernunft vergeblich eine neue Mythologie abzwingen; es geriet ebenso schlecht, als daß man echten Patriotismus aus dem Eigennutz hervorzulocken gedachte, wobei man sich so sehr verrechnete (da man doch auf politische Rechenkunst sein ganzes Heil wagte), daß unter der Maske von jenem dieser nur um so ungehinderter sein Spiel treiben konnte.

Von den übrigen Angelegenheiten des geselligen Lebens, die besonders die Aufmerksamkeit unsrer Weltverbesserer auf sich gezogen haben und worin die vermeinten Fortschritte ihren Stolz ausmachen, will ich nur die *Erziehung* erwähnen. Hat man nicht getan, als ob ehedem alle Eltern ihre Kinder in der äußersten Unvernunft erzogen hätten; doch sind dabei so viel vortreffliche und große Menschen zum Vorschein gekommen, dergleichen die neuere Pädagogik unter ihren Zöglingen erst noch aufweisen soll. Die Weisheit dieser Pädagogen läßt sich leicht nach ihren Bestandteilen konstruieren: es sind Rousseaus Lehren, ausgewässert und gut oder übel mit den ökonomischen Maximen zusammengeknetet. Denn die Sittlichkeit, worauf alles scheinbar abzielt, ist doch nichts anders als ökonomische Brauchbarkeit. Es ist überhaupt eine unverzeihliche Anmaßung, den Menschen als sittliches Wesen erziehen zu wollen. Körperlich entwickeln kann man ihn, ihm allerhand Fertigkeiten beibringen und Gewöhnungen, die ihn vor der Hand nur davor schützen, ein Sklav seiner eignen sinnlichen Natur zu sein. Zur Sittlichkeit muß er sich nachher als ein freies Wesen selber bilden. Das Leben erzieht am besten: was braucht es da künstlicher Veranstaltungen? Das Kind lerne zeitig, seine Mühseligkeiten, seine einengenden Verhältnisse ertragen, ohne den Mut zu verlieren. Wie dürftig und von echten Ideen entblößt diese Pädagogik ist, gibt sich schon dadurch kund, daß dabei gar nicht auf die Phantasie gerechnet ist, deren Allgewalt bei den Kindern so auffallend erscheint, noch auf das eigentliche zwecklose Spiel, d. h. den Scherz, wofür den Kindern am allerfrühesten ein reger Sinn aufgeht. Auch das Spiel hat man zu einer nützlichen Arbeit umzuwandeln gesucht, alles hat man ihnen frühzeitig verständlich machen wollen, da doch der Reiz des Lebens auf der Unbegreiflichkeit, auf dem Geheimnis beruht; und so wird bei der aufwachsenden Generation alle Poesie (was uns hier am nächsten interessiert) schon im Keime ertötet.

Alles übrige, dessen sich unser Zeitalter in Ansichten und Gesinnungen berühmt, läßt sich unter den von ihm selbst konstituierten Begriff der *Aufklärung* zusammenfassen, worauf sich letztlich Toleranz, Denkfreiheit, Publizität, Humanität, und was dergleichen mehr ist, reduziert. Diesem müssen wir also noch eine ganz kurze Prüfung widmen.

Bei einer näheren Betrachtung sieht man sogleich, daß zur Aufklärung nicht bloß eine gewisse Denkart über diesen und jenen Gegenstand hinreicht, sondern daß sie Maximen hat und Gesichtspunkte aufstellt, welche sich über alles erstrecken und die sämtlichen Angelegenheiten des Lebens wie die Verhältnisse der menschlichen Natur unter sich befassen sollen. Vorurteil, Wahn und Irrtum hierüber unternimmt sie zu vernichten und richtige Begriffe zu verbreiten. Sie gibt sich also auch mit den geselligen Verhältnissen ab, man hört von aufgeklärten Regierungen sprechen; und die gepriesene aufgeklärte Erziehung ist keine andre als die eben geschilderte und auf ihren wahren Wert herabgesetzte. Ferner unterwirft sie auch die Wissenschaften ihrer Botmäßigkeit: es gibt nicht nur eine aufgeklärte Theologie (denn den Aberglauben zu vertilgen ist ihre ganz spezielle Provinz), sondern eine aufgeklärte Ansicht der Geschichte, ferner eine aufgeklärte Physik, welche den Unternehmungen der Alchimie, der Astrologie, überhaupt allen magischen Vorspiegelungen sich widersetzt; ja, so Gott will, auch eine aufgeklärte Mathematik, welche die Leute abhalten soll, sich nicht auf die Quadratur des Zirkels und die Erfindung eines Perpetuum mobile zu legen. Wie sie mittelbar wieder auf Poesie und Kunst, und Kritik derselben, einfließt, werde ich in der Folge schildern.

Wenn die Aufklärung also wirklich leistet, was sie verspricht, so wäre es unstreitig eine herrliche Bequemlichkeit, etwas zu haben, womit man alle möglichen Dinge beleuchten könnte, und sicher wäre immer das Rechte an ihnen zu sehen. Auch haben sich die Aufklärer nicht übel bedacht, da sie die Benennung ihres Geschäfts vom Lichte entlehnten, dieser fast anbetenswürdigen Seele der Natur, dem schönsten Symbol der göttlichen Allgegenwart und Allwissenheit. Es fragt sich aber, ob es die reine Freude am Licht oder ohne Bild das unbedingte Interesse für Wahrheit ist, was sie zu so eifrigen Predigern der Aufklärung macht, oder ob sie das Licht nur deswegen schätzen, weil man dabei bequemlich sehen und allerlei notwendige Verrichtungen vornehmen kann. Es scheint wohl das letzte, denn unbedingte Liebe zur Wahrheit erzeugt unfehlbar Philosophie: denn wenn man mit gründlichem Ernst die menschlichen Dinge erwägt, so wird man durch die Wahrnehmung von der Unzuverlässigkeit so vieler Annahmen, die im gemeinen Leben als ausgemacht gelten, immer weiter zurück und hinaufwärts zu den letzten Gründen des menschlichen Wissens geführt werden, welches der Anfang der Philosophie ist. Die Aufklärung will nun zwar eine Art von Popularphilosophie vorstellen, aber keinesweges wissenschaftlich und abstrakt oder, richtiger ausgedrückt (denn das letzte Wort schreibt sich wohl hauptsächlich von der analytischen Philosophie her), spekulativ sein, weil sie darüber die allgemeine Verständlichkeit einbüßen würde, die sie von ihren Lehren verlangt und rühmt. Ferner empfiehlt sie freilich das Forschen und Zweifeln, aber nur bis auf einen gewissen Grad, über welchen hinaus sie es wieder als eine Torheit und Verirrung des Geistes ansieht, welcher zu steuern sie eben eingesetzt worden sei. Endlich geht der uninteressierte Wahrheitsforscher seinen Weg fort, unbekümmert, bei welchen Resultaten er endlich anlangen wird; ihm ist, mit Aufopferung aller persönlichen Neigungen, die Wahrheit immer lieb und recht, wie sie auch bei besserer Erkenntnis bestimmen möge. Die Aufklärung bezeugt hingegen eine zärtliche Besorgnis um das, was sie zum Wohl der Menschheit rechnet; sie bestellt gern die Resultate der Untersuchung im voraus, damit ja nichts Zerstörendes und Gefährliches, nichts Allzukühnes oder dem Mißbrauch Unterworfenes zum Vorschein komme.

Da sie folglich überall auf halbem Wege stehenbleibt, die Wahrheit an sich aber durchaus nur zu einem unbedingten Streben anregen kann, so muß es wohl etwas andres sein, was sie von der Wahrheit will, mit einem Worte Brauchbarkeit und Anwendbarkeit. Hier zeigt sich nun schon die ganze verkehrte Denkart, das an sich Gute (wovon das Wahre ein Teil, eine Seite ist) dem Nützlichen unterzuordnen. Nützlich ist dasjenige, was auf Beförderung des körperlichen Wohls abzielt, und diesen Bestrebungen haben wir schon weiter oben ihren Rang angewiesen. Wer nun das Nützliche als das Oberste setzt, der muß einsehen, daß es damit zuletzt auf sinnlichen Genuß hinausläuft, und bei einiger Klarheit und Konsequenz sich zu dem krassesten Epikureismus, zur Vergötterung des Vergnügens, bekennen. Dies wollen die Aufgeklärten aber wieder nicht, sondern sie sind zu der vollendeten Absurdität gelangt, ein *Nützliches an sich* zu konstituieren, welches nicht das bloß Angenehme sein soll und auch nicht das Gute an sich ist, wofür sie es jedoch ausgeben möchten. Somit haben sie alle Dinge auf den Kopf gestellt, indem sie die Vernunft den Sinnen dienstbar machen, die Sinne hinwiederum sollen nach ihrer Absicht nicht sinnlich, sondern vernünftig sein. Man möchte sagen, solche Leute äßen und tränken nicht aus natürlichem Appetit oder zum Wohlgeschmack, sondern weil sie es für etwas Nützliches halten.

Wie ich nun durch das Bisherige deutlich genug gemacht zu haben glaube, daß es das ökonomische Prinzip ist, welches die Aufklärer leitet, so ist es auch die nur zu irdischen Verrichtungen taugliche Fähigkeit des Geistes, der in lauter Endlichkeiten befangne Verstand, den sie dabei ins Werk gesetzt und sich damit an die höchsten Aufgaben der Vernunft gewagt haben. Ein beschränkter endlicher Zweck läßt sich ganz durchschauen, und so soll ihnen auch das menschliche Dasein und die Welt rein wie ein Rechenexempel aufgehn. Sie verfolgen dabei als Unaufgeklärtheit die ursprüngliche Irrationalität, die ihnen überall im Wege ist, denn sie wissen und ahnden es nicht, daß jede Erscheinung das Quadrat oder der Kubus einer nur durch Annäherung zu findenden, nie rein in Zahlen auszudrückenden Wurzel ist. Bei dieser Unphilosophie liegt eine ungeheure Anmaßung in ihrem Unternehmen. Der Text aller Predigten über die Aufklärung ist in der Tat eine lächerliche Parodie auf die Worte der Schöpfungsgeschichte, welche lautet: Cajus oder Sempronius oder dieses und jenes hohe Landeskollegium oder die Allgemeine Deutsche Bibliothek sprach: es werde Licht, und es ward Licht; und nach der üblichen Abteilungsart von Predigten wird dann gehandelt, erstlich, wie es bishero finster gewesen, und zweitens, wie es nunmehro hell werden solle. Ihr wollet erleuchten? Gut, das Licht ist eine Gabe des Himmels: wo sind die Proben eurer himmlischen Sendung? Das Licht ist vermöge seiner Natur zuvörderst selbst hell, und dann erleuchtet es die übrigen Dinge. Ebenso verhält es sich mit dem, was im menschlichen Gemüte einzig den Namen des Lichtes verdienen kann: die Ideen, welche in der innern Anschauung unmittelbare Überzeugung ihrer Notwendigkeit und ewigen Gültigkeit mit sich führen und demnächst auch die äußerlichen Erscheinungen in ihr wahres Verhältnis untereinander und gegen sich setzen. Die Menschen, welche solche geistige Intuition mit ungewöhnlicher Energie und Klarheit in sich hatten, sind von Zeit zu Zeit die wahren Erleuchter und Aufklärer der Welt gewesen; aber solch ein innres Licht verwerft ihr als Schwärmerei und Wahnsinn. Ihr bekennt damit, daß ihr das eurige erst äußerlich anzünden müßt, und sonach wird es in Kerzen und Lampen bestehn, die wohl bei häuslichen Geschäften dienen mögen, die ihr aber keinesweges unter freien Himmel hinaustragen solltet, wie ihr doch tut. Denn entweder es ist Tag, so verschwindet der Schein eures Lämpchens ganz und gar und wird lächerlich; oder es ist Nacht, so leuchten die Gestirne genugsam, und den Ungewittern und Stürmen, welche diese verdunkeln, werden auch eure schwachen sterblichen

Lichterchen nicht widerstehen. Auch unser Gemüt teilt sich wie die äußere Welt zwischen Licht und Dunkel, und der Wechsel von Tag und Nacht ist ein sehr treffendes Bild unsers geistigen Daseins. [Mephistopheles im Faust[23]: Glaub unsereinem, dieses Ganze usw.] Der Sonnenschein ist die Vernunft als Sittlichkeit auf das tätige Leben angewandt, wo wir an die Bedingungen der Wirklichkeit gebunden sind. Die Nacht aber umhüllt diese mit einem wohltätigen Schleier und eröffnet uns dagegen durch die Gestirne die Aussicht in die Räume der Möglichkeit; sie ist die Zeit der Träume. Einige Dichter haben den gestirnten Himmel so vorgestellt, als ob die Sonne nach Endigung ihrer Laufbahn in alle jene unzähligen leuchtenden Funken zerstöbe: dies ist ein vortreffliches Bild für das Verhältnis der Vernunft und Phantasie: in den verlorensten Ahndungen dieser ist noch Vernunft; beide sind gleich schaffend und allmächtig, und ob sie sich wohl unendlich entgegengesetzt scheinen, indem die Vernunft unbedingt auf Einheit dringt, die Phantasie in grenzenloser Mannigfaltigkeit ihr Spiel treibt, sind sie doch die gemeinschaftliche Grundkraft unsers Wesens. Was schon in den alten Kosmogonien gelehrt ward, daß die Nacht die Mutter aller Dinge sei, dies erneuert sich in dem Leben eines jeden Menschen: aus dem ursprünglichen Chaos gestaltet sich ihm durch Liebe und Haß, durch Sympathie und Antipathie die Welt. Eben auf dem Dunkel, worein sich die Wurzel unsers Daseins verliert, auf dem unauflöslichen Geheimnis beruht der Zauber des Lebens, dies ist die Seele aller Poesie. Die Aufklärung nun, welche gar keine Ehrerbietung vor dem Dunkel hat, ist folglich die entschiedenste Gegnerin jener und tut ihr allen möglichen Abbruch. Man beobachte einmal die Art, wie Kinder die Sprache erlernen, wie sie da in guter Zuversicht sich ins Unverständliche hineinbegeben;

wenn sie auf Verständlichkeit warten wollten, so würden sie niemals anfangen zu sprechen. Man kann aber bemerken, daß die Worte ganz magisch auf sie wirken, wie Formeln, mit denen man etwas herbei- und wegbannen kann, daher die uneigentlichsten und fremdesten Redensarten, welche sie unmöglich in ihre Bestandteile auflösen können, ihnen unmittelbar einleuchten und beruhigende Kraft mit sich führen. Deswegen kommt auch nichts darauf an, daß sie die Metapher eher erfahren als den eigentlichen Ausdruck, das Zusammengesetzte und Abgeleitete eher als das Einfache und Ursprüngliche, und dabei alles fragmentarisch und chaotisch. Ja wenn es möglich wäre, ihnen die Sprache durch einen methodischen Unterricht beizubringen, nach den Klassen der Wörter, der Ableitung und Zusammensetzung, ferner nach den Formen der Biegung und den Regeln der Verknüpfung, endlich nach der Übertragung vom Eigentlichen aufs Bildliche, so würde ihnen die Sprache lebenslang nur ein äußerliches Werkzeug bleiben, eine Chiffrensammlung, aus $a + b$, $x$ und andern solchen algebraischen Zeichen bestehend. Daß sie uns etwas wahrhaft Innerliches ist, wodurch wir unser Gemüt offenbaren und auch in andern gleiche Wirkungen hervorzurufen hoffen, verdanken wir bloß jener anfänglichen Einprägung gleichsam durch eine Reihe von Machtsprüchen. Die kindliche Ansicht der Sprache, die sich so ganz an den Laut hängt, ist der poetischen am nächsten, wie schon der Gebrauch des Silbenmaßes in der Poesie beweist. – Die erwachsnen Menschen, selbst die ausgezeichnetsten Geister unter ihnen, sind im Verhältnis zum Universum immer noch solchen Kindern zu vergleichen: die Natur spricht ihnen als Mutter und Amme ihre ewigen Gesetze in der Bildlichkeit der Erscheinungen vor, die sie dann unvollkommen nachlallen, mit verworrnem Verständnis, aber entschiednem Gefühl. Wie eine methodische Erlernung die Sprache entzaubern würde, so ein Unterricht über das Leben und die Welt, wie ihn die Aufklärer schon von der Pädagogik an bezwecken, notwendig beides, wenn nicht die mächtige Natur ihre Bemühungen vereitelte. Es ist gar leicht, etwas Vorurteil und Aberglauben zu schelten; mehr aber hat es auf sich, solche Meinungen in ihrem Zusammenhange zu begreifen und ihre notwendige Gründung in Anlagen der menschlichen Natur und auf gewissen Stufen der Entwicklung einzusehen. Diese Meinungen haben sich oft selbst mißverstanden, da sie sich auf angebliche einzelne Erfahrungen beriefen: allein dem Philosophen kommt es zu, sie besser zu verstehen, ihre wahren Quellen zu finden und die in ihnen zuweilen sehr grob materialisierte Idee zu erkennen. So liegt den Vorstellungen von Zauberei, sympathetischen Wirkungen u. dgl. allerdings die höhere Ansicht der Natur, die ich in der vorigen Stunde bezeichnete, zum Grunde; und die Behauptungen von Anfechtungen böser Geister, von Bündnissen mit ihnen, beziehen sich auf den Kampf des guten und bösen Prinzips, der unleugbar vor uns daliegt, der eine Bedingung der endlichen Existenz zu sein scheint und in der Frage über den Ursprung des Übels, deren Auflösung auf so mannigfaltige Art versucht worden, von je und je anerkannt ist. Nicht einmal die beharrliche Übereinstimmung aller Völker und Zeiten konnte die Aufklärer stutzig machen. Und mit welchen Waffen zogen sie gegen eine so bedeutende merkwürdige Stimme zu Felde? Mit denen der Philosophie etwa? Wie hätten sie gesollt, da ihnen diese selbst etwas Überschwengliches und Verdächtiges war? Nachdem die letzten großen spekulativen Köpfe, ein Descartes, Malebranche, Leibniz und Spinoza, vom Schauplatz abgetreten, blieb mit Lockes philosophischem Protestantismus gegen die sogenannten angebornen Ideen*, welcher zu zeigen unternahm, wie durch die sinnlichen Eindrücke allmählich alles auf die leere Tafel, eigentlich auf das leere Nichts, des Geistes eingezeichnet wurde, als Caput mortuum der Philosophie bloß die empirische Psychologie über; eine Wissenschaft, die mit Verkennung des Gesetzmäßigen im menschlichen Gemüt, durch Beobachtung, wie es dann und wann, in diesen und jenen Zuständen darin zugeht, seiner Natur auf die Spur zu kommen gedachte. Mit dieser glaubten sich die Aufgeklärten dann berechtigt, alle Erscheinungen, die über die Grenze der Empfänglichkeit ihres Sinnes hinauslagen, als Krankheitssymptome zu betrachten und freigebig mit den Namen Schwärmerei und Wahnsinn bei der Hand zu sein. Sie verkannten durchaus die Rechte der Phantasie und hätten, wo möglich, die Menschen gern ganz von ihr geheilt. – Diese scheint z. B. in Träumen, wo sie von allem Zwange entbunden spielt, manche ihrer Geheimnisse zu verraten. Daher ist der Traum ein sehr poetisches Element, und die Poesie, wohl eingedenk, daß sie selbst nur ein schöner Traum sei, hegt und liebt ihn. Die ältesten Völker haben ihr Gefühl davon sinnlich ausgesprochen, indem sie manche Träume für Vorbedeutungen der Zukunft oder für Unterredungen mit Verstorbnen oder für göttliche Eingebungen hielten. Die Psychologie weiß alles zu erklären, wohlgemerkt, da wir physiologisch gar nicht im reinen sind, was denn der Schlaf eigentlich sei, die Träume entstehen aus den Vorstellungen, die uns gerade am Tage lebhaft beschäftigt haben, nebst körperlichen Anregungen; die Vorstellungen entstehen durch Vibrationen, oder was weiß ich, der Gehirnfibern, auf diese

---

* Dieser Ausdruck ist freilich so mißverstanden worden, als brächte man sie wie ein Kapital in kurrenter Münze mit auf die Welt, da sie vielmehr dem Geiste unaufhörlich angeboren werden oder er sie sich selbst angebiert.

wirkt der Umlauf des Bluts, auf diesen die Verdauung, und so kommt alles aus dem Magen her. Dies ist die prosaische Ansicht der Träume; schon die homerischen Griechen waren so klug, bedeutsame und bloß zufällige zu unterscheiden, diese ließen sie aus der elfenbeinernen, jene aus der hörnernen Pforte fliegen. Wem aber mit obigem alles erklärt ist, wem nicht in seinem Leben Träume vorgekommen sind, die, aufs wenigste gesagt, von einer höchst wunderbaren bizarren Freitätigkeit der Phantasie zeugen, der wird gewiß nicht von übermäßiger Poesie beschwert.

Aber die Aufklärung hat doch den Menschen durch Befreiung von den Ängstigungen des Aberglaubens eine große Wohltat erzeigt? Ich sehe nicht, daß diese so arg waren, vielmehr finde ich jeder Furcht eine Zuversicht entgegengesetzt, die ihr das Gleichgewicht hielt und von jener erst ihren Wert bekam. Gab es traurige Ahndungen der Zukunft, so gab es auch wieder glückliche Vorbedeutungen; gab es eine schwarze Zauberei, so hatte man dagegen heilsame Beschwörungen; gegen Gespenster halfen Gebete und Sprüche; und kamen Anfechtungen von bösen Geistern, so sandte der Himmel seine Engel zum Beistande. Von der Furcht überhaupt aber (ich meine hier nicht die Furcht vor etwas Bestimmtem, gegen die ein tapfrer Mut stählen kann, sondern die phantastische Furcht, das Grauen vor dem Unbekannten) den Menschen zu befreien, wie er denn auch die Gegenstände derselben nennen mag, dies wird der Aufklärung niemals gelingen, denn diese Furcht gehört mit zu den ursprünglichen Bestandteilen unsers Daseins, wie sich leicht nachweisen läßt.

Natürlich hat sich die Aufklärung auch in die Moral gemischt und darin großes Unheil angerichtet. Nach ihrer ökonomischen Richtung gab sie alle Tugenden, die sich nicht der Brauchbarkeit für irdische Angelegenheiten fügen wollten, für Überspannung und Schwärmerei aus. Ohne irgendeine Ausnahme für besondre Naturen gelten zu lassen, sollten alle gleichermaßen in das Joch gewisser bürgerlicher Pflichten gespannt werden, in das Gewerbs- und Amts- und dann das Familienleben, und zwar nicht aus Patriotismus und Liebe, sondern um den Acker des Staates wie Zugvieh zu pflügen und die Bevölkerung zu befördern. Da die echte sittliche Schätzung durchaus auf die Reinheit der Motive geht und nicht auf den Erfolg, so fragten sie vielmehr immer: was kommt dabei heraus? Die Ausübung der Tugenden sollte als nützlich auf alle Weise befördert werden, würde sie auch durch fremde Motive unterstützt, und so erfanden die Aufklärer die saubere Glückseligkeitslehre, nach welcher sie den Menschen einredeten, die Moral heische nichts von ihnen als ihren wahren Vorteil, und durch Erfüllung der Pflichten werde auch ihr irdisches Wohl unfehlbar beraten: eine Erwägung, die, wenn sie ins Spiel kommt, derselben allen Wert nimmt. – Die Ehre, diese uns wenigstens in Überresten angestammte große Idee aus dem Mittelalter, an dessen glänzenden Hervorbringungen im Leben wie in der Poesie sie den entschiedensten Anteil hatte, indem sie die ritterliche Tapferkeit und Liebe bildete, ist von den Aufklärern besonders schnöde, als eine abgeschmackte Chimäre behandelt worden, natürlich wegen der Unnützlichkeit und weil hier das mit dem eignen Vorteil auf keine Weise passen will. Die Ehre ist gleichsam eine romantisierte Sittlichkeit; hierin liegt es schon, warum die Alten sie in diesem Sinne nicht kannten, was ich auch daraus einzusehen glaube, daß bei den Alten Religion und Moral mehr getrennt war\*; da nun das Christentum das gesamte Tun des Menschen in An-

---

\* Über Duelle: Reichsanzeiger, Hennings.

spruch nahm, so rettete sich das Gefühl von der Selbständigkeit des sittlichen Strebens dahin und erfand neben der religiösen Moral eine noch von ihr unabhängige weltliche. Die ritterlichen Grundsätze der Ehre werden also auch so lange nicht wegfallen können, als das Christentum einen so bedeutenden Einfluß auf unsre Sittenlehre hat, als es bisher, ungeachtet seines Verfalls, noch immer ausgeübt. Aber so nach den Quellen zu fragen, findet der Aufklärer überflüssig, sondern schreitet mit seinem ökonomischen Verstande gleich zur Verurteilung.

Die aufgeklärte Theologie besteht zuvörderst in der Forderung vollkommner Begreiflichkeit der Religion, also in der Verwerfung aller Geheimnisse und Mysterien; wo sie sich in einer geoffenbarten Religion finden, die man zum Scheine noch will gelten lassen, werden sie wegerklärt. Das Unvernünftige in dem Bestreben, alles auf Verständlichkeit zurückzuführen, tritt hier im vollsten Maße ein, denn der Mensch, der ganz aus Widersprüchen zusammengewebt ist, kann sich nicht mit seiner Betrachtung in das Unsichtbare und Ewige vertiefen, ohne sich in einen Abgrund der Geheimnisse zu stürzen. Ferner wird in dieser Theologie die Phantasie als das Organ der Religion und die Notwendigkeit, dem Unendlichen eine sinnbildliche, soviel möglich individualisierende Darstellung zu geben, verkannt. Da es sich nun in allen Religionen eräugnet, daß der innere Gottesdienst über den äußern Cerimonien, die als Zeichen desselben ursprünglich eingesetzt waren, gänzlich verlorengeht, daß die Hülle für das Wesen genommen wird, so hat die Aufklärung in ihrer Polemik hiegegen gewissermaßen recht. Wer heißt sie aber, die Idee, welche einem Gottesdienste zum Grunde liegt, nicht besser fassen als seine grobsinnlichen Bekenner? Um ihren Namen zu verdienen, sollte sie vielmehr das gleichsam versteinerte und entseelte Symbol wieder zu beseelen wissen. Aber sie will eine pur vernünftige Religion, ohne Mythologie, ohne Bilder und Zeichen und ohne Gebräuche. Man sieht leicht ein, daß dies tödlich für die Poesie ist, welche einzig auf dieser Seite ihre Berührungspunkte mit der Religion hat. So wird auch gegen den Anthropomorphismus geeifert, und die Bibel, die von einem Ende bis zum andern Gott unter menschlichen Bildern darstellt, kommt dabei freilich schlecht weg. Sobald der Mensch sich aber in eine persönliche Beziehung mit der Gottheit setzt, so kann er gar nicht aus dieser Vorstellungsart heraus, und es wird im Hintergrunde seines Gemüts, bewußter- oder unbewußterweise, eine menschliche Bildung schweben. Was liegt denn auch hierin so Unwürdiges und Verkleinerndes? Allerdings, wenn wir den Körper bloß irdisch betrachten, als ein Werkzeug sinnlicher Bedürfnisse und Genüsse. Mit geistigeren Blicken angesehen ist er eine Allegorie auf das Weltgebäude, ein Spiegel und Abbild des Universums, was die Astrologen so schön durch das magische Wort Mikrokosmus bezeichnet haben; betrachtet man nun die Natur wiederum als den Leib Gottes, so bekömmt der Anthropomorphismus eine ganz andre Gestalt und eine Bedeutung, die weit über den Horizont der gewöhnlichen Aufklärung hinausgeht. – Endlich gehört zur aufgeklärten Theologie, bei einer Religion, die ein historisches Fundament hat wie die christliche, die aufgeklärte Ansicht der Geschichte, d. h. die Annahme, daß ehemalige Geschlechter in nichts von dem unsrigen verschieden gewesen sein können, alles wird also nach dem engen Zirkel heutiger Erfahrungen gemodelt und, wenn es da nicht hineinpaßt, verspottet oder wegerklärt. Als den Stifter dieser Ansicht kann man hauptsächlich Voltaire nennen, dem unsre neueren Exegeten mehr folgen, als sie selbst wissen.

Mit der *Toleranz*, die als Zubehör der Aufklärung

betrachtet zu werden pflegt, verhält sich's ungefähr ebenso. Als politische Maxime betrachtet, daß nämlich Glieder verschiedner Religionsparteien in einem Staate ungestört ihren Gottesdienst ausüben dürfen, kann sie sehr empfehlenswert sein, außer wo Staat und Kirche durch höhere Verknüpfung wieder eins werden, ist aber insofern keineswegs eine Erfindung der neuesten Zeiten. [Kaiser Friedrich II. Toleranz gegen Sarazenen. – Toleranz der Türken.] Als Gesinnung hingegen fragt sich, ob sie nicht bloß verkleideter Indifferentismus ist; denn unmöglich kann es einem gleichgültig sein, ob Menschen, für die er sich interessiert, über die wichtigsten Angelegenheiten mit ihm gleich denken. Dazu, das Gültige und Gute hierin auch in einer von der unsrigen sehr verschiednen Form und Denkart zu erkennen, gehört philosophische Universalität des Geistes; alsdann wird es aber auch nicht mehr bloße Duldung sein, sondern wahre Schätzung. Überhaupt liegt in dem Worte Toleranz, so bescheiden und friedlich es klingt, eine große Anmaßung. Laßt uns doch erst fragen, inwiefern die andern, verschieden gesinnten, uns dulden und ertragen mögen. So viel ist ausgemacht, daß von Toleranz noch gar nicht die Rede sein sollte, wo man sich das Recht anmaßt, irgendeine religiöse Ansicht mit dem Namen Schwärmerei, d. h., nur schonender ausgedrückt, Verrücktheit zu belegen. Die so gepriesene Toleranz unserer Zeiten darf aber nicht auf die mindeste Probe gesetzt werden, etwa, daß jemand Ernst mit dem Christentum macht oder religiösen Glauben an sonst etwas, den Toleranten wunderbar Scheinendes, hegt, so kommt sie in ihrer wahren Gestalt zum Vorschein und verrät die ihr eigentlich zum Grunde liegende Maxime: Alles soll toleriert werden außer die Religion.

Auf gleiche Weise verdient die *Humanität* in politischer Bedeutung (wo man z. B. gelindere Strafgesetze darunter versteht und dergl.) ein bedingtes Lob, als eine dem Geist der Zeiten angemessene Einrichtung, indem bei geringerer Energie des ganzen Geschlechts Gesinnungen und Taten des Grimmes und der Wildheit weniger zu besorgen stehen und man also auch weniger davon abzuschrecken braucht. Doch kann manches in dieser Art, z. B. die gänzliche Abschaffung oder zu große Einschränkung der Todesstrafen, sehr bestritten werden. Überhaupt darf nur eine Gärung in irgendeine große Masse kommen, so bricht das grausame Prinzip im Menschen mit Macht wieder los und zeigt, daß es mit der gerühmten Sanftheit unsrer Sitten nicht weit her ist. Schon in jedem etwas anhaltenden Kriege verwildern die Menschen, und daher das unendlich Hohe des ritterlichen Geistes, welcher die Brutalität hiebei gar nicht aufkommen ließ. [Humanität als Leutseligkeit der Großen gegen die Geringen schon eine Rittertugend, Courtoisie.] – In geselliger Hinsicht ist Humanität oft nicht minder als die Toleranz bloßer Indifferentismus, eine zu gefällige Behandlung des Schlechten und Nichtswürdigen aus Mangel an Ernst und aus eigner Schlaffheit.

Die *Denkfreiheit*, die ebenfalls eine Erfindung unsrer Zeiten sein soll, ist notwendige Bedingung der Aufklärung, und die Aufklärer wissen sie daher nicht genugsam zu preisen. Nun heißt es zwar nach dem alten Sprichwort: Gedanken sind zollfrei; man sollte also meinen, Denkfreiheit wäre zu allen Zeiten in der Welt gewesen, wenn man sich nur mit seinen Gedanken fein still gehalten hätte. Sie wollen aber noch die Freiheit dazu haben, ein langes und breites darüber zu schwatzen und zu drucken. Dies fällt denn mit der sogenannten *Publizität* zusammen, d. h. der Erlaubnis und Freiheit, die Verhandlungen bei politischen Geschäften durch den Druck öffentlich zu machen; einer vielgepriesenen Erfindung, die aber aufs höchste nur Ersetzung eines Mangels sein würde, indem ja in alten Staaten die Geschäfte gleich weit öffentlicher, vor den Augen aller verhandelt wurden. – Von der Schreib- und Druckfreiheit kann man aber doch nicht sagen, daß sie eigentlich vorhanden sei, wo sie den Schriftstellern bloß durch den guten Willen der gerade jetzt Regierenden gegönnt wird, wenn sie nicht durch konstitutionelle Gesetze gesichert ist, welches sich wohl nur von wenigen Ländern Europas rühmen läßt. Insofern fand sie im Mittelalter mehr statt, wo man wegen der Trennung von Staat und Kirche und des häufigen Zwiespalts zwischen ihnen bei dem einen oder dem andern Schutz finden konnte; es finden sich daher auch die auffallendsten Beispiele kühner Schreibfreiheit im Dante, Petrarca, Boccaz, den Minnesängern usw. Seit der Reformation sind in den protestantischen Staaten die religiösen Angelegenheiten von den weltlichen Fürsten abhängig geworden, in den katholischen hat der Argwohn strenge Zensur, Bücherverbote und dergleichen hervorgebracht. – So wie die Sachen jetzt stehen, kann freilich die Einschränkung der Druckfreiheit sehr verderblich werden, an sich betrachtet, läßt sich über die Grenzen derselben wohl sehr streiten, und es könnte vielleicht empfohlen werden, manche Untersuchungen in einer fremden gelehrten Sprache zu schreiben, eine alte Sitte, welche der Vorwitz und dann auch die Ungelehrtheit der neuern Zeit abgebracht hat.

Daß ich den Geist des Zeitalters in Wissenschaften und sonst richtig als eine ungebührliche Herrschaft des Verstandes im Verhältnis zur Vernunft und Phantasie charakterisiert habe, erhellet auch aus den Begebenheiten selbst, welche auf die heutige Gestalt und Bildung Europas am entschiedensten gewirkt haben. Es sind außer der Reformation, von welcher die Aufklärung herstammt, ja die schon die Aufklärung im

Keime selbst war, lauter Erfindungen, welche darauf abzweckten, dem Menschen durch bequemere Werkzeuge eine größere Herrschaft über die äußerlichen Dinge zu verschaffen, wodurch also der bloß mit ihnen beschäftigte Verstand natürlich zur eminentesten Kraft erhoben ward: die Erfindung des Schießpulvers, die Entdeckung von Amerika und Wiederfindung von Indien, welche wiederum nur durch Vervollkommnung der Schiffahrt vermittelst des Kompasses möglich ward, und die Erfindung der Buchdruckerei. Wie die neuere Physik ihre meisten Entdeckungen den vollkommneren Werkzeugen verdankt, ist schon angeführt worden. Jene Begebenheiten nun, wie bewundernswürdig sie in Hinsicht auf ihre Urheber sein mögen: die Reformation wegen ihrer heroischen Wahrheitsliebe, die übrigen wegen des aufgewandten Scharfsinnes, so scheinen sie mir doch sämtlich sehr verderblich auf Europa gewirkt zu haben. Die Reformation zuvörderst hat wider Mißbräuche geeifert, deren Abstellung in der Gesamtheit der Kirche (das bedeutet ja Katholizismus) vielleicht allmählicher, später, aber universeller und daurender zustande gekommen wäre. Übrigens gleichen die Reformatoren schon darin den neueren Theologen, gegen die sie übrigens Heroen und Kolossen waren, daß sie, Gegner aller Mystik, gleichsam um den Wunderglauben markteten, wie wohlfeil sie etwa damit abkommen möchten; daß sie die Notwendigkeit und Bedeutung einer sinnbildlichen Entfaltung der Religion in Gebräuchen und Mythologie verkannten, und endlich, daß sie sehr unhistorisch zu Werke gingen, indem sie die ganze Geschichte des Christentums von beinah anderthalbtausend Jahren, nur etwa die ersten Generationen abgerechnet, mit *einem* Streiche vernichteten. Die protestantisch gewordnen Länder erlitten durch sie anfangs einen großen Rückschritt in eine barbarische Kontroverszeit; die nachherigen Fortschritte in den Wissenschaften waren mehr indirekte Wirkung. In den katholisch gebliebnen Ländern erfolgte ebenfalls eine Hemmung und Stillstand der schon so blühenden Bildung, indem die um ihre Existenz kämpfende Kirche illiberal und argwöhnisch ward. Zuvor war sie die milde Mutter der Künste gewesen: in der Musik hat uns der Kirchengesang vielleicht die einzigen echten Überreste griechischer Musik bewahrt; die Malerei verdankt ihr alles: Gegenstände, Begeisterung und großen Wetteifer; die Skulptur und Architektur nicht zu erwähnen. Noch hat die Malerei in keinem protestantischen Lande zu einigem Flor gelangen können (Holland etwa ausgenommen: was bedeutet dies aber gegen die großen italienischen Gemälde aus dem sechzehnten Jahrhundert?), und es läßt sich leicht nachweisen, daß dies von der religiösen Verfassung herrührt. Europa, bestimmt, nur eine einzige große Nation auszumachen, wozu auch die Anlage im Mittelalter da war, spaltete sich in sich: das wissenschaftliche Streben zog sich nach Norden, die Kunst und Poesie blieb im Süden; und da ohne die Reformation Rom verdientermaßen der Mittelpunkt der Welt geblieben wäre und die ganze europäische Bildung italienische Farbe und Gestaltung angenommen hätte, so gaben jetzt Frankreich und England den Ton an, und unnatürlich verbreitete sich von daher aus der Westwelt vieles auch über Deutschland, den eigentlichen Orient von Europa. Deutschland, als die Mutter der Reformation, hat auch an sich selbst die schlimmsten Wirkungen von ihr erfahren: in zwei Nationen, die nördliche und südliche geschieden[*], die ohne Zuneigung und Harmonie voneinander nicht wissen und sich hinderlich fallen, statt gemeinschaftlich herrliche Erscheinungen des Geistes

---

[*] Goethe[24]: Der ungebildete und bildlose Teil Deutschlands.

hervorzurufen, hier durch Mißbrauch der religiösen Freiheit erschlafft, dort durch geistlichen Despotismus gedrückt und dumpf geworden, und noch ist keine Aussicht zur Vereinigung da. Deutschland spielt die übelste Rolle in der Geschichte und ist in Gefahr, seine Selbständigkeit ganz einzubüßen.

Die Entdeckung der fremden Weltteile hat zwar bei den Nationen, von denen sie herrührte, den Portugiesen und Spaniern, eine große heroische Periode hervorgebracht und sie auf eine Zeitlang zu Mittelpunkten europäischer Bildung gemacht. Im ganzen aber hat sie den Luxus unermeßlich gesteigert und dadurch die Herrschaft der handelnden Nationen über die nicht handelnden und wiederum in jenen durch die Fabrikenindustrie den Despotismus des Geldes, die Abhängigkeit der Armen von den Reichen aufs stärkste fixiert. Die Erfindung des Schießpulvers hat den ritterlichen Geist zerstört, wie schon Ariost so schön klagt, und sonst eine Menge politischen Unsegen über Europa gebracht. Die Buchdruckerei endlich hat den ungeheuersten Mißbrauch der Schrift möglich gemacht und veranlaßt. [Fausts Bündnis mit dem Teufel.] Der einzige wesentliche Dienst, den sie der Welt geleistet haben mag, war wohl gleich zu Anfange die Verbreitung der klassischen Autoren: denn es scheint, daß die Geister durch Keime aus dem Altertum befruchtet werden mußten, um sich mit neuer Energie in Kunst und Wissenschaft zu regen; schon vor Erfindung der Buchdruckerkunst war dies mehr oder weniger bei den großen Dichtern der Fall gewesen. Nachdem sie dies bewirkt, hätte sie nur wieder untergehen mögen, wenigstens wären dann die monstrosen Erscheinungen der modernen Literatur, wie ich sie in den ersten Stunden geschildert, nicht zum Vorschein gekommen. Das sieht freilich jeder leicht ein, daß es bequemer ist, ein Buch sogleich in fünfhundert Exemplaren zu drucken, als es ebensooft abzuschreiben. Allein es fragt sich, zu welchem Zwecke die Schriften denn so sehr vervielfältigt werden müssen? Sind es Gesetze, Verordnungen, andre zum allgemeinen Wohl gereichende Bekanntmachungen, so wird eine einzige öffentlich ausgestellte Tafel dasselbe verrichten. Sind es Erfahrungen, Beobachtungen, die wirklich ein Fach von Kenntnissen bereichern, so wird es genug sein, sie in einer oder ein paar Bibliotheken handschriftlich niederzulegen. Der gründliche Gelehrte muß ja doch große Bibliotheken zu Rate ziehn und kann sich nicht alles selbst verschaffen. Was sollen die sich endlos wiederholenden Lehrbücher? In allen Kenntnissen, die nicht bloße Nomenklatur sind, muß doch praktische Anleitung das Beste tun, wie z. B. in der Medizin. Ja, auch in der Philosophie hielten die Griechen den mündlichen Unterricht für weit vorzüglicher, und ihre besten Schriften in diesem Fach sind Nachbildungen der Kunstwerke der freien Mitteilung. – Was nun Poesie insbesondere betrifft, so hat die Bequemlichkeit der toten Buchstabenmitteilung für den Zauber des lebendigen Vortrags die Empfänglichkeit um ein großes vermindert. Bei den Griechen lebte die dramatische Poesie auf dem Theater, die lyrische im Gesange, die. epische im Munde der Rhapsoden; und auch als die Poesie gelehrter behandelt zu werden anfing, fand der Dichter durch eine öffentliche Vorlesung das Mittel, sich glänzend bekannt zu machen. [Antimachus. Herodot.] Im Mittelalter lebte die Poesie wieder im Gesange und der Deklamation der Troubadours und Conteurs, noch Ariost hat auf diese Art seine Gesänge ursprünglich zur Vorlesung bestimmt. In den südlichen Ländern, wo man weniger lieset, hat das mündliche öffentliche Erzählen bis jetzt seinen Reiz behalten. – Solch eine Mitteilung erregt ganz andre Spannung und Teilnahme als das einsame ungesellige Lesen. Aber auch den Zauber der Schrift selbst hat die Buchdruckerei großenteils aufgehoben. Bei der Schwierigkeit, sich Bücher zu verschaffen, war ein einziges schon ein kostbares Besitztum, das von Geschlecht zu Geschlecht forterbte: es war eine romantische Armut. [Sitte, die Bücher an Ketten zu legen.] Jetzt sind die Menschen durch die Leichtigkeit des Besitzes gegen das Vortrefflichste so gleichgültig geworden, daß sie meistens gar nicht mehr mit Andacht, sondern bloß zu gedankenloser Zerstreuung lesen. War die Begierde nach einem Buche damals so hoch gestiegen, daß man es gar nicht mehr entbehren konnte, so mochte man sich's durch eine eigne Abschrift verschaffen, und Fürsten mochten deshalb Botschaften zueinander schicken. [Kaiser Maximilian.] Wir sehn, daß die Druckerei, die besonders bestimmt schien, merkwürdige Denkmäler der Vorzeit vor dem Untergange zu sichern, dies, außer in der früheren Epoche, gar selten geleistet hat, daß die merkwürdigsten Handschriften aus dem Mittelalter bis jetzt ungedruckt daliegen, und wenn sie einmal gedruckt wurden, so geschah es nicht durch die Industrie der Buchhändler, sondern durch freigebige Unterstützung der Fürsten (wie bei Muratori, Leibniz usw.). – Mit der unnützen Leserei dagegen hat die unnütze Schreiberei in gleichem Maße zugenommen. Ehedem konnte sie kein Gewerbe sein, man zeichnete seine Gedanken zuvörderst zu seiner eignen Befriedigung auf, und dies ist die rechte Art, Schriftsteller zu sein; bei der Schwierigkeit, die Geistesprodukte allgemein bekanntzumachen, drang nur das Vortrefflichste durch (dieses aber in einem Grade, wie vielleicht nachher nicht mehr; z. B. zur Lesung und Erklärung von Dantes Göttlicher Komödie wurde in Florenz eine eigne Professur errichtet, eine Ehre, die, soviel ich weiß, keinem andern neueren Dichter widerfahren ist), und die Welt wurde nicht mit den unzähligen Ausgeburten unreifer Geister heimgesucht. – Man wird mir einwenden, daß ich ja selbst so vieles, vielleicht Unnützes drucken lasse, und ich möchte mit einer Redensart antworten, deren sich die Engländer vom Tabaksrauchen bedienen, wenn man in einer engen Stube mit vielen Tabaksrauchern, nur dadurch, daß man es mittut, den üblen Dunst von sich abwehren kann (to smoke in one's own defence): I print in my own defence. – Übrigens aber, wenn es möglich wäre, daß durch gemeinschaftliche Übereinkunft der Gebrauch der Buchdruckerei aufgehoben würde, so wäre ich es gern zufrieden, es blieben mir noch andre Arten der Gedankenmitteilung übrig, wie z. B. die, welche ich jetzt eben ausübe und die mir weit vorzüglicher dünkt. – Alles Bisherige ist übrigens keinesweges so zu verstehen, als ob nicht jetzt, da das Bedürfnis gedruckter Bücher habituell geworden, die Abschaffung das größte Unheil verursachen würde, ja selbst ein furchtbares Mittel in der Hand des Despotismus werden könnte, sondern es ist von einer ursprünglich andern Wendung die Rede, welche die neuere Kultur ohne diese Erfindung hätte nehmen können.

Der unvermeidliche Einfluß von allem bisher Geschilderten auf die Poesie ist leicht einzusehen. Die ausschließende Richtung aufs Nützliche muß ihr, konsequent durchgeführt, eigentlich ganz den Abschied geben; und die wahre Gesinnung der Aufgeklärtheit darüber läuft auf die Frage des Mathematikers hinaus: was denn durch das Gedicht bewiesen werde? Die Quellen aller Fiktion versiegten, indem man die Mythologie unter die Rubrik des Aberglaubens verwies und aus der Natur die Symbolik verschwand. [Hamlet. Macbeth. Voltaire.] Es tat sich eine gleichsam protestierende Kritik auf, welche das wahrhaft Positive in der Poesie und Kunst, was sie nicht ganz wegleugnen konnte, das Genie, beinah als das feindselige Prinzip betrachtete und es dem Negativen, dem sogenannten Geschmack, unterworfen wissen wollte. Eine nichtige und bloß eingebildete Entgegensetzung: in ihrer echten Bedeutung sind diese Dinge unzertrennlich eins. So ist auch die Sage von einer zügellosen Phantasie aufgekommen, die, wo man sie mit einigem Scheine zu finden glaubte, nichts weiter ist als ein ungeordnetes Gedächtnis; den gänzlich Phantasielosen ist freilich alle Phantasie exzentrisch und zügellos. Die schaffende Phantasie ist zugleich unbedingt frei und gesetzmäßig, in ihr kann daher keine Zügellosigkeit stattfinden. Man muß nur wissen, daß die Phantasie, wodurch uns erst die Welt entsteht, und die, wodurch Kunstwerke gebildet werden, dieselbe Kraft ist, nur in verschiednen Wirkungsarten. Jene Kritik dringt aber auf lauter bloß negative Tugenden: Vermeidung des Anstößigen, Unschicklichen usw., und so besteht denn auch ihr Ideal des poetischen Stils darin, daß man in Versen nichts sage, was man nicht auch in Prosa (der bürgerlichen gemeinnützigen Sprache) sagen dürfte, wie sich ja überhaupt alles Überschwengliche im Menschen der Nutzbarkeit fügen soll.

Dieser Kritik der Korrektheit ist nun die unsrige diametral entgegengesetzt, und deswegen war es nötig, ihre Maximen tiefer aus den Gründen und dem allgemeinen Geiste des Zeitalters zu entwickeln. Ich glaube, daß man in der Kunst, wie unbedingt verwerfen, so auch unbedingt anerkennen muß. Wo man einmal das Göttliche gefunden, gebe man sich mit einer Art von Andacht hin, um sich ganz davon durchdringen zu lassen; erst durch vorgängige Anbetung der großen Meister erwirbt man sich das Recht, sie nachher etwa zu tadeln. Weit entfernt, von der Weisheit des Zeitalters mit einer Art von Mitleid auf die Werke der Vorzeit herunterzuschauen*, auf ihre Roheit, die in

---

* Bouterwek[25], Geschichte der italienischen Poesie.

ihnen herrschenden abergläubischen Vorstellungen, trete ich mit der innigsten Ehrerbietung vor sie hin, fest überzeugt, daß jedes Zeitalter in Rücksicht auf Poesie und Kunst vorzüglicher sei als das unsrige.

Die einzige Frage, welche uns nach dieser Schilderung des gegenwärtigen Zustandes der europäischen Bildung in allen ihren Zweigen zu beantworten übrigbleibt, betrifft die Aussicht in die Zukunft. Ist dieser Zustand hoffnungslos fixiert? Ist sogar noch ein tieferes Herabsinken zu befürchten? Oder zeigen sich Spuren und Andeutungen einer Rückkehr zum Besseren? Für die Hoffnung spricht schon die allgemeine Betrachtung der menschlichen Natur, daß alles Wesentliche und an sich Gültige in ihr eigentlich unvergänglich und ewig ist; daß, was die Grundlage unsers Daseins ausmacht, Sittlichkeit und Religion, Poesie und Philosophie, wie es keinen zufälligen Ursprung in der Zeit gehabt, so auch niemals untergehen kann. Nur schlummern können die höheren Anlagen des Menschen, herabgezogen werden durch das Gewicht des Irdischen und Materiellen, umbaut und in ihrer Wirksamkeit gehemmt durch die Verfassung der Gesellschaft, so daß gegen die Gewalt der allgemeinen Sitte und Gewöhnung die Kraft des einzelnen sich vergeblich auflehnt und wie in einem reißenden Strome bloß einen kleinen in geringer Entfernung schon unmerkbar werdenden Wirbel verursacht. Es ließe sich wohl historisch zeigen, daß seit der Epoche, von welcher ich den Anfang des gegenwärtigen Zeitalters herleite, die Opposition gegen das negative Prinzip niemals ganz geschlafen hat; nur regt sie sich in der neuesten Zeit in Deutschland entschiedner und kräftiger. Da wir nun in der menschlichen Bildungsgeschichte überhaupt das Naturgesetz einer wechselnden Flut und Ebbe oder, wie es Hemsterhuys ausdrückt, Sonnennähe und Sonnenferne, schon in mehreren Erfahrungen bestätigt wahrnehmen können: so sehe ich nicht, was in der Hoffnung auf Erneuerung, auf einen großen Umschwung in den Richtungen des geistigen Strebens, an sich so Widersinniges sein soll. Regeneration heißt der vermittelnde Begriff, zwischen der Vergänglichkeit des Einzelnen und der Unsterblichkeit des Allgemeinen, welches sich zu jenem wie die Seele zum Leibe verhält. Der Genius des Menschengeschlechts ist ewig und nur einer, er bildet sich nur von Zeit zu Zeit eine neue Gestalt an, wenn die vorige veraltet: sein Symbol ist der aus seiner eignen Asche wieder auflebende Phönix. Laßt uns doch unsern Blick über die enge Gegenwart erheben, laßt uns bedenken, wie das, was den gewöhnlichen Menschen ganz absorbiert, seine Umgebung, der Kreis seiner Lebenserfahrungen, bald nur ein Punkt in der Geschichte sein wird; wie tausend mit so lautem Geräusch betriebne Bestrebungen keine Spur hinterlassen, andre der Nachwelt klein und unbedeutend erscheinen werden; laßt uns einen Standpunkt erschwingen, von wo aus wir dies Ganze, was ich eben als das letzte Zeitalter geschildert, vielleicht gar nicht als etwas für sich Bestehendes, sondern als einen Übergang, eine Vorbereitung, eben als jenen Verbrennungsprozeß erblicken. Für die wahrhaft historische Betrachtung gehen Menschenalter und Jahrhunderte zusammen in ein einziges Aufatmen des Menschengeschlechts, ein einziges Pulsieren seiner Lebenskräfte.

Mehrere meiner Freunde und ich selbst haben den Anfang einer neuen Zeit auf mancherlei Art, in Gedichten und in Prosa, im Ernst und im Scherz verkündigt[*], und gewisse ehrenfeste Männer, die von keiner andern Zeit einen Begriff haben als der, welche die Turmglocken anschlagen und die Nachtwächter ausrufen, haben uns aus diesen frohen Hoffnungen ein

[*] Stelle aus Novalis' Schriften. [II¹ 6 ff.; I² 285 f.; I³ 219 f.; I⁴ 152 f.; I⁵ 213.]

großes Verbrechen gemacht. Ein bejahrter Mann besonders, der das Unglück hat, wenn er seine Sprachwerkzeuge einmal in Bewegung gesetzt hat, aus bloßer Kraftlosigkeit sie nicht wieder zum Stillstand zu bringen und so zum Schweigen gelangen zu können, ist dadurch ganz aus der Fassung gebracht worden und schreibt immerfort dagegen, so wie Münchhausen noch drei Tage nach der Schlacht sich den Arm mußte halten lassen, weil die Bewegung des Hauens konvulsivisch fortdauerte. – Das entsetzliche, gar nicht aufhörende Geschrei dawider von allen Seiten scheint doch zu verraten, daß die Gegner unsre Behauptung nicht für so ungereimt halten, als sie vorgeben, daß sie doch vielleicht heimlich fürchten, im ruhigen Besitz der Nichtigkeit durch jene verhaßten Anmutungen gestört zu werden. Sie sind auch darüber entrüstet, daß man manche Autoren, die sie bisher mehr auf Autorität und aus Gewöhnung als aus wahrem Triebe verehrt haben, nicht mehr will gelten lassen, daß man es gerade heraus sagt, sie seien nur mittelmäßige Poeten und schlechte Philosophen oder Kritiker; sie glauben sich zugleich mit herabgesetzt. Auch hier scheint dasselbe Motiv dem heftigen Empören dagegen zum Grunde zu liegen. Ein auf gültige Ansprüche gegründeter Ruf muß aus der schärfsten Prüfung bewährt hervorgehn; wenn schon ein paar hingeworfne Einfälle einer großen Schriftstellerreputation einen Stoß geben (so wie bei Shakespeare das bloße Sausen von Pyrrhus' Schwert den kraftlosen Altvater Priamus zu Boden stürzt), wie würde es dann erst bei einer ernsthaften und erschöpfenden Untersuchung aussehen? Sie verabscheuen aufs äußerste die Maxime, daß bei literarischem Ansehen keine Verjährung statthaben soll, die Rücksichtslosigkeit der öffentlichen Äußerungen, endlich das unbedingte Anerkennen und Verwerfen, da sie aus eigner Halbheit auch die fremde in Schutz nehmen.

So töricht sind diejenigen nicht, denen man die Ehre erweist, sie vorzugsweise die Partei in der Literatur zu nennen (denn in der großen Masse der Gemeinheit muß sich natürlicherweise das Gute suchen und uneigennützig zusammenhalten), daß sie sich einbilden sollten, einige philosophische und poetische Werke würden unmittelbar auf die gegenwärtige äußre Verfassung der menschlichen Angelegenheiten wirken; auf Märkten und Straßen werden die stillen Mysterien eines strebenden Gemüts nicht gefeiert. Wir wissen zu gut, daß die meisten Menschen, über die durch die bürgerliche Ordnung zum Lernen bestimmte Periode einmal hinaus, sich so beschränkt fixieren, daß sie, weit entfernt, ein universelles Interesse zu haben und fähig zu sein, etwas Großes, das allen ihren bisherigen Gewöhnungen widerspricht, mit gesammelter Kraft sich anzueignen, vielmehr nur wie Uhren für die täglichen Verrichtungen maschinenmäßig aufgewunden werden. Ja auch bei der empfänglicheren Jugend, die von Natur dem Neuen geneigt ist, wird oft nur ein oberflächlicher Enthusiasmus entzündet, der wie ein Strohfeuer ablodert: indem das Höchste ohne alle Anstrengung gleich aus der nächsten Hand zu überkommen gedenken, entstehen Bewunderer und Nachahmer, die weit schlimmer sind als die Gegner, weil diese das, was man beabsichtet, nicht so arg verkennen können, als es jene zur Fratze entstellen. – Wir schmeicheln uns also keineswegs einer schon erfolgten allgemeinen Anerkennung; wir behaupten nur, es seien Keime eines neuen Werdens ausgestreut: unter welchen Zeitbedingungen sie sich fruchtbar erweisen werden, läßt sich nicht im voraus bestimmen. Auch wenn man ganz allein bliebe und gar nicht auf einen sich erweiternden Bund gemeinschaftlich strebender Geister rechnen dürfte, so wäre man darum nicht weniger berechtigt zu sagen, es fange eine neue Zeit an, sobald man es in sich fühlt. Denn aus dem höheren Gesichtspunkte angesehen ist die Zeit eine Hervorbringung des freien Menschen, und es hängt von ihm ab, was er für sich in den Schoß der Vergangenheit versenken und was er als Gegenwart festhalten will, um seine Zukunft daraus zu entwickeln. Das muß doch jeder selbst wissen, ob wirklich neue Quellen des Daseins in ihm aufgegangen sind. – Es ist aber mit diesem Beginnen einer andern Zeit sowenig eine Vernichtung alles Ehemaligen gemeint (wie uns fälschlich vorgeworfen wird), daß wir vielmehr ausdrücklich bekennen, durch die großen Geister der Vorzeit auf den Weg gebracht worden zu sein. Die Anbeter des gegenwärtigen Zeitalters sind es vielmehr, welche das wahre Alte verachten, indem ihnen das letztvorhergegangne viel größer und verwundernswürdiger vorkommt. So kann einem, der auf einer platten Ebne steht, durch einen Sandhügel die ganze weite Aussicht verdeckt werden; aber der Wind weht diesen Sandhügel weg, und dann kommen erst die blauen Berge als die wahre Grenze des Horizonts zum Vorschein.

Ich sehe dem Einwurf entgegen, die von mir dargelegte Ansicht sei ein empörtes und undankbares Kind des Zeitalters, dessen Bildung meine Gedanken in Farbe und Gestalt doch an sich tragen; und ich bestreite daher das Zeitalter mit seinen eignen Waffen. Allein das wird gar nicht von mir behauptet, daß man gar nichts von ihm annehmen solle, ebensowenig als es mir einfällt, das Streben, welches seinen Geist ausmacht, für eine bloß zufällige Abirrung auszugeben und nicht einzusehn, daß notwendigerweise in der Bildungsgeschichte auch diese Richtung vorkommen und soweit als möglich verfolgt werden mußte. Was wahrhaft reell darin ist, kann und wird nicht untergehn; und wer sich dessen nicht Meister gemacht hat, wer nicht mit dem Zeitalter auf seinem eignen Gebiet in allem gleichen Schritt halten kann, der soll von der neuen Zeit noch gar nicht mitsprechen. In der absoluten Schätzung bleibt demungeachtet das Negative, was es ist: wenn schon für mich, so wie zwei Verneinungen in der Sprache wieder bejahen, indem ich das Negative als negativ setze, wieder ein Positives daraus wird. Wie chemische Verwandtschaft durch Entgegensetzung bedingt ist, wie der negative Pol eines Magneten den positiven eines andern anzieht, so ruft auch ein Extrem sein entgegengesetztes hervor; und Übersättigung mit Irreligiosität kann Religion erwecken, sittliche Schlaffheit neuen Enthusiasmus und prosaische Erstorbenheit neue Poesie, so wie ein Empirismus, der alles menschliche Wissen zu einem Aggregat ohne Unterordnung und Zusammenhang macht, zur Philosophie zurückführt. Im Laufe der Zeiten verändert sich immerfort alles, was gewesen ist, kommt so nicht wieder: das Alte kann also nicht ohne weiteres hergestellt werden, sondern soll etwas Neues entstehn, so wird es notwendig ein Produkt heutiger Bildung mit ehemaliger befruchtet sein. Das ganze Spiel unsrer geistigen Kräfte beruht auf dem beständigen Wechsel nach außen gerichteter und auf sich zurückgewandter Tätigkeit; ebenso scheint auch der gesamte Geist in wechselnder Kontraktion und Expansion begriffen zu sein. Wer weiß, alles, was ich als die letzte Periode geschildert habe, ist nur als eine einzige große Reflexion des Menschengeschlechts über sich selbst anzusehen und mußte deswegen notwendig ein negatives Ansehen gewinnen. Soviel ist gewiß, daß in der Form der neuesten Philosophie ein gesteigertes Bewußtsein, ein Grad des Selbstverständnisses ausgedrückt ist, wie es sich zuvor noch nie in philosophischen Unternehmungen offenbart hat. So muß auch der heutige Dichter über das Wesen seiner Kunst mehr im klaren sein, als es ehemalige große Dichter konnten, die wir daher besser begreifen müssen als sie sich selbst; eine höhere Reflexion muß sich in seinen Werken wieder in Unbewußtsein untertauchen. Deswegen ist jetzt Universalität das einzige Mittel, wieder etwas Großes zu erschwingen. Ein Dichter muß nicht nur die umfassendsten Studien antiker und moderner Poesie gemacht haben, er muß in gewissem Grade auch Philosoph, Physiker und Historiker sein. Kein Wunder, daß dabei seine eignen Werke oft nur wie einzelne Versuche aussehen, da eine gewisse Einseitigkeit der Virtuosität so günstig ist. Doch wird nur erst einzelnes im rechten Sinne vollendet ausgebildet, so wird sich fertige Meisterschaft auch schon mit der Zeit wieder einstellen.

Was ich zu den Regungen des wiederauflebenden Geistes rechnen zu müssen glaube, ist zum Teil nicht so gar neu; nur hatte es sich, isoliert unter dem Haufen der Mißverständnisse, scheinbar verloren und scheint erst jetzt wieder vereinigt auf einen Brennpunkt zu wirken. Vor mehr als vierzig Jahren stand *Winckelmann* auf: er öffnete mit heiliger Begeisterung den Tempel antiker Kunst und weihete sich selbst zum Priester der alten Götter. Er hat zunächst zwar nur von den bildenden Künsten gesprochen, aber aus wenigen Andeutungen sieht man, daß er durch das Medium derselben auch die Poesie der Alten sehr gut erkannt hatte; und seine Betrachtungsart der Denkmäler des Altertums in jenen bleibt ein vollendetes Vorbild für jede Darstellung des klassischen Geistes von andern Seiten. Er hatte die Kühnheit, die gesamte neuere Kunst, ein paar ihrer ältesten großen Meister ausgenommen, geradehin zu verwerfen; ja er tat den Werken dieser sogar Unrecht, indem er sie nur als Annäherungen an das Antike betrachtete, nicht als eigentümliche Schöpfungen in einer gegenüberliegenden Sphäre: eine für ihn, der ganz Grieche war, notwendige Einseitigkeit. In der Philosophie fehlt es ihm an Schule, doch zog ihn sein Instinkt zu dem größten Stile der Spekulation hin, der aus dem Altertum auf uns gekommen, und wo er philosophiert, da platonisiert er auch. Von seinen großen Einsichten zeugt übrigens seine Geringschätzung der damaligen Philosophie der Engländer und Franzosen, besonders ihrer Kunstkritik, die freilich wie die Stimme eines Propheten in der Wüste verhallte.

Noch früher war *Lessing* aufgetreten, aber seine bedeutendste Periode fällt mehr gegen das Ende seines Lebens. Es versteht sich, daß ich ihn hier nicht als Dichter anführe: dies war er gar nicht, wie er selbst eingestanden hat; für einen Kunstrichter hielt er sich eher, aber auch hiezu fehlte es ihm an Empfänglichkeit für viele Seiten der Poesie und an vollständiger historischer Kenntnis. Er ist vielmehr ein auffallendes Beispiel geworden, daß der bloß berechnende Verstand weder die Poesie auszuüben noch sie zu ergründen hinreicht. Hier kann es ihm also nur angerechnet werden, daß er sich niemals durch Autorität und eingeführten Kunstschlendrian blenden ließ. Aber ein Denker war er, der in alle Fächer des menschlichen Wissens revolutionäre Anregungen brachte. Ein unsterbliches Muster hat er in sich aufgestellt von uninteressierter, unbestechlicher, unermüdeter Wahrheitsforschung und von dem edlen Zorn und Haß gegen das Schlechte, Nichtige und Verkehrte. Auch in der Theologie bewies er großen Ernst und verursachte eben deswegen allgemeinen Skandal. [Seine Prophezeiung. Friedrichs Gedicht[26] darüber.] „Er blieb zwar nur die Skizze eines vortrefflichen Philosophen", aber seine Vorliebe für Spinoza, den schon der scharfsinnige Bayle so ganz mißkannt hatte, beweist, was er unter andern Umständen hätte leisten können.

Auch *Hemsterhuys* (zwar ein Holländer, der französisch geschrieben, aber wohl nur von Deutschen recht geschätzt worden ist), der, so vertraut mit der Kultur der Enzyklopädisten, dennoch die Rechte der Spekulation, der Sittlichkeit, der Kunst und der Religion gegen sie in Schutz zu nehmen wagte und sich an die Formen des Altertums anschloß, muß als ein Vorbote der wiedererwachenden Philosophie, gleichsam ein Prophet des transzendentalen Idealismus betrachtet werden.

Dieser, in seiner ersten Gestalt als Kritizismus von Kant aufgestellt, belebte zwar zuerst wieder philosophische Ideen (die ganz abhanden gekommen waren und die sich so fruchtbar bewiesen, daß er, fast ohne Kenntnis von Kunst und Poesie, in seiner Kritik der Urteilskraft dennoch *die* Region des Geistes glücklich traf, wo diese Erzeugnisse zu Hause wären, und ihre Unabhängigkeit von fremdartigen Gesetzgebungen behauptete), aber mehr mit einer negativen Tendenz, und da das Ganze des Systems nur künstlich zusammengekittet, nicht organisch aus *einem* Mittelpunkt entstanden war, mußte es in den Köpfen der Schüler bald in Formalismus ausarten. Konsequenter, mit größerer Schärfe und in lebendigerer Einheit durchgeführt, ist der transzendentale Idealismus jetzt in seiner strebendsten Entwicklung. Dem Dichter, der ihn zu brauchen versteht, ist dadurch der Zauberstab in die Hand gegeben, mit Leichtigkeit den Geist zu verkörpern und das Materielle zu vergeistigen, da die Poesie ja eben zwischen der sinnlichen und intellektuellen Welt sich schwebend erhalten muß.

In der Physik hat sich ebenfalls neue Lebensregung gezeigt. Ohne hier ausmachen zu wollen, ob eine objektive Wissenschaft der Natur möglich ist oder ob dem Menschen nur abgerißne Seherblicke in ihre geheimnisvolle Werkstätte gegönnt sind, kann es doch nicht zweifelhaft sein, daß die Rückkehr zum Naturganzen nach Vervollkommnung der empirischen Kenntnisse auch für die Poesie fruchtbar werden wird. Die neuen Wahrnehmungen und Ahndungen dürften in der Mythologie Herberge suchen, diese neu allegorisieren und beseelen.

Was die Poesie betrifft, so habe ich schon öfter geäußert, daß ich das meiste, was die Deutschen in der letzten Periode verehrt haben, für durchaus null halte. Ich sehe wenigstens nicht, wie sich auf die Wielandische mattherzige Schlaffheit und manierierte Nachahmerei sollte weiter fortbauen, oder was sich aus der Dürftigkeit eines Ramler, Kleist, aus der faden Süßlichkeit eines Geßner oder, um Neuere zu nennen, aus der pretiösen geistlosen Künstelei eines Matthisson sollte entwickeln lassen\*. – Im Klopstock, ungeachtet er die Mißverständnisse und die Affektation so ins Große getrieben wie schwerlich vor ihm ein andrer Dichter, ist vielleicht dennoch etwas, das nicht ganz untergehen kann; er muß wenigstens im grammatischen Teile der Poesie, wiewohl auch hier seine Erfindungen von Mißverständnissen getrübt waren, gewissermaßen als ein Stifter betrachtet werden. So Bürger, der ein Beispiel abgibt, wie wohltätig oft eine einzige poetische Anschauung aus einem fremden Zeitalter wirken kann: denn nur durch seine Bekanntschaft mit den altenglischen Balladen erhob er sich dazu, Töne echter Volkspoesie anzugeben, da er sonst vermutlich bei kalter Schulpoesie stehengeblieben wäre. *Goethe* bleibt aber doch der Wiederhersteller der Poesie in Deutschland. Seine früheren Schriften sind zwar weniger Kunstwerke als Protestationen gegen die konventionelle Theorie, Verteidigungen der Natur gegen die Eingriffe der Verkünstelung. Er war selbst in Mißverständnissen befangen und hat auch andre irrege-

---

\* Diese Urteile werden in der Folge durch Bemerkungen über manche einzelne Werke näher bestätigt werden.

leitet, wie er es selbst gesteht. Es scheint, er mußte durch diese Verkennung der Kunst hindurch, um bei vollendeter Reife zu ihrer reinsten Ansicht hindurchzudringen. Wenn viele seiner Sachen nur als Bruchstücke und Studien dastehn, so hat er dagegen in andern gediegnen Werken teils die Formen des Altertums im milden Widerscheine seines Geistes gespiegelt, teils das romantische Element wieder aufgefunden und Werke von unergründlicher Absichtlichkeit damit durchdrungen. Es steht zu hoffen, daß mit ihm endlich eine Schule der Poesie anheben wird, das heißt nicht, eine Folge von Dichtern, die ihn blindlings anbeten oder ihn auch nur für das höchste Muster halten; sondern die mit ähnlichen Maximen im Studium und der Ausübung der Kunst auf der von ihm eröffneten Bahn ohne Nachahmung selbständig und erweiternd fortschreiten.

Wie gesagt, vieles von dem Angeführten war schon lange vorhanden, aber ohne Wirkung. Winckelmannen hat man viel eitles Geschwätz über Ideale und Griechheit nachgelallt, statt von ihm zu tieferer Erforschung des Altertums befeuert zu werden. Lessingen haben sich die Seichten ganz eigends zu ihrem Vorsteher gewählt und in seinen Schriften Bannsprüche gegen echte Poesie und Philosophie zu finden geglaubt, außerdem, daß er auf das dramatische Fach sehr retardierend gewirkt hat. Goethe hat die seltsamsten Verzerrungen der Genialität veranlaßt und hat zum Helden der Sentimentalen werden müssen, ja viele sehen ihn noch jetzt so an.

Was seit Goethen in der Poesie geschehen, ist zum Teil noch zu neu, um es historisch beurteilen zu können, teils steht es mir persönlich zu nahe. Diejenigen, welche noch nicht an eine Verjüngung der Poesie glauben, will ich nur erinnern, daß aus einem kleinen Samenkorn in kurzer Zeit eine ganze Pflanzung erwachsen, daß durch einen Funken ein Wald in Brand gesetzt werden kann; oder auch, daß bei einer zurücktretenden Überschwemmung zuerst nur einzelne Spitzen hervorkommen, bald aber große Strecken mit einemmale wieder festes Land werden. [Das Sonett von Petrarca[27]: La Gola etc.]

## POESIE

Der Dichter Simonides soll, als ihn der Herrscher von Syrakus befragte, was die Gottheit sei, sich einen Tag Bedenkzeit ausgebeten haben; nach Verlauf dieser Frist zwei Tage, drei Tage und so fort, und endlich, da jener auf einen wirklichen Bescheid drang, gab er zur Antwort: die Sache scheine ihm um so dunkler, je länger er sie erwäge. Die Frage: was die Poesie sei, würde ich geneigt sein, auf ähnliche Weise zu beantworten und damit sowohl als Simonides in der Tat etwas gesagt zu haben glauben. Er deutete nämlich dadurch an, die Gottheit sei ein schrankenloser Gedanke, eine Idee. Dies gilt nun zwar von der Kunst überhaupt: ihr Zweck, d. h. die Richtung ihres Strebens, kann wohl im allgemeinen angedeutet werden; aber was sie im Laufe der Zeiten realisieren soll und kann, vermag kein Verstandesbegriff zu umfassen, denn es ist unendlich. Bei der Poesie findet es aber in noch höherem Grade statt; denn die übrigen Künste haben doch nach ihren beschränkten Medien oder Mitteln der Darstellung eine bestimmte Sphäre, die sich einigermaßen ausmessen läßt. Das Medium der Poesie aber ist ebendasselbe, wodurch der menschliche Geist überhaupt zur Besinnung gelangt und seine Vorstellungen zu willkürlicher Verknüpfung und Äußerung in die Gewalt bekömmt: die Sprache. Daher ist sie auch nicht an Gegenstände gebunden, sondern sie schafft sich die ihrigen selbst; sie ist die umfassendste aller Künste und gleichsam der in ihnen überall gegenwärtige Universalgeist. Dasjenige in den Darstellungen der übrigen Künste, was uns über die gewöhnliche Wirklichkeit in eine Welt der Phantasie erhebt, nennt man das

Das Poetische in ihnen; Poesie bezeichnet also in diesem Sinne überhaupt die künstlerische Erfindung, den wunderbaren Akt, wodurch dieselbe die Natur bereichert; wie der Name aussagt, eine wahre Schöpfung und Hervorbringung. Jeder äußern materiellen Darstellung geht eine innre in dem Geiste des Künstlers voran, bei welcher die Sprache immer als Vermittlerin des Bewußtseins eintritt, und folglich kann man sagen, daß jene jederzeit aus dem Schoße der Poesie hervorgeht. Die Sprache ist kein Produkt der Natur, sondern ein Abdruck des menschlichen Geistes, der darin die Entstehung und Verwandtschaft seiner Vorstellungen und den ganzen Mechanismus seiner Operationen niederlegt. Es wird also in der Poesie schon Gebildetes wieder gebildet; und die Bildsamkeit ihres Organs ist ebenso grenzenlos als die Fähigkeit des Geistes zur Rückkehr auf sich selbst durch immer höhere potenziertere Reflexionen. Es ist daher nicht zu verwundern, daß die Erscheinung der menschlichen Natur in der Poesie sich mehr vergeistigen und verklären kann als in den übrigen Künsten und daß sie bis in mystische geheimnisvolle Regionen eine Bahn zu finden weiß. Sie hat nicht bloß das körperlich wahrnehmbare Universum vor sich, sondern alle Kunstbildungen, ganz besonders alles, was Dichtung ist, zieht sie wieder in ihre Natur, die dadurch zu einem schönen Chaos wird, aus welchem Liebe und Haß oder, mit andern Worten, Begeisterung, das mächtige beherrschende Gefühl der Sympathien und Antipathien, neue harmonische Schöpfungen ausscheidet und hervorruft. Man hat es höchst befremdlich und unverständlich gefunden, daß von Poesie der Poesie[1] gesprochen worden ist; und doch ist es für den, welcher überhaupt von dem innern Organismus des geistigen Daseins einen Begriff hat, sehr einfach, daß dieselbe Tätigkeit, durch welche zuerst etwas Poetisches zustande gebracht wird, sich auf ihr Resultat zurückwendet. Ja man kann ohne Übertreibung und Paradoxie sagen, daß eigentlich alle Poesie, Poesie der Poesie sei; denn sie setzt schon die Sprache voraus, deren Erfindung doch der poetischen Anlage angehört, die selbst ein immer werdendes, sich verwandelndes, nie vollendetes Gedicht des gesamten Menschengeschlechtes ist. Noch mehr: in den früheren Epochen der Bildung gebiert sich in und aus der Sprache, aber ebenso notwendig und unabsichtlich als sie, eine dichterische Weltansicht, d. h. eine solche, worin die Phantasie herrscht. Das ist die Mythologie. Diese ist gleichsam die höhere Potenz der ersten durch die Sprache bewerkstelligten Naturdarstellung; und die freie selbstbewußte Poesie, welche darauf fortbaut, für welche der Mythus wieder Stoff wird, den sie dichterisch behandelt, poetisiert, steht folglich noch um eine Stufe höher. So kann es nun weiter fortgehen, denn die Poesie verläßt den Menschen in keiner Epoche seiner Ausbildung (welche wirklich diesen Namen verdient und nicht bloß Einseitigkeit und Ertötung gewisser Anlagen ist) ganz; und wie sie das Ursprünglichste ist, die Ur- und Mutterkunst aller übrigen, so ist sie auch die letzte Vollendung der Menschheit, der Ozean, in den alles wieder zurückfließt, wie sehr es sich auch in mancherlei Gestalten von ihm entfernt haben mag. Sie beseelt schon das erste Lallen des Kindes und läßt noch jenseits der höchsten Spekulation des Philosophen Seherblicke tun, welche den Geist ebenda, wo er, um sich selbst anzuschauen, allem Leben entsagt hatte, wieder in die Mitte des Lebens zurückzaubern. So ist sie der Gipfel der Wissenschaft, die Deuterin, Dolmetscherin jener himmlischen Offenbarung, wie die Alten sie mit Recht genannt haben, eine Sprache der Götter.

Eben weil die Poesie das Allgegenwärtigste, das Alldurchdringendste ist, begreifen wir sie schwerer, so wie wir die Luft, in welcher wir atmen und leben, nicht insbesondre wahrnehmen. Eine Nation, ein Zeitalter, bei welcher sie vom ersten Ursprunge an sich ohne Störung entwickelt hat, wird im vollkommnen Besitze derselben am wenigsten über ihr Wesen im klaren sein: dies war wirklich der Fall der Griechen, die zu glücklich, zu begünstigt waren, um ihre eigne Poesie ganz zu verstehen. Wir, deren Bildung sich nicht aus einfacher Natur stetig entfaltet, sondern aus verworrner Barbarei ruckweise losgerissen hat und daher in aller ihrer Ausdehnung noch isoliert und disharmonisch ist, können mit der Spekulation über diesen Gegenstand weit tiefer gehn, so wie die poetischen Intentionen selbst weit spekulativer geworden sind, wie sich's bei der Untersuchung über romantische Poesie zeigen wird: welche wir jetzt, da sie von neuem auflebt, wiederum tiefer durchschauen können, als es in ihrer großen Epoche den Meistern und Urhebern derselben möglich war.

Man sieht aus dem Bisherigen, welch ein unfruchtbares und armseliges Verfahren es ist, gleich vornherein mit einer Worterklärung der Poesie anzufangen und aus dieser alles herausspinnen zu wollen. Manche Analytiker haben sogar an einer herausgerissenen Stelle, an irgendeiner Phrase eines Dichters, das Wesen der Poesie im Gegensatz mit der Prosa entwickeln zu können geglaubt. Das ist gerade so, als ob man einen Stein aus einem Tempel und einen andern aus einem gemeinen Wohnhause herumwiese und dadurch den Unterschied dieser beiden Gebäude anschaulich machen wollte. [Der Scholastiker des Hierokles.] Man ist denn auch auf diesem Wege auf so unvergleichliche allgemeine Merkmale gestoßen, die eine wahre wächserne Nase der Theorie sind; z. B. poetisch sei alles, was die Lebhaftigkeit der Vorstellungen befördert. Begreift man denn nicht, daß, da die Poesie ursprünglich in der Sprache daheim ist, diese nie so gänzlich depoetisiert werden kann, daß sich nicht überall in ihr eine Menge zerstreute poetische Elemente finden sollten, auch bei dem willkürlichsten und kältesten Verstandesgebrauch der Sprachzeichen, wieviel mehr im gemeinen Leben, in der raschen, unmittelbaren, oft leidenschaftlichen Sprache des Umgangs. Viele Wendungen, Redensarten, Bilder und Gleichnisse, die, sogar im plebejesten Tone, vorkommen, sind unverändert auch für die würdige und ernste Poesie brauchbar; und unstreitig ließe sich bei einem Gezänk von Hökerweibern die Lebhaftigkeit der Vorstellungen ebensogut als Prinzip demonstrieren wie bei jenen ausgehobnen Dichterstellen. Der bürgerliche Edelmann des Molière ist sehr befremdet, da er erfährt, daß er sein ganzes Leben Prosa gesprochen habe, weil er diese Kunst doch niemals gelernt; er würde noch weit erstaunter gewesen sein zu hören, daß er auch Poesie zu reden verstehe, welches sich ihm doch ohne Zweifel ebensoleicht hätte zeigen lassen. – Ebenso wie das Geschmückte, Bildliche im einzelnen Ausdruck keineswegs hinreicht, die wirkliche Gegenwart der Poesie in der ganzen Zusammensetzung zu beweisen (auch der Redner darf sich ja dessen bedienen, und wie wird man dem wesentlichen Unterschiede der schönen Prosa und Poesie auf den Grund kommen, wenn man an solchen Äußerlichkeiten kleben bleibt?): beweist auf der andern Seite der Mangel daran in einzelnen Stellen, ebensowenig die Abwesenheit des poetischen Prinzips. Man hat ehedem häufig gefordert, wenn man in einer poetischen Stelle den Vers durch Umstellung der Worte auflöse, müsse sich dann noch das über die gewöhnliche Rede Erhöhte, die Glieder des auseinandergeworfnen Dichters, wie Horaz[2] sagt, erkennen lassen; und diese alberne Probe wird immer noch dann und wann von irgendeinem Einfaltspinsel wiederholt und daraus argumentiert. Als ob nicht grade die Folge und Anordnung der Wörter nebst dem Rhythmus, welches beides auf solche Art zerstört wird, dasjenige sein könnte, worin der poetische Charakter liegt? Man versteht also gar nichts von der Organisation der Rede, wenn man alles auf die einzelnen Bestandteile legt, die doch durch die jedesmalige Zusammenfügung durchaus verschieden bestimmt werden. Dieses Merkmal trifft bei einigen Gattungen zu, allein man erfährt hieraus nichts, sondern muß vielmehr die Notwendigkeit einer solchen Diktion erst aus dem Wesen derselben ableiten.

Eine uralte, schlichte und bürgerliche Meinung ist die, alles in Versen Geschriebne für Poesie zu halten. Ein solch empirisches Merkmal ist in der Kindheit der Kunst verzeihlich, wo es auch nichts weiter prätendiert als sinnliche Zusammenfassung der Masse. Uns hat aber leider eine millionenfache Erfahrung belehrt, daß sich ganz prosaische Verse machen lassen, und man darf das unselige, so außerordentlich kultivierte Handwerk der Versemacherei nicht noch durch schöne Titel begünstigen. Schon bei den Griechen war selbst in der schönsten blühendsten Periode ihrer Poesie, als nicht leicht jemand ohne natürliche Eingebung dichtete, ehe noch gelehrte Eitelkeit ihre Unschuld zerstört und sie mit willkürlicher Künstelei behandelt hatte, diese populäre Meinung nicht ganz richtig, und Aristoteles bestreitet sie deswegen auch. Denn es gab lokale, nur für ein gewisses Zeitalter gültige Anlässe, manches in Versen abzufassen, was zwar eben durch diese Entstehungsart einen von der Prosa verschiednen Charakter im ganzen Vortrage beibehielt, aber doch seinem Inhalte nach nicht eigentlich dem dichtenden Vermögen angehörte. Allein für uns wäre der Satz nicht einmal mehr richtig, wenn er auch folgendergestalt abgeändert würde: nur das ist Poesie, was in Versen abgefaßt werden *soll*; wiewohl man alsdann nichts daraus erführe, denn nun würde sich erst fragen: was soll denn in Versen abgefaßt werden? Es hat sich nämlich in der romantischen Poesie eine Gattung aufgetan, welche nicht nur ohne Verse bestehen kann, sondern in vielen Fällen die Versifikation gänzlich verwirft: dies ist der Roman. Wir werden uns wohl hüten, Theorien ohne historisches Fundament in die Luft zu bauen, denen zulieb nachher das unübersehliche Gebiet der echten Poesie willkürlich verengt werden muß.

Mit Worterklärungen und zufällig aufgehaschten Merkmalen ist demnach nichts ausgerichtet. Um dem Wesen der Poesie analytisch näherzukommen, müßte man wenigstens ein poetisches Ganzes als Beispiel vornehmen und es zu konstruieren, seinem innern Baue nach zu erforschen und als notwendig darzutun suchen. Aber ein solches wird unfehlbar einer gewissen Gattung angehören, und man wird also immer im Blinden darüber tappen, was dieser Gattung und was der Poesie überhaupt wesentlich ist. Der synthetische Gang ist folglich der einzige wahre: man muß die Dichtarten aus der allgemeinen Poesie und die einzelnen Gedichte und ihre Teile aus ihrer Dichtart begreiflich machen. Dazu ist es aber erforderlich, die Sache an einem höheren Punkte zu fassen.

Wir wollen versuchen, die Poesie genetisch zu erklären und sie auf den verschiednen Stufen, welche sie von der ersten Regung des Instinktes an bis zur vollendeten Künstlerabsicht, bis zum Werk, durchzugehen hat, begleiten. Wir handeln also zuvörderst von der *Naturpoesie*, dann der *Kunstpoesie*. Erst bei der letzten tritt die Scheidung in Gattungen ein, oder vielmehr diese Scheidung bezeichnet eben den Anfangspunkt derselben. Wir werden ihre Entwicklung alsdann historisch verfolgen, indem in ihrer Zeitfolge wirklich ihre Rangordnung vom Einfachsten und

Reinsten bis zum Zusammengesetztesten und Gemischtesten liegt. Auch was ich über Naturpoesie zu sagen habe, wird historischer Art sein, jedoch nicht in dem Sinne, daß es ausdrücklich bezeugte Fakta, zu bestimmten Zeiten, an bestimmten Örtern vorgefallen, beträfe. Historische Nachrichten reichen nicht bis dahinauf; wir haben nur ewige und notwendige Tatsachen anzugeben, die aus der menschlichen Natur herfließen und sich eigentlich immer bei der Entwickelung des Individuums wie bei der des ganzen Menschengeschlechts wiederholen. Es ist im vorhergehenden einmal beiläufig die Möglichkeit einer *Naturgeschichte der Kunst* erwähnt worden. Naturgeschichte der Kunst ist eine Darlegung ihres notwendigen Ursprunges und ihrer ersten Fortschritte aus den allgemeinen menschlichen Anlagen und den Umständen, welche beim Erwachen des frühesten Menschengeschlechtes zu einiger geistigen Bildung eintreten mußten. Sie kann folglich nur bei solchen Künsten stattfinden, deren Medium oder Werkzeug der Darstellung ein dem Menschen natürliches ist; alle Künste, deren Werkzeug ein künstliches ist, setzen Beobachtung der Natur und Akte der Willkür zur Benutzung derselben voraus, welche nur historisch gegeben, nicht philosophisch abgeleitet werden können. Die natürlichen Medien der Kunst sind Handlungen, wodurch der Mensch sein Innres äußerlich offenbart, und dergleichen gibt es keine andre als Worte, Töne und Gebärden. Diese sind denn auch die Wurzel und Grundlage der Poesie, Musik und Tanzkunst. Wie die Tanzkunst gewissermaßen wieder als der erste Keim der bildenden Kunst betrachtet werden könne, haben wir bei der Übersicht der Künste gezeigt[3]. Es sind im Verlauf dieser Vorträge schon verschiedne zur Naturgeschichte der Kunst gehörige Sätze vorgekommen. Z. B. daß die drei obengenannten Künste zugleich und in unzertrennlicher Einheit entstanden seien; ferner die Entstehung des Rhythmus als der allen dreien gemeinschaftlichen Form. Was wir darüber behaupteten, war nicht aus der Erfahrung geschöpft, aber wir konnten es einigermaßen mit Beobachtung roher Völker, bei denen die Künste in einer ihrem Ursprunge näheren Gestalt verharret sind, belegen, und so wird es sich auch mit dem verhalten, was wir von der Naturgeschichte der Poesie noch hinzufügen werden.

Bei dem jetzigen Zustande unsrer Kultur, wo die Poesie als eine sehr schwierige Kunst betrachtet wird, zu welcher nur wenige ausgezeichnete Individuen die Fähigkeit besitzen, die sie noch dazu nur mit vielem Nachdenken und geflissener Vorbereitung ausüben, sind wir geneigt, ehe wir besser belehrt werden, sie für eine späte Frucht der Verfeinerung, für eine dem müßigen Ergötzen dienende Erfindung, mit einem Wort, für einen bloßen Luxus des Geistes zu halten. Dies widerlegt zwar schon die Erfahrung, die uns sowohl in den ältesten schriftlichen Urkunden als unter den ungebildetsten Völkern selbst in den ungünstigsten Klimaten Anfänge der Poesie aufweist. Wo diese gänzlich fehlen, wie etwa bei den Feuerländern und vielleicht den Eskimos, ist sicher ein unnatürlicher Zustand vorhanden, ein Rückfall in vollkommne Stupidität, den vermutlich plötzliche Verdrängung aus milderen Gegenden durch andre Nationen verursacht hat. Davon indessen kann uns die bloße Erfahrung nicht belehren, was sich doch evident dartun läßt, daß Poesie das Unentbehrlichste, Erste, Ursprünglichste in allem menschlichen Tun und Treiben ist. Ich möchte sagen, wenn dieser Ausdruck nicht dem Mißverstande ausgesetzt wäre: die Poesie sei zugleich mit der Welt erschaffen worden. Der Mensch schafft sich aber seine Welt immer selbst, und da der Anfang der Poesie mit der ersten Regung des menschlichen Daseins zusammenfällt, so ist auch jenes, philosophisch verstanden, buchstäblich wahr.

Wir müssen also bis auf die älteste Geschichte der Menschheit zurückgehen, um die Wurzel der Poesie aufzufinden. Beim Heranwachsen der *Naturpoesie* können wir folgende drei Stufen oder Bildungsepochen unterscheiden: 1) *Elementarpoesie* in der Gestalt der *Ursprache*; 2) Absonderung der poetischen Sukzessionen in unserm Innern von anderweitigen Zuständen durch ein äußeres Gesetz der Form, nämlich den *Rhythmus*; 3) Bindung und Zusammenfassung der poetischen Elemente zu einer Ansicht des Weltganzen, *Mythologie*. Diese setze ich nach dem Rhythmus, nicht als ob sich über die Zeitfolge ihrer Entstehung etwas ausmachen ließe, wiewohl man die Beobachtung des Zeitmaßes bei Nationen antrifft, bei denen nur erst dürftige Anfänge von Mythen aufzufinden sein möchten; sondern deswegen, weil der Rhythmus nur überhaupt die Bedingung aller selbständigen Existenz für die Poesie ist; Mythologie scheint hingegen eine höhere Potenz der poetischen Anlage in der Ursprache, eine zweite Symbolik des Universums über jener ersten in der Sprachbezeichnung enthaltenen zu sein, welche, mit Freiheit behandelt, sogleich in wahrhafte poetische Werke übergehen kann.

Wir werden also nun von Sprache, Silbenmaß und Mythologie handeln und uns dabei nicht bloß auf das beschränken, was der eigentlichen Kunstpoesie vorangeht, sondern gleich alles zusammenfassen, was über diese Gegenstände zu sagen ist, und sie also auch in ihrer mannigfaltigsten und schönsten Ausbildung betrachten. Die Sprache ist von ihrer Entstehung an der Urstoff der Poesie; das Silbenmaß (im weitesten Sinne) die Form ihrer Realität, das äußerliche Gesetz, unter welchem sie in die Welt der Erscheinungen eintritt; die Mythologie endlich ist gleichsam eine Organisation, welche sich der poetische Geist aus der elementarischen Welt anbildet und durch dessen Medium, mit dessen Organen er nun alle übrigen Gegenstände anschaut und ergreift. – Mit diesen drei Stücken wäre also die allgemeine Poetik beendigt, welche dasjenige in sich faßt, was ohne Beziehung auf Gattungen ausgemacht werden kann.

Die in den gewöhnlichen Poetiken hergebrachte Methode ist eine ganz andre. Da wird von der Diktion und dem Versbau, als dem letzten der Ausführung, erst am Schlusse gehandelt. Man nimmt an, sowohl die geforderte Bildlichkeit des Ausdrucks als der Wohlklang der Verse sei ein bloßer Zierat, ein Raffinement der müßigen und nach Genuß lüsternen Phantasie oder Sinnlichkeit; beides wird der schon fertigen Poesie wie eine fremde Äußerlichkeit umgehängt, wodurch sie denn unausbleiblich zu einem bloß grammatischen und rhetorischen Exerzitium herabgewürdigt wird, wie man sie auch in der Wirklichkeit leider so oft ausübt. Durch unsre genetische Erklärung hingegen werden wir zu der Einsicht gelangen, wie der Gebrauch dieser Mittel aus dem Wesen der Poesie von innen hervorgeht und dadurch mit Notwendigkeit bestimmt wird. – Die Mythologie kommt meistens unter der Rubrik des Wunderbaren beim epischen Gedicht nur sehr unvollständig und ohne rechte Bedeutung vor, da sie doch so äußerst wichtige Aufschlüsse zu geben vermag.

## GOETHES RÖMISCHE ELEGIEN
### 1795

Die Elegien im sechsten Stück sind eine merkwürdige, neue, in der Geschichte der deutschen, ja man darf sagen, der neuern Poesie überhaupt, einzige Erscheinung. Unbestochen vom Nationalstolze kann der Deutsche wohl behaupten, daß seine Sprache im ganzen genommen die treuesten poetischen Nachbildungen der Alten, daß sie allein Originalwerke im echten antiken Stil aufzuweisen hat. Man begreift nicht, mit welchem Sinne die Engländer den griechischen Homer gelesen haben müssen, um Popens zierlich geglättete Reime nur für eine Übersetzung des Altvaters der Sänger gelten zu lassen, geschweige dann, um zu glauben, er gewinne nicht wenig durch die neumodigen Verfeinerungen der kräftigen Einfalt, womit Ilium erobert und Ilias gesungen ward. Nicht ohne Lächeln erfährt man aus der Überschrift gewisser englischer Oden, daß sie pindarisch sind; und es kann nur Mitleiden einflößen, wenn die Franzosen sich dünken, von einem höheren Gipfel der Kunst und Vollendung auf die tragische Bühne der Griechen herabzusehen. Es gehört ein freier und nüchterner Blick bei einer unverfälschten Empfänglichkeit dazu, das Große und Schöne richtig zu erkennen und rein zu fühlen, welches uns aus unermeßlich weit von dem unsrigen abstehenden Zeitaltern wie aus einer fremden, für immer zerstörten Welt anspricht, über deren rätselhafte Wirklichkeit alle Trümmer ihrer unsterblichen Denkmale, noch so gewissenhaft befragt, keinen völlig genügenden Aufschluß erteilen. Es nachahmen wollen ist ein edles, aber mißliches Bemühen. Die ursprünglichen, einfach schönen Formen der alten Kunst haben das Schicksal aller Formen gehabt, ihren Geist zu überleben. Fehlt es ihrem modernen Bewunderer an der Zaubergewalt, diesen aufs neue hervorzurufen, so ist es vergeblich, daß er sie nachzubilden sucht; er umarmt in ihnen, wie in köstlichen Urnen, nur die Asche der Toten.

Das Antike war neu, da jene Glücklichen lebten.

Nur an der lebenden Welt kann sich die Brust des Künstlers und Dichters erwärmen; nur eigne Ansichten des Wirklichen treten wie unabhängige Wesen hervor, wenn sie der Spiegel einer reinen, lichthellen Phantasie zurückwirft. Die kühle Begeisterung dessen, der wahre Verhältnisse seines Daseins darzustellen vorgibt und sich doch in einem willkürlich erborgten, aber gelehrt beobachteten Kostüm gefällt, mag den Antiquar entzücken. Der unbefangene Freund des Wahren und Schönen, welcher nicht an diesen oder jenen Äußerlichkeiten desselben hängen bleibt, sondern in das Innere dringt, wird hingegen wünschen, daß sich eigentümlicher Geist immer in der angemessensten, natürlichsten, eigensten Form offenbare.

Und das ist es eben, was an diesen Elegien bezaubert, was sie von den zahlreichen und zum Teil sehr geschickten Nachahmungen der alten Elegiendichter in lateinischer Sprache wesentlich unterscheidet: sie sind originell und dennoch echt antik. Der Genius, der in ihnen waltet, begrüßt die Alten mit freier Huldigung; weit entfernt, von ihnen entlehnen zu wollen, bietet er eigene Gaben dar und bereichert die römische Poesie durch deutsche Gedichte. Wenn die Schatten jener unsterblichen Triumvirn[1] unter den Sängern der Liebe in das verlaßne Leben zurückkehrten, würden sie zwar über den Fremdling aus den germanischen Wäldern erstaunen, der sich nach achtzehn Jahrhunderten zu ihnen gesellt, aber ihm gern einen Kranz von der Myrte zugestehn, die für ihn noch ebenso frisch grünt wie ehedem für sie.

Von den elegischen Dichtern der Griechen, sowohl den frühern ionischen als den Alexandrinern, haben sich nur Fragmente erhalten. Allein wenn man einem bescheidenen und einsichtsvollen Römer[2] trauen darf, der von seinem Volke rühmt: „in der Elegie nehmen wir es sogar mit den Griechen auf", so hätten wir weniger Ursache, diesen Verlust zu bedauern als manchen andern. In der Tat hat nicht leicht eine andere Dichtart, nachdem die Musen in Griechenland verstummt waren, sich mit so ausgezeichnetem Gedeihen auf römischem Boden verbreitet. Propertius läßt mitten unter der verzehrenden Glut der Sinnlichkeit doch eine gewisse ernste Hoheit hervorstrahlen; Tibullus rührt durch schmachtende Weichheit; die sinnreiche und gewandte Üppigkeit des Ovidius ergötzt oft und ermüdet zuweilen, wenn er die Gemeinplätze der Liebe zu lang ausspinnt. Der Charakter unsers Dichters ist eigentlich keinem von allen dreien ähnlich. Über den letzten erhebt ihn der Adel seiner Gesinnungen am weitesten; aber er ist auch männlicher in den Gefühlen als Tibullus und in Gedanken und Ausdruck weniger gesucht als Propertius. Ob er gleich nicht verhehlt, daß er sich die süßeste Lust des Lebens zum Geschäfte macht, so scheint er doch nur mit der Liebe zu scherzen. Sie unterjocht ihn nie so, daß er dabei die offne Heiterkeit seines Gemüts einbüßen sollte. Schwerlich hätte er sich gefallen lassen, lange unerhört zu seufzen. In der ersten Elegie schweifen seine Wünsche nach einer noch unbekannten Geliebten umher, und in der zweiten hat er sie nicht nur gefunden, sondern schon jede Gewährung erlangt. Es ist wahr, einige Umstände, die er darin gegen das Ende erwähnt, vermindern das Wunderbare eines so schnellen

Sieges beträchtlich. Sein Gefühl ist duldsamer als das seiner römischen Vorgänger, welche bei jeder Gelegenheit ihren Abscheu gegen den Eigennutz der Schönen nicht stark genug zu erklären wissen. Doch erscheint nachher die gefällige Römerin so schön, so liebenswürdig, ja selbst so zärtlich und edel, daß der Geliebte die fremden Triebfedern ihres Betragens, die sich unter die Liebe mischen, wohl entschuldigen oder vergessen kann. Seine Leidenschaft würde ihrer eignen Natur widersprechen, wenn sie heldenmütige Aufopferungen forderte. Nicht jugendlich herbe und aufbrausend, sondern durch den Einfluß der Zeit gemildert, wünscht sie die Freude wie eine reife Frucht zu pflücken. Sie ist sinnlich und zärtlich, schlau und offenherzig und schwärmt in ihrem Mutwillen so lieblich für das Schöne, daß selbst der strenge Sittenrichter Mühe haben müßte, Falten auf die dazu gewöhnte Stirn zu zwingen, um seinen Bedenklichkeiten und Warnungen Nachdruck zu geben. In seiner genügsamen Fröhlichkeit ist der Sänger friedlich gegen alle Menschen gesinnt und möchte sich nicht gern an irgend etwas Argem schuldig wissen. Er bleibt seinem Wahlspruche treu:

> Nos Venerem tutam concessaque furta canemus,
> Inque meo nullum carmine crimen erit[3].

Daß Rom, die alte Heimat der Elegie, die Szene dieser Darstellungen ist, erhöht noch um vieles ihren Reiz. Manches wie ohne Absicht eingeflochtene Bild fremder Sitten gibt ihnen Neuheit. Der Einfluß eines mildern Himmels, unter den der Leser sich selbst versetzt fühlt, fordert ihn erwärmend zum Anteil an sinnlicher Lust und Liebe auf. Die Wahrheit, welche dort überall dem betrachtenden Blicke entgegenkommt, gleichsam auf jedem Bruchstücke eines alten Werks eingegraben steht, in jeder verloschnen Spur ehemaliger Herrlichkeit sich entziffern läßt: „alle menschliche Größe muß untergehen"; diese Wahrheit verliert am jugendlichen Busen der Schönheit ihre Macht zu schrecken, ja sie wird eine Einladung, dem allgemeinen Lose der Vergänglichkeit zuvorzueilen und die Freuden des Lebens zu haschen. Die Blume welkt am Abend, wie der ehrwürdige Tempel nach Jahrtausenden einstürzt:

> Freue dich also, Lebend'ger, der lieberwärmenden Stätte,
> Ehe den fliehenden Fuß schauerlich Lethe dir netzt.

Auch darin begünstigt den Dichter der Aufenthalt in der Ewigen Stadt, wo das klassische Altertum noch immer sich selbst zu überleben scheint, daß die ihn umgebenden Gegenstände eine freundliche Gegenwart auf gewisse Art mit einer idealischen Vergangenheit verknüpfen. Vorzüglich ist die Erscheinung der alten Götter, statt daß sie sonst, wenn der Dichter sie unter den Ausdruck eigner Leidenschaft mischt, entweder als hergebrachte Redefigur nur einen schwachen oder, als etwas Fremdartiges und willkürlich Ersonnenes, einen störenden Eindruck macht, in hohem Grade natürlich und täuschend. Die Einbildungskraft gesteht diesen Wesen gern eine sichtbare Gegenwart, ein noch fortdauerndes persönliches Dasein an einem Orte zu, wo sie einst so glänzend verehrt wurden, wo man zum Teil noch ihre Wohnungen zeigt und ihre Gestalten aufbewahrt, vor deren übermenschlicher Macht das Volk sich ehemals niederwarf, wie der Künstler noch jetzt ihre übermenschliche Schönheit anbeten muß. Sogar die kühne Begeisterung, welche den Dichter, indem er reineren Äther einzuatmen glaubt, mit *einem* Schritte vom Capitolium zum Olymp hinaufführt, hat hier noch das Ergreifende der Wahrheit.

Es läßt sich voraussehn, daß gegen diese Gedichte mit großer Wichtigkeit der Einwurf gemacht werden wird, sie seien keine Elegien. Es lohnt nicht sonderlich die Mühe, um Namen zu fechten: eine Sache bleibt dennoch, was sie an sich ist, man nenne sie, wie man will. Man könnte also immerhin zugeben, es seien keine Elegien, ohne daß etwas mehr daraus folgen würde, als daß ein kleines Versehen bei der Überschrift vorgefallen sei. Allein das Wort ‚Elegie‘ ist den Griechen abgeborgt, und es fragt sich noch, wer mehr Recht hat, der Künstler, der es im Sinne der Erfinder auf die Schöpfungen seines Geistes anwendet, oder der Kunstrichter, der die Bedeutung desselben nach den Bedürfnissen seiner Theorie eigenmächtig abändert und festsetzt. Nach einer ziemlich gemeinen Meinung muß man notwendig Seufzer der Wehmut hören lassen, um auf den Namen eines elegischen Dichters Ansprüche machen zu können. Die Elegie hätte in der Tat Stoff zum Klagen, wenn man sie auf diesen kläglichen Ton beschränken wollte. Wies ihr doch schon Horatius[4] neben der Klage auch die Freude erhörter Liebenden zum Gebiet an, und wir finden mehrere dergleichen Jubellieder unter den Gedichten, die uns das Altertum als Elegien überliefert hat. Sie umfaßt also ganz entgegengesetzte Stimmungen der Seele; und wenn sie meistenteils von einem Liebenden als Botin an den Gegenstand seiner Leidenschaft gesandt wird, so verläßt sie doch auch nicht selten diesen Kreis. Schon Mimnermus, wo nicht der Erfinder des elegischen Silbenmaßes, doch der Vater der Elegie, „der in der Liebe mehr galt als Homer", hat in seiner Dichtart die Siege der Smyrnäer besungen; Tibullus feiert Geburtstage und frohe ländliche Feste; und wer vermöchte die Schlacht bei Actium erhabner darzustellen als Propertius? Die Benennung hing bei den Alten an der metrischen Form. Diese kann freilich kein unterscheidendes Merkmal des innern Wesens liefern (wie die elegische denn auch häufig zum Lehrgedicht und Epigramm gebraucht worden ist), allein sie hat doch einen bedeutenden Einfluß auf Gang und Wendung der Gedanken und auf die Farbe des Ausdrucks, und hieraus entsteht etwas Gemeinschaftliches in der Behandlung sehr verschiedenartiger Stoffe, das sich indessen leichter fühlen als bestimmt erklären läßt. Gehören einige aus der Reihe dieser Gedichte eher in eine Sammlung wie die Anthologie? Oder soll man mehrere Stücke der Anthologie lieber Elegien als Epigramme nennen? Es kommt wenig darauf an. Nur das würde zum Tadel berechtigen, wenn man dem Dichter Mißhelligkeit zwischen dem Inhalt und der äußern Form dartun könnte. Wer würde wohl diese lieblichen Dichtungen vernichtet zu sehen wünschen, wenn etwa gewisse Theoristen einmütig aussagen sollten, sie lassen sich in keines der von ihnen eingerichteten Fächer schieben? Möchten doch lieber alle möglichen Theorien der Kunst zugrunde gehen, als daß ihrem Eigensinne ein einziges wahrhaft schönes Kunstwerk aufgeopfert werden sollte!

So anziehend auch die Beschäftigung sein müßte, sowohl die einzelnen Schönheiten durchzugehn als das wenige zu bemerken, was man in Ausdruck oder Darstellung anders wünschen könnte, so würde sie doch hier zu weit führen. Es sei erlaubt, nur einiges auszuheben. Das sinnreiche Spiel mit dem Pentameter, wo eine Hälfte der andern gleichsam antwortet, ist mehrmals sehr glücklich angebracht:

       Doch ohne die Liebe
Wäre die Welt nicht die Welt, wäre denn Rom
      auch nicht Rom.

Folgte Begierde dem Blick, folgte Genuß der
     Begier.

Der Schluß der dritten Elegie ist überraschend kühn; hingegen scheint die vierte in den letzten Zeilen nicht von aller Verworrenheit frei. Wie kann der Dichter ein glücklich Liebender sein, ohne noch immerfort die Gunst der Göttin Gelegenheit zu besitzen? Die sechste Elegie rührt das Herz durch ihre Wahrheit; die siebente bezaubert die Phantasie durch überirdischen Glanz. Unter den Helden, welche das Lager der Liebe mit ihrem Ruhm erkaufen würden (10. El.), wäre Friedrich der Große vielleicht schicklicher nicht genannt. Der Dichter geht mit leichtem Schwunge von den lieblichsten Vorstellungen zu den größten über, indem er (15. El.) einen geistvollen Blick auf die Majestät Roms wirft, um die Ungeduld, womit er eine glückliche Stunde erwartet, zu zerstreuen. Die sonst schöne neunzehnte Elegie wird durch *eine* Zeile (V. 60) entstellt, worin die ungeheure Verkehrtheit, zu welcher der Mensch durch den Mißbrauch seiner Vernunft herabgesunken ist, ohne Schonung erwähnt wird. Der Dichter teilt ja mit den Philosophen die traurige Notwendigkeit nicht, die menschliche Natur auch auf diesen Abwegen zu erforschen. Der Schluß eben dieser Elegie:

Denn der Könige Zwist büßten die Griechen, wie ich.

ist eine launige Anspielung auf das bekannte:

Quidquid delirant reges, plectuntur Achivi[5].

Doch wir müssen uns, wiewohl ungern, von diesen holden Spielen trennen, um für die Prüfung ausgezeichneter Stücke von einem ganz verschiedenen Charakter Raum übrigzubehalten.

Imbelles elegi, genialis Musa, valete[6]!

## GOETHES HERMANN UND DOROTHEA
### Taschenbuch für 1798. Berlin

Obgleich dies Gedicht seinem Inhalte nach in der uns umgebenden Welt zu Hause ist und, unsern Sitten und Ansichten befreundet, höchst faßlich, ja vertraulich die allgemeine Teilnahme anspricht, so muß es doch, was seine dichterische Gestalt betrifft, dem Nichtkenner des Altertums als eine ganz eigne, mit nichts zu vergleichende Erscheinung auffallen, und der Freund der Griechen wird sogleich an die Erzählungsweise des alten Homerus denken. Sollte dies weiter nichts auf sich haben als eine willkürliche Verkleidung des Sängers in eine fremde altväterliche Tracht? Sollte die Ähnlichkeit bloß in Äußerlichkeiten des Vortrags liegen? Es wäre wenigstens nicht billig, vor der Untersuchung so vermuten: jene auch dem oberflächlichen Betrachter sich darbietende Wahrnehmung muß uns daher ein Wink sein, sie weiter zu verfolgen. Wenn ein Werk nach der aus ihm hervorleuchtenden künstlerischen Absicht zu beurteilen ist, so darf die Rücksicht auf das homerische Epos hier so wenig ein überflüssiger Umweg scheinen, daß sie vielmehr das sicherste, ja das einzige Mittel sein möchte, ein soviel möglich von allen Einflüssen eines einseitigen modernen Geschmacks gereinigtes Urteil über den dichterischen Wert von Hermann und Dorothea zu bilden.

Gäbe es eine gültige Theorie der Poesie, worin die Vorschriften dieser Kunst aus den unabänderlichen Gesetzen des menschlichen Gemüts hergeleitet, nach dessen notwendigen Richtungen die ursprünglichen Dichtarten bestimmt und ihre ewigen Grenzen festgestellt wären: so würden wir auch über das Wesen der epischen Gattung im klaren sein, und der Kunstrichter hätte nur die schon bekannte Lehre auf einen vorliegenden Fall anzuwenden. Bis eine solche Wissenschaft zustande gebracht sein wird, muß man zufrieden sein, sich über Sätze, die man unmittelbar zu einer Kunstbeurteilung braucht, mit dem Leser notdürftig verständigt zu haben. Nicht nur dies, sondern was eine Kritik am besten leitet und beurkundet, die Vergleichung mit klassischen Vorbildern, ist dadurch sehr erschwert worden, daß man diese seit Jahrhunderten durch das Medium irriger Kunstlehren angesehen, angebliche Tugenden an ihnen gepriesen und, was sich als ihre erste Vollkommenheit bewähren dürfte, getadelt oder gar nicht erkannt hat. Eine Geschichte der alten Poesie, worin, mit Hinwegräumung so vielfach gehäufter und tief gewurzelter Vorurteile, ihr Gang nach der Wahrheit und mit durchgängiger Beziehung auf jene Wissenschaft verzeichnet wäre, würde vielleicht dartun, daß die Griechen durch eine ganz einzige Begünstigung der Natur (deren sie sich stolz bewußt waren, wenn sie im Gegensatz mit hellenischer Eigentümlichkeit alle übrigen Völker Barbaren nannten) auch hier die Pflicht des Schönen aus freier Neigung erfüllt und eine Reihe ebenso vollendeter Urbilder für die Hauptgattungen der Poesie wie für die verschiednen Stile der Bildnerei und Baukunst aufgestellt haben: wodurch denn die ziemlich allgemeine Meinung, die den alten Dichtern ein unverjährbares, fast ungemeßnes Ansehen zugesteht, erst in Erkenntnis verwandelt werden würde.

Was das homerische Epos anlangt, so liegt es dem Theoristen ob, sein Wesen auf die ersten Gründe der Poetik zurückzuführen und an diesen zu prüfen; dem Geschichtschreiber der griechischen Poesie, es nach seinem Ursprunge zu erklären, das heißt, dessen notwendige Entstehung aus einer bestimmten Stufe der

Bildung zu zeigen und es in das richtige Verhältnis mit den folgenden Stufen zu rücken. Wir begnügen uns hier mit dem Versuch, in aller Kürze eine in sich zusammenhängende Charakteristik der ursprünglichen epischen Gattung zu entwerfen und davon zu der Frage überzugehn, wie der Dichter die Aufgabe gelöst hat, jene in unserm Zeitalter und unsern Sitten einheimisch zu machen.

Wir müssen hiebei zuvörderst alle gangbaren und in unsern Lehrbüchern immer wiederholten Begriffe von der sogenannten Epopöe gänzlich beiseite setzen. Man hat dem Homer die unverdiente Ehre erzeigt, ihn zu deren Stifter zu machen: und wie man dieses künstliche, aus grundlosen theoretischen Behauptungen und Mißgriffen einer beabsichteten Nachahmung zusammengesetzte Gebäude für die würdigste, umfassendste und prachtvollste Schöpfung der Dichterkraft ausgibt, so pflegt auch jener schlichte Altvater unter den Baumeistern solcher Epopöen obenan zu prangen. Die historischen Untersuchungen eines scharfsinnigen Kritikers[1] über die Entstehung und Fortpflanzung der homerischen Gesänge, die vor kurzem die Aufmerksamkeit aller derer auf sich gezogen haben, welche Fortschritte in den Wissenschaften zu erkennen wissen, geben uns zum Glücke einen festen Punkt, wovon die künstlerische Betrachtung des Homer in einer ganz entgegengesetzten Richtung ausgehen kann. Wenn die Ilias und Odyssee aus einigen großen, für sich Bestand habenden Stücken zusammengeschoben und diese wiederum, wo Lücken blieben, durch kleinere Stellen (nicht immer zum geschicktesten) aneinandergefügt sind: so hätte man ja, indem man nur immer den wohlberechneten Bau des Ganzen anstaunte, ein fremdes Verdienst, das dem homerischen Zeitalter nicht zukommt und nach dem Grade seiner Bildung nicht zukommen konnte, das obendrein in dem Maße gar nicht einmal vorhanden ist, für das Wichtigste bei der ganzen Sache gehalten. So wenig gegründet ist die gutherzige Klage, welche man oft von Freunden des Dichters führen hört: durch obige Behauptungen geschehe ein Einbruch in das Heiligtum des ehrwürdigen Alten; man zerreiße ihnen ihren Homer: daß vielmehr seine Rhapsodien dadurch erst von den fremdartigen Banden des Ganzen erlöst werden. Maß, Verhältnis und Ordnung, Vorzüge, die Homer selbst am Gesange rühmt (Od. VIII, 489, 496), wird man noch in den kleinsten Teilen seines Epos gewahr, da man sie hingegen in der zusammengesetzten Länge der Ilias und Odyssee nicht selten aus den Augen verliert. Ein Mann, der zwar keinesweges befugter Richter über Poesie war, am wenigsten über antike, aber durch seinen Verstand auch da, wo der Gegenstand weit außer seiner Sphäre lag, sich oft überlegen bewiesen hat, Voltaire[2], sagt vom Homer: „Malheur à qui l'imiterait dans l'économie de son poëme! Heureux qui peindrait les détails comme lui!" Es versteht sich, daß die epische Rhapsodie, wie jede Dichtart, nicht ohne ihre eigentümliche poetische Einheit bestehen kann. Nur muß man diese nicht in einem Verstandesbegriffe suchen, wie meistens in den Theorien geschieht, wo denn auch der Unterschied zwischen der lyrischen Einheit, der epischen und der dramatischen gänzlich verlorengeht. Nur durchgängige Vollständigkeit und innere Wechselbestimmung des Ganzen und der Teile kann die Vernunft befriedigen; und diese höchste poetische Einheit haben die Griechen in der durchaus selbständigen und in sich beschlossenen Organisation ihrer Tragödie erreicht. Die epische Einheit bezieht sich nicht auf die Vernunft, die im homerischen Zeitalter noch längst nicht genug geübt war, um solch eine Forderung an ein dichterisches Werk zu machen; sondern sie gilt nur der Phantasie, d. h. sie ist nichts weiter als Umriß, sichtbare Begrenzung. Daher läßt sie sich denn auch nicht absolut bestimmen: sie kann vergrößert und erweitert werden, bis die Masse der Anschauungen die sinnliche Auffassungskraft übersteigt; und Aristoteles[3] (der doch, wie man weiß, dem epischen Gedicht die Gesetze der Tragödie vorschreiben wollte) findet nur deswegen, Homer habe wohl getan, nicht den ganzen Trojanischen Krieg in *einem* Gedichte zu behandeln, weil es dann nicht mehr leicht übersehbar (εὐσύνοπτος) gewesen sein würde. Auf der andern Seite ist die epische Einheit auch teilbar: kleine Stücke der Ilias und Odyssee enthalten sie noch in sich; Episoden von wenigen Zeilen (zum Beispiel Il. IV, 372 bis 398) können für sich als ein vollständiges Epos betrachtet werden und sind wahrscheinlich meistenteils Auszüge aus längeren, nicht mehr vorhandnen. Weit entfernt also, daß es gewaltsamer Mittel bedurft hätte, um einzelne Rhapsodien zu größeren Ganzen zusammenzuheften, in denen Übereinstimmung und lebendiger Zusammenhang schon durch die Sage gegeben war, ist diese Leichtigkeit der Teilung und Vereinigung vielmehr eine natürliche Eigenheit der Gattung, nach welcher sie Pindarus[4] sehr schicklich ῥαπτὰ ἔπη benennt.

Wäre der Gegenstand des Epos eine einfache unteilbare Handlung, so leuchtet es ein, daß diese Trennbarkeit und Vermehrbarkeit (man erlaube uns den Ausdruck) sich mit dem Wesen desselben nicht vertragen könnte; aber das darin Dargestellte ist immer eine Mehrheit: es sind Vorfälle, Begebenheiten. Aristoteles[5] sagt: „Der epischen Gattung gemäß nenne ich die Vielheit der Fabeln" (ἐποποιϊκὸν δὲ λέγω τὸ πολύμυθον). Bloß physische Begebenheiten, bei denen nicht Menschen tätig, und zwar ihrem Charakter gemäß tätig wären, würden freilich wenig Anziehendes für den Geist haben. Allein es ist gewiß, daß wir bei dem

Bemühen, uns ein Geschehenes zu erklären, die Triebfedern und Beweggründe des Tuns gar nicht als vom Menschen hervorgebracht und abhängig, sondern als in ihm gewirkt denken, sie also auch nicht von der gesamten Masse der bewegenden Naturkräfte als etwas Entgegengesetztes absondern. Handlung im strengeren Sinne, das heißt Richtung der Kraft durch einen freien Entschluß, würde demnach eine in der Erfahrung vorkommende Tätigkeit erst durch den Standpunkt der Betrachtung und in der Poesie durch den Standpunkt der Darstellung werden. Die Beantwortung der Frage, ob die Idee der Freiheit des Willens in der poetischen Darstellung nur durch Versinnlichung ihres Gegenteils erscheinen, ob eine durch jede äußere Gewalt unüberwindliche Selbstbestimmung ohne die Entgegensetzung einer unvermeidlichen Bestimmung von außen, d. h. des Schicksals, anschaulich gemacht werden kann, und ihre Anwendung auf die griechische Tragödie liegt außerhalb unsers Weges. Doch wird eine merkwürdige Andeutung im Wilhelm Meister über den Unterschied des Romans (der so viele Analogie mit dem epischen Gedichte hat oder haben sollte) und des Drama[6] jeden forschenden Kunstrichter zu weiterm Nachdenken auffordern. ‚Im Roman', wird daselbst behauptet, ‚sollen vorzüglich Gesinnungen und Begebenheiten vorgestellt werden, im Drama Charaktere und Taten; man könne dem Zufall im Roman gar wohl sein Spiel erlauben, das Schicksal hingegen habe nur im Drama statt.' Wie zufällig in Homers Gesängen der ganze Hergang der Geschichte erscheint, selbst da, wo etwas einer entscheidenden Schickung Ähnliches vorkommt (wie Il. VIII, 66 bis 77), liegt am Tage.

Der Unterschied der epischen und dramatischen Dichtart, welche neuere Theoristen unter dem Namen der pragmatischen dem Wesen nach für einerlei erklärt haben, möchte also doch, wenigstens wenn wir dabei stehenbleiben, was Epos und Tragödie bei den Alten wirklich war, etwas tiefer liegen als in der äußern Form, als darin, ,daß die Personen in dem einen sprechen und daß in dem andern gewöhnlich von ihnen erzählt wird'. Überdies ist es vergeblich, aus dem Begriff der Erzählung und des Dialogs die höchsten Vorschriften für jene Dichtarten entwickeln zu wollen. Dies könnte nur in dem Fall gelingen, wenn die Kunst nichts weiter als eine leidende Nachahmung der Natur wäre, wozu man sie leider oft genug herabgewürdigt hat. Da sie aber eine selbsttätige, nach Gesetzen des menschlichen Gemüts erfolgende Umgestaltung der Natur ist, so muß die poetische Erzählung, der poetische Dialog erst durch das Wesen der Dichtart, die sich beider bedient, seine Bestimmung empfangen. Die dieser immer untergeordnete Rücksicht auf die gewöhnliche Wirklichkeit tritt nur da ein, wo von der kunstgemäßen Wahrheit der Darstellung die Rede ist. Im alten Drama erzählen die Personen häufig, im homerischen Epos werden sie fast beständig redend eingeführt, und in lyrischen Gedichten kommt sowohl Erzählung als Gespräch vor: aber wie durchaus verschieden in jeder von diesen Gattungen! Der epische Dialog ist ebensowenig ein bloß natürlicher als der tragische, dem er ganz entgegengesetzt ist; beide sind bis in ihre feinsten Bestandteile nach dem Charakter des schönen Ganzen, wozu sie gehören, gebildet.

Man hört zuweilen von Homers kühner Begeisterung, von seinem raschen wilden Feuer nicht anders reden, als ob er etwa ein Dithyrambendichter oder gar ein enthusiastischer Prophet gewesen wäre. Es scheint wohl, daß hiebei Verwechselung der besungenen Gegenstände mit der Person des Sängers zum Grunde liegt. Seine Helden haben allerdings gewaltige Leidenschaften, aber er selbst erscheint völlig leidenschaftslos: was er erzählt, muß jedem fühlenden Hörer Teilnahme abnötigen, aber er selbst äußert die seinige nie. Wie ein bloß beschauendes Wesen steht er über seinen Helden und über seinen Göttern, ordnet und trägt die in seinen mächtigen Tönen lebende Welt mit göttlicher, d. i. rein menschlicher Besonnenheit und Ruhe. Wie unter dem heitern umgebenden Himmel findet in dem Umfange seines Geistes jedes Ding eine schickliche Stelle und erscheint in seinem wahren Lichte. Mit *einem* Worte: das homerische Epos ist ruhige Darstellung des Fortschreitenden. Es ist niemals Darstellung des Ruhenden oder sogenanntes poetisches Gemälde. Dieses ist dem Homer so fremd, daß, wo er beschreibt, er es auf eine Art tut, die das Ruhende in Fortschreitendes verwandelt: z. B. die Figuren auf dem Schilde des Achill; wiewohl dieser in den letzteren späteren Gesängen der Ilias vorkommt und jener Homer, von dem die ersten Rhapsodien herrühren, ihn schwerlich so gedichtet hätte. Die über eine stürmische Teilnahme erhabne und weder durch augenblickliches Anspannen noch Nachlassen veränderte Gemütslage des Sängers macht zuerst alle Teile seines Gegenstandes auf gewisse Weise einander gleich; sie verleiht ihnen einerlei Rechte auf die Darstellung: die weniger bedeutenden, aber zum stetigen Fortgange nötigen (z. B. das Aufstehn, Zubettgehn, Essen, Trinken, Händewaschen, das Anlegen der Fußsohlen, Kleider und Waffen usw.) werden nirgends verdrängt und behaupten dicht neben den wichtigsten den ihnen zugemeßnen Raum. Die Zeitverhältnisse der Wirklichkeit werden aufgehoben, und alles fügt sich in eine nach den Gesetzen schöner Anschaulichkeit geordnete dichterische Zeitfolge, wo das Dauernde, wenn die Einbildung es auf einmal erschöpfen kann, nur einen Moment der Darstellung einnimmt und das noch so schnell Vorübergleitende bis zur vollendeten Entfaltung des in ihm sich drängenden Lebens festgehalten wird. Nirgends ein Stillstand des Gesanges; aber auch nirgends ein unzeitiges Forteilen, sondern das schönste Gleichgewicht und Maß der stetigen und unermüdlichen Bewegung. Der Sänger verweilt bei jedem Punkte der Vergangenheit mit so ungeteilter Seele, als ob demselben nichts vorher gegangen wäre und auch nichts darauf folgen sollte, wodurch das Erquickliche einer lebendigen Gegenwart überall gleichmäßig verbreitet wird. In jedem Augenblicke ist daher zugleich sanfte Anregung und Beruhigung; und das epische Gebiet gleicht einem Garten des Alkinous, wo die Früchte ununterbrochen nacheinander reifen und jede zu ihrer Zeit sich willig vom Baume löst, um dem Genießenden in die Hand zu fallen.

Von diesem innern geistigen Rhythmus im Vortrage des Epos ist der demselben eigentümliche Vers nur Ausdruck und hörbares Bild. Aristoteles[7] nennt ihn das ruhigste und am meisten Gewicht habende unter den Silbenmaßen (τὸ γὰρ ἡρωϊκὸν στασιμώτατον καὶ ὀγκωδέστατον τῶν μέτρων ἐστί). Der griechische Hexameter hat weder einen fallenden Rhythmus, wie z. B. der trochäische Tetrameter, der daher leidenschaftlich mit fortreißt (κινητικόν, ὀρχηστικόν); noch einen steigenden, wie der jambische Trimeter, der sich bei einem gehaltnen Hinanstreben doch entschieden rüstig und gleichsam handelnd zeigt (πρακτικόν, natum rebus agendis); sondern er ist schwebend, stetig, zwischen Verweilen und Fortschreiten gleich gewogen und kann deswegen, ohne zu ermüden, den Hörer auf einer mittleren Höhe in ungemeßne Weiten forttragen. Seine Mannigfaltigkeit, die überdies an dem ursprünglich nach einem Zeitmaße gesungenen Verse weit weniger hervorstechen konnte, ist dabei wohl nur Nebensache. Warum unter dem reichsten epischen Wechsel eine so einfache metrische Formel unzählig oft wiederkehren darf, da eine noch so beschränkte pindarische Ode nicht ohne vielfach verschlungene Strophen bestehen kann, möchte denen schwerfallen zu erklären, die in der Theorie des Silbenmaßes vom Grundsatz der nachahmenden Harmonie ausgehen und dadurch hier, wie überall, den Künstler zum bloßen Kopisten der Natur machen. Ist aber das Silbenmaß, ganz allgemein mit Abstraktion von allen besondern Bestimmungen genommen, die Erscheinung des Beharrlichen im Wechselnden, verkündigt es die Identität des Selbstbewußtseins; so ist es klar, daß dieses im Zustande der hellsten Besonnenheit (der Unterscheidung des Selbst von den in ihm vorgestellten Objekten) stärker hervortritt als in einer von Regungen durchdrungenen, strebenden Seele. Die äußeren Gegenstände schreiben dem menschlichen Gemüte in der Kunst, wo sie ihm bloß Stoff sind, das Gesetz nicht vor, sondern sie empfangen es von ihm; und so ist es auch in Ansehung des Silbenmaßes. Aristoteles[8] bemerkt sehr richtig, daß der Jambe am meisten den dialogischen Ton (λεκτικὴ ἁρμονία) an sich habe, wovon der Hexameter sich weit entferne; dieser sei der erzählenden Darstellung geeignet, und es würde sich nicht schicken, ein Epos in einem andern Silbenmaße oder gar in gemischten Silbenmaßen (z. B. die Erzählung in Hexametern, die Reden in Trimetern) zu dichten. Dennoch rühmt er es (c. 16) am Homer, daß er in eigner Person sowenig als möglich sagt und nach einer kurzen Vorrede sogleich einen Mann oder eine Frau redend einführt. Wie stimmte dies nun zusammen, wenn der Dialog im Epos nicht insofern seine Natur ablegen müßte, daß seine unstetige Flüchtigkeit durch die gleichförmige Ruhe der Darstellung gefesselt wird?

Da die Reden bei weitem den größten Teil der homerischen Gesänge einnehmen, so ist es für den richtigen Begriff der Gattung eine Hauptsache, ihren Charakter recht zu fassen. Selbst in den kürzesten und leidenschaftlichsten ließe sich bei einer feinen Zergliederung etwas nachweisen, wodurch sie episiert sind. In den ausführlicheren findet man alle wesentlichen Eigenschaften der ganzen Rhapsodie deutlich ausgedrückt. Man bemerkt kein Hinstreben zu einem Hauptziel, wenn dies auch in dem Inhalte der Rede vorhanden ist; jedes, wodurch das Folgende vorbereitet wird, scheint doch nur um sein selbst willen dazustehn: ganz das verweilende Fortschreiten, die sinnlich belebende Umständlichkeit, die besonnene Anordnung, die leichte Folge, die lose Verknüpfung, wie im Epos überhaupt. In diesem Sinne sind auch die zusammengesetzten Beiwörter und die Episoden zu nehmen, die in leidenschaftlichen Reden, wenn man die Darstellung als bloße Natur verstehen sollte, sehr fehlerhaft sein würden und oft unverständig genug getadelt worden sind. Die Willigkeit des epischen Sängers, zu Episoden überzugehn, wo sie sich irgend gefällig anschliessen lassen, liegt darin, daß die Gegenstände sich seiner nie bemeistern: er kann sich daher selbst in dem entscheidendsten Augenblicke leicht abmüßigen, um der Phantasie etwas Entfernteres nahezurücken. Was von der Rede und Episode, gilt auch vom homerischen Gleichnisse; es dient nicht bloß, sondern genießt im schönen völligen Umrisse freies Leben und ist gleichsam ein Epos in verjüngtem Maßstabe. Mancher wird es vielleicht zu weit getrieben finden, wenn wir behaupten, auch in der homerischen Wortstellung und Wortfügung, der faßlichsten, losesten, aber gefälligsten, die sich denken läßt, erkenne man die Verknüpfungsweise der Rhapsodie, und die Sprache sei durch die feinen ausfüllenden Partikeln und den vielsilbigen Überfluß ihrer Biegungen einzig gemacht, die stetige, sanft hingleitende Folge zu bezeichnen. Aber von der erstaunenswürdigen Konsequenz dieser bloß durch einen glücklichen Instinkt gefundnen und zur Vollendung gebrachten Dichtart kann es unter andern ein Beispiel sein, daß die Redefigur, wo die gegenwärtige Zeit statt der vergangenen gebraucht wird, die einem lebhaften Erzähler so natürlich ist und deren sich schon Virgil fast unaufhörlich bedient, in der ganzen Ilias und Odyssee nicht ein einziges Mal vorkommt. Apollonius enthält sich derselben auch, weil er der homerischen Form, die nun freilich, nachdem der Geist entwichen, zur Formel geworden war, treuer bleibt als Virgil. Er ist matt und kalt; das am meisten Summarische im Homer ist lebendiger als das Ausgeführteste bei ihm. Überhaupt verbrauchten die spätern epischen Dichter zu kurzen Werken sehr viel mythischen Stoff: das Geheimnis der schönen Entfaltung war verlorengegangen.

Virgil schuf mit römischem Nachdrucke eine ganz eigne Art der Epopöe. An ihm, der den Neueren weit mehr Vorbild geworden ist als Homer, kann man den Unterschied der vermischten Gattung, der wir jenen Namen geben, von dem reinen ursprünglichen Epos auffallend zeigen. Abgesehen von der künstlicheren Verknüpfung des Ganzen und dem Bestreben, tragische Notwendigkeit in die Handlung zu bringen, hört man in der Aeneis gar nicht jenen ruhigen Rhythmus des Vortrags. Virgil verrät oder affektiert Teilnahme und geht darin bis zu manierierten Ausrufungen über und an seine Helden (IV, 408 ff.). Seine Sprache hat Feierlichkeit, Hoheit, Pracht, womit er selbst gemeine Dinge zu überkleiden sucht; da hingegen Homers Ausdruck kräftig, aber einfältig, niemals prangend und übertreibend und durchaus nur durch Entfaltung veredelnd ist. Die ruhigen Reden beim Virgil sind rhetorisch, die leidenschaftlichen mimisch; sie ahmen nämlich das Stürmische und Unordentliche der Gemütsbewegungen unmittelbar nach. Er ist stellenweise mehr oder weniger homerisch, wo der Stoff ihn zur Ruhe veranlaßt, wie bei den Wettspielen im fünften Buch vorzüglich; am wenigsten in der mit Recht bewunderten Geschichte der Dido, einem tragischen Bruchstücke, das nicht nur der am wenigsten homerische, sondern geradezu der modernste Teil seines Gedichtes heißen kann.

Bei den obigen Betrachtungen über das alte Epos[9] ist mit Fleiß nicht von dem mythischen Elemente desselben, noch weniger von dem, was bloß national und lokal darin ist, die Rede gewesen. Man darf sich nicht wundern, daß die modernen Nachfolger Homers das Absonderungsvermögen, die Darstellung vom Dargestellten, Form und Stil vom Inhalte zu scheiden, nicht besessen zu haben scheinen, da es den Theoristen der Epopöe, welchen Homer doch immer die oberste Autorität ist, so offenbar daran gefehlt hat. In das Heroische, in das Wunderbare, in das Erhabene, in die Wichtigkeit der Handlung, in den Umfang des Gedichts, in die Würde der Personen, in die Feierlichkeit des Tons und worein nicht alles hat man das Wesen der Epopöe gesetzt. Besonders hat man das Wunderbare, worunter man hier die Dazwischenkunft der höheren Wesen verstand, zu einer unerläßlichen Bedingung gemacht. In der alten Tragödie erscheinen die Götter häufig; sie streiten für und wider einen Helden, wie in den Eumeniden des Äschylus; oder die Szene spielt auch ganz in der Götterwelt, wie im Prometheus. Dennoch kann man sie deswegen nicht in dem Sinne wunderbar nennen wie das homerische Epos: weil dort die Götter mit den Menschen in demselben Bezirke der Notwendigkeit stehen und handeln; in dem letzten hingegen erscheint die Einwirkung der Götter in noch höherem Grade zufällig als das Tun der Menschen. Wenn das Wunderbare (Aristot. Poet. c. 24) vorzüglich aus dem Grundlosen entspringt, was über den uns erklärbaren Lauf der Dinge hinausgeht, so mußte allerdings in Homers Zeitalter ein Überfluß daran vorhanden sein. Denn man begriff sehr wenig von der Kette der Ursachen und Wirkungen in der Natur: darum ließ man sie durch lebendige Wesen verrichten; der Mensch hatte sich noch nicht zum Bewußtsein der vollständigen Selbstbestimmung durch Freiheit erhoben, daher gestand er den Göttern Einfluß auf seine Entschließungen zu. Aber wer bestimmte nun das Wollen der Götter? Es scheint, sie hätten dazu wieder ihre Götter nötig gehabt und so ins Unendliche fort. Ist die selbsttätige Unabhängigkeit der ganz menschlich vorgestellten Götter begreiflich, so wäre die der Menschen es auch gewesen. Kann ein Dichter im Zeitalter der erleuchteten Vernunft uns zu dieser Stufe ihrer Kindheit zurückversetzen wollen? Ganz richtig hat man bemerkt, daß Homers Helden weniger groß sind, weil sie so vieles nicht durch sich selbst ausführen. Wenn das Bemühen der Olympier, für und wider sie, uns einen Schimmer höherer Würde um sie her zu verbreiten scheint, so versetzen wir uns nicht genug in die homerische Denkart. Damals mischten sich ja die Götter in die gemeinsten Händel des Lebens; sie waren so wohlfeil, daß Autolykus durch die Gunst des Hermes mit Dieberei und Meineid geschmückt sein konnte (Od. XIX, 396) und auch die Bettler ihre Götter und Erinnyen hatten (Od. XVII, 475). Wer wird es leugnen, daß die über alles reizende Unvernunft der homerischen Götterlehre seine Dichtung mit der blühendsten Mannigfaltigkeit bereichert und die auserwählte Gefährtin des frischen lustigen Heldenlebens ist? Allein soll man mit Homer in demjenigen wetteifern, was ihm die Zeit verliehen hat, und sich quälen, es ihr zum Trotz hervorzurufen? Der Mythus (in der Bedeutung, da er noch von der historischen Sage unterschieden wird) kann nur dann für

die Poesie begünstigend sein, wenn er lebt, d. h. wenn
er als Mythus, als die unwillkürliche Dichtung der
kindlichen Menschheit, wodurch sie die Natur zu ver-
menschlichen strebt, entstanden und noch bestehender
Volksglaube ist. Er kann nicht die willkürliche Erfindung eines einzelnen sein. Aus diesem Grunde gewährt
die Ritter- und Zaubersage des Mittelalters, die nichts
anderes war als der abenteuerliche Geist der Zeit in
Bilder gekleidet, dem romantischen Heldengedicht den
Vorzug der Lebendigkeit und volksmäßigen Wahrheit, den das künstlich ersonnene Wunderbare der
modernen Epopöen durchaus nicht haben kann. Schon
Virgil hätte als Beispiel warnen sollen, wie wenig mit
der Dazwischenkunft der Götter ausgerichtet wird,
wenn sie nicht mehr Volksglaube ist und also nicht zu
dem Bilde des Weltganzen gehört, welches die Phantasie des Dichters aus der Wirklichkeit auffaßt. Die
neueren Epopöendichter haben vor allen Dingen das
Übernatürliche gesucht; sie haben nicht nur dies, sondern sogar das Außernatürliche gefunden und sich
zuletzt in der Hölle und im Himmel verloren. Es
fehlt nur noch an einer gänzlich extramundanen Epopöe. Ihre Werke sind daher auch bloß gelehrt und
haben nie von den Lippen des Volks getönt (Tassos
Befreites Jerusalem ausgenommen, mit dem es hierin
eine eigene Bewandtnis hat), da Homer der popularste
aller Sänger war, weil seine Dichtung vom Leben ausging und darauf zurückführte.

Es ist also offenbar, daß man sein Epos auf eine
ganz entgegengesetzte Art, als man bisher getan, nach-
bilden muß, wenn es überhaupt geschehen soll. Dieser
Zweifel wird diejenigen befremden, die gewohnt sind,
die homerischen Epopöen als den Gipfel der Poesie,
als den höchsten, unerreichbaren Schwung des menschlichen Geistes anzusehen: eine Meinung, von der man
selbst bei der neumodigeren Ansicht, den hellenischen

Sänger in einen wilden Natursohn, einen rohen nordischen Barden zu verkleiden, nicht abgewichen ist; denn es hängt mit der empfindsamen Klage über das Elend der Kultur zusammen, die Poesie für eine Naturgabe zu halten, die durch Bildung unvermeidlich verlorengehe. Die Griechen selbst scheinen den Homer durch eine sehr begreifliche Verwechselung des Ehrwürdigsten mit dem Vollkommensten obenan zu stellen; und wer wäre mit ihm zu vergleichen, wenn der Name einen einzelnen Menschen, den alleinigen Schöpfer der Ilias und Odyssee bezeichnete? Aber die Harmonie der griechischen Bildung läßt schon vermuten, daß die Poesie mit den übrigen Künsten und Bestrebungen gleichen Schritt gehalten haben wird; und die Geschichte zeigt uns, wie sie sich von leichter Fülle (epische Periode) zu energischer Einzelheit erhob (lyrische Periode) und durch innige Verschmelzung beider endlich zu harmonischer Vollständigkeit und Einheit gelangte (dramatische Periode). Wenn also die lyrische Poesie mit dem Jugendalter, die dramatische mit dem männlichen verglichen werden kann; so vereinigt die epische die Unbefangenheit des Knaben mit der Erfahrenheit und dem sichern Blick des Greises. Die epische Schönheit ist die einfachste und konnte daher zunächst nach den wilden rhythmischen Ergießungen, die noch nicht freies Spiel, sondern Entledigung vom Drange eines Bedürfnisses waren, gefunden werden. Besonnenheit ist die früheste Muse des nach Bildung strebenden Menschen, weil in ihr zuerst das ganze Bewußtsein seiner Menschheit erwacht. Also nicht als die höchste oder vorzüglichste, aber als eine reine, vollendete Gattung hat das Epos ewig gültigen Wert. Seiner Einfachheit wegen kann man es noch ohne Kunstsinn als Natur genießen, was bei den Kunstbildungen eines Sophokles zum Beispiel nicht möglich ist. In diesem Stücke, wie in allem Wesentlichen, stimmt Hermann und Dorothea, ungeachtet des großen Abstandes der Zeitalter, Nationalcharaktere und Sprachen erstaunenswürdig mit seinen großen Vorbildern überein.

Ein Dichter, dem es nicht darum zu tun ist, ein Studium nach der Antike zu verfertigen, sondern mit ursprünglicher Kraft, national und volksmäßig, zu wirken, wie es einem epischen Sänger geziemt, wird seinen Stoff nicht im klassischen Altertume suchen, noch weniger aus der Luft greifen dürfen. Damit die lebendige Wahrheit nicht vermißt werde, muß seine Dichtung festen Boden der Wirklichkeit unter sich haben, welches nur durch die Beglaubigung der Sitte oder der Sage möglich ist. Beides kommt eigentlich auf eins hinaus: denn eine Sage aus fernen Zeitaltern wird nur dadurch zu solch einer Behandlung tauglich, daß sich mit ihr ein anschauliches Bild von der damaligen Sitte und Lebensweise unter dem Volke fortgepflanzt hat. So könnte vielleicht ein schweizerischer Dichter Geschichten aus den Zeiten der Befreiung der Schweiz und der Entstehung des Bundes mit Vorteil episch behandeln, weil ihr Andenken durch Verfassung, Volksfeste und wenig veränderte Sitten immer noch neu erhalten wird. Wenn der Dichter aber keine Sagen vorfände oder aus Wahl keinen Gebrauch von vorhandenen machte, so müßte er notwendig in seinem Zeitalter, unter seinem Volke daheim bleiben. Es fragt sich nun weiter, was er in diesem Kreise herausheben, ob sich die Darstellung lieber auf das öffentliche oder auf das Privatleben wenden soll. Man wird geneigt sein zu glauben, Begebenheiten, die auf das Wohl und Wehe vieler Tausende den wichtigsten Einfluß haben, seien vorzüglich geschickt, auch in der Poesie groß und ergreifend zu erscheinen; was allerdings gegründet ist, solange man sie nur durch allgemeine Ansichten in große Massen zusammenfaßt.

Allein damit kann sich die epische Ausführlichkeit nicht begnügen: sie muß sehr ins einzelne gehn, sie kann den Gang einer Begebenheit durchaus nur an bestimmten Tätigkeiten der Mitwirkenden fortleiten; und hier ist es eben, wo sich die unüberwindliche Sprödigkeit eines solchen Stoffs offenbaren würde. Was nämlich wissenschaftlich oder mechanisch betrieben wird, wobei nach politischen und taktischen Berechnungen eine Menge Menschen wie bloße Werkzeuge mit gänzlicher Verzichtleistung auf ihre sittliche Selbsttätigkeit in Bewegung gesetzt werden; was für die lenkenden Personen selbst einzig Angelegenheit des Verstandes ist, die außerhalb der Sphäre ihrer sittlichen Verhältnisse liegt: dem ist schlechterdings keine poetische Seite abzugewinnen. In den öffentlichen Geschäften des Friedens kann nur da, wo die Verfassung echt republikanisch ist; in denen des Krieges konnte unter den Griechen nur im heroischen Zeitalter, unter uns nur in den Ritterzeiten der Mensch mit seiner ganzen geistigen und körperlichen Energie auftreten. Ein in unserm Zeitalter und unsern Sitten einheimisches Epos wird daher mehr eine Odyssee als eine Ilias sein, sich mehr mit dem Privatleben als mit öffentlichen Taten und Verhältnissen beschäftigen müssen. Doch hier öffnet sich wieder eine neue Aussicht von Schwierigkeiten, die, wenn die Aufgabe nicht gelöst vor uns läge, die Ausführbarkeit sehr zweifelhaft machen könnten. In den höheren Ständen wird die freie Bewegung, Äußerung, Berührung und Wechselwirkung der Gemüter durch tausend konventionelle Fesseln gehemmt; in den unteren durch den Druck der Bedürfnisse und den Mangel am Gefühl eigner Würde. Die künstlich zusammengesetzte, glänzende, aber leere Geselligkeit der feineren Welt kann, von dem Dramatiker in komische, also bestimmt gerichtete, parteiische Darstellungen zusammengedrängt, im höchsten Grade unterhalten: in der ruhigen, parteilosen Entfaltung des epischen Dichters müßte sie tot und herzlos erscheinen. Die Roheit und Niedrigkeit der Gesinnungen, worein die geplagten Lastträger der bürgerlichen Gesellschaft natürlicherweise versinken, könnte nur allenfalls zu rhyparographischen Idyllen den Stoff herleihen. Freilich kann sich große und schöne Natur überall entwickeln; aber unter dem ungünstigen Einflusse erschlaffender Verfeinerung oder verhärtender Abhängigkeit aufgestellt, müßte sie uns wie eine unwahrscheinliche Ausnahme vorkommen. Der Dichter hat also nur eine enge Wahl unter den mittlern Ständen, wo es immer noch nicht so leicht sein wird, Lagen für seine Personen zu ersinnen, wodurch sie entfernt von steifen Konventionen, unverdorben, gesund an Leib und Gemüt und doch nicht in allzu dumpfer Beschränktheit erhalten werden. In dem vorliegenden Gedichte ist dies auf das glücklichste getroffen. Hermanns Eltern haben das sichre Gefühl der Unabhängigkeit, welches Wohlhabenheit gibt; doch wird ihre Wohlhabenheit nicht in Trägheit genossen, sie ist durch redlichen Fleiß erworben. Sie sind Landbauer, ein Gewerbe, das, mit Umfang und einer gewissen Freiheit getrieben, den Menschen zum wohltätigen Umgange mit der Natur einladet; daneben Gastwirte in einer kleinen Stadt, was sie im Verkehr mit Menschen geübt hat, ohne sie zur Nachahmung großstädtischer Sitten zu verleiten. Dorothea tritt zwar in der Tracht einer Bäurin, aber einer im Wohlstande erzogenen, auf, und die reife Festigkeit, ja die zarte Bildung ihres Geistes wird aus ihrer besondern Geschichte befriedigend erklärt. Der Geistliche und der Dorfrichter dürfen, ihren Verhältnissen nach, Kenner des menschlichen Herzens, jener ein jugendlich heitrer, dieser ein durch Unglück geprüfter, ernster Weiser sein. Man bemerke die Kunst des Dichters, wie

er uns in dem Prediger den Mann zeigt, der in der
feinsten Gesellschaft sich ganz an seiner Stelle finden
würde, der aber alle äußerliche Überlegenheit abzulegen und seine Mitteilungen zu vereinfachen weiß;
und wie er dem Gemälde seiner Bildung die schlichteste, bescheidenste Farbe gibt. Alles dies verschafft nun
den Vorteil, daß an den handelnden Personen jene
Entwickelung der Geisteskräfte, wodurch eine Welt von
höheren sittlichen Beziehungen sich auftut, die für den
roheren Menschen gar nicht vorhanden ist, mit Einfalt
der Sitten verträglich wird. Einfalt aber, gleichsam
der Stil der Natur und der Sittlichkeit im Erhabnen,
wie Kant[10] sagt, ist dem epischen Gedichte überhaupt
angemessen, weil sie uns in dem Dargestellten einen
Widerschein von der Einfachheit der Darstellung erblicken läßt. Vollends in einem solchen, welches seinen
Stoff aus unserm Zeitalter und einheimischen Sitten
entlehnt, ist sie das einzige Mittel, die Handelnden
mit dichterischer Würde, die kein Rang verleiht, zu
umgeben. Wir meinen hier nicht die abgemeßne Feierlichkeit mancher modernen Epopöenhelden, die man
sich gepanzert und dabei mit Allongenperücken und
Manschetten vorstellen kann; sondern etwas, das uns mit
ähnlicher Ehrerbietung erfüllen könnte, als den Griechen zu Homers Zeit die heroische Kraft seiner großen
Gestalten einflößen mußte, an welcher die Welt schon
damals hinaufsah. Und was wäre dies anders als edle
Einfalt? Mag der Weltmann immerhin darüber spotten, daß hier die Wirtin zum goldenen Löwen als ein
Vorbild weiblicher Vernunft und milder Größe besungen wird; daß Hermann seiner Geliebten, einer
Bäurin, den Vorschlag tut, als Magd in das Haus seiner
Eltern zu kommen: der Dichter befragt nur Natur
und Sittlichkeit, und wo sie reden, versinkt jede Übereinkunft der Meinung und der Mode in ihr Nichts.

Die Sitten wären also gefunden: aber nun hat der

Dichter eine epische Begebenheit zu suchen. In der glücklichen Beschränkung jener Stände finden zerstörende Leidenschaften, kühne Unternehmungen, erstaunenswürdige Taten natürlicherweise nicht statt. Und dennoch bedarf er, zwar keiner tragischen Verwickelung, aber doch eines Vorfalles, welcher Größe für die Phantasie habe. Er muß seine Menschen in entscheidende Lagen stellen, damit nicht bloß die Oberfläche ihres Daseins geschildert, sondern ihr Innerstes an das Licht gedrängt werde. Wenn nun die Dichtung nicht über den stillen Kreis des häuslichen Lebens hinausgeht und nur die anlockendsten Szenen desselben zu schmücken sucht, so ergibt sich hieraus die Idee zu ländlichen Sittengemälden im epischen Vortrage, einer anmutigen gemischten Gattung, wovon wir an Vossens Luise ein so vortreffliches und in seiner Art einziges Beispiel besitzen. Ein eigentliches Epos ist es freilich nicht, wie es denn der Dichter selbst auch nicht so genannt hat, da es mehr Darstellung des Ruhenden als ruhige Darstellung des Fortschreitenden ist. Denn Familienfeste wie ein Spaziergang, ein Besuch nach einiger Trennung, selbst eine auf überraschende Art früher gefeierte Hochzeit zweier Liebenden, deren Verbindung schon vor dem Anfange des Gedichtes ausgemacht war und deren Gefühle füreinander durch das Ganze hin unverändert bleiben, sind etwas nur physisch, in der Zeit, nicht ethisch, d. h. im Gemüt und in den innern Verhältnissen der Handelnden, Fortschreitendes.

Der große Hebel, womit in unsern angeblichen Schilderungen des Privatlebens, Romanen und Schauspielen, meist alles in Bewegung gesetzt wird, ist die Liebe. Die phantastische Vorstellungsart, das, wodurch die Natur den Menschen in das Heiligtum der geselligen Bande nur einführt, was die in ihm schlummernden Kräfte zu edler Tätigkeit zu wecken bestimmt ist, als den Mittelpunkt und das letzte Ziel des Lebens anzusehn und es dadurch in eine müßige Schwelgerei des Gefühls zu verwandeln, ist uns leider so geläufig, daß wir die Häßlichkeit und Verworrenheit unsrer gewöhnlichen Romanenwelt gar nicht gewahr werden. Bei der Schlaffheit solcher Leser, die in einem Romane, gänzlich unbekümmert um sittliche Eigentümlichkeit, nur das gehörige Maß von gesetzlosem Ungestüm der Leidenschaft verlangen, darf es nicht wundern, wenn ein Werk wie Wilhelm Meister unbegriffen angestaunt wird, weil es die Vielseitigkeit der menschlichen Bestrebungen mit der höchsten Klarheit auseinanderbreitet und daher der Liebe nur einen untergeordneten Platz einräumt. Auch in Hermann und Dorothea ist sie nicht eine eigentliche romanhafte Leidenschaft, die zu dem großen Stile der Sitten nicht gepaßt hätte, sondern biedre, herzliche Neigung, auf Vertrauen und Achtung gegründet und in Eintracht mit allen Pflichten des tätigen Lebens, führt jene einfachen, aber starken Seelen zueinander.

Ohne ein Zusammentreffen außerordentlicher Umstände würde daher auch die Entstehung und Befriedigung solch einer Liebe in den leisen unbemerkten Gang des häuslichen Lebens miteintreten und nicht mit schleuniger Gewalt unerwartete Erscheinungen hervorrufen. Dies letzte hat der Dichter durch ein einziges Mittel bewirkt, woraus dann alles mit so großer Leichtigkeit herfließt, als hätte gar keine glückliche Erfindungskraft dazu gehört, es zu entdecken. Auf den Umstand, daß Hermann Dorotheen als ein fremdes, durch den Krieg vertriebnes Mädchen unter Bildern der allgemeinen Not zuerst erblickt, gründet sich die Plötzlichkeit seiner Entschließung, der zu befürchtende Widerstand seines Vaters und das Zweifelhafte seines ganzen Verhältnisses zu ihr, das erst mit dem Schlusse des Gedichtes völlig gelöst wird. Durch die zugleich erschütternde und erhebende Aussicht auf die großen Weltbegebenheiten im Hintergrunde ist alles um eine Stufe höher gehoben und durch eine große Kluft vom Alltäglichen geschieden. Die individuellen Vorfälle knüpfen sich dadurch an das Allgemeine und Wichtigste an und tragen das Gepräge des ewig denkwürdigen Jahrhunderts. Es ist das Wunderbare des Gedichts, und zwar ein solches Wunderbares, wie es in einem Epos aus unsrer Zeit einzig stattfinden darf; nämlich nicht ein sinnlicher Reiz für die Neugier, sondern eine Aufforderung zur Teilnahme, an die Menschheit gerichtet.

Es versteht sich von selbst, daß das oben über die unbestimmte epische Einheit Bemerkte bei einem ganz erfundnen Stoffe einige Einschränkung leidet. Was die schon durchgängig dichterisch gestaltete Sage gegeben, kann der Sänger fast in einem beliebigen Punkte aufnehmen (nach Homers eignem Ausdruck Ἔνθεν ἑλών, Od. VIII, 500) und auch, sobald die Rhapsodie eine schöne Rundung gewonnen hat, bei einem schicklichen Einschnitte wieder fallen lassen; denn er darf darauf rechnen, daß die Hörer über die weiteren, ihnen schon bekannten Schicksale seiner Helden nicht in Unruhe bleiben werden. Aber die Aufführung von Personen, denen nur die Macht des Dichters Leben verliehen hat, macht eine vollkommnere Befriedigung, eine strengere Begrenzung notwendig. Übrigens ist jedoch die Anlage des Ganzen durchaus episch und nicht dramatisch. Keine künstliche Verwickelung, keine gehäuften Schwierigkeiten, keine plötzlich eintretenden Zwischenvorfälle, keine auf einen einzigen Punkt hindrängende Spannung. Alles ist einfach und gleitet ohne Sprung in einer unveränderten Richtung fort, deren Ziel man bald vorhersieht. Man kann sagen, daß Verknüpfung und Auflösung durch das Ganze gleichmäßig verteilt ist, oder vielmehr, daß durch eine Mehrheit von kleineren, aneinandergereihten Verknüpfungen und Auflösungen das Gemüt immer von neuem angeregt, doch nie in dem Grade mit fortgerissen wird, daß es die Freiheit der Betrachtung verlöre. Die häufig bewirkte Rührung ist daher niemals eine durch Überraschung abgejagte oder das bloße Mitleid mit geängstigten Seelen, sondern die sanfteste und reinste, welche allein dem Adel der Gesinnungen gilt.

So einfach wie die Geschichte ist auch die Zeichnung der Charaktere. Alle starken Kontraste sind vermieden, und nur durch ganz milde Schatten ist das Licht auf dem Gemälde geschlossen, das eben dadurch harmonische Haltung hat. Bei Hermanns Vater wird die mäßige Zugabe von Eigenheiten, von unbilliger Laune, von behaglichem Bewußtsein seiner Wohlhabenheit, das sich durch Streben nach einer etwas vornehmeren Lebensart äußert, durch die schätzbarsten Eigenschaften des wackern Bürgers, Gatten und Vaters reichlich vergütet. Der Apotheker unterhält uns auf seine Unkosten; aber er tut es mit so viel Gutmütigkeit, daß er nirgends Unwillen erregt, und selbst sein offenherziger Egoismus, von dem man anfangs Gegenwirkung befürchtet, ist harmlos. Dergleichen naiv lustige Züge sind ganz im Geiste der epischen Gattung: denn ihr ist eine idealische Absonderung der ursprünglich gemischten Bestandteile der menschlichen Natur fremd, woraus erst das rein Komische und Tragische entsteht. Übrigens kann man Herzlichkeit, Geradsinn und gesunden Verstand den allgemeinen Charakter der handelnden Personen nennen; und doch sind sie durch die gehörigen Abstufungen individuell wahr bestimmt. Die Mutter, den Pfarrer und den Richter, unter denen es schwer wird zu entscheiden, wo die sittliche Würde am reinsten hervorleuchtet, erwähnten wir schon vorhin. Wie schön gedacht ist es, beim Hermann die kraftvolle Gediegenheit seines ganzen Wesens mit einem gewissen äußern Ungeschick zu paaren, damit ihn die Liebe desto sichtbarer umschaffen könne! Er ist eins von den ungelenken Herzen, die keinen Ausweg für ihren Reichtum wissen und denen die Berührung entgegenkommender Zärtlichkeit nur mühsam ihren ganzen Wert ablockt. Aber da er nun das für ihn bestimmte Weib in *einem* Blicke erkannt hat, da sein tiefes inniges Gefühl wie ein Quell aus dem harten Felsen hervorbricht: welche männliche Selbstbeherrschung, welchen bescheidenen Edelmut beweist er in seinem Betragen gegen Dorotheen! Er wird ihr dadurch beinahe gleich, da sie ihm sonst an Gewandtheit und Anmut, an heller Einsicht und besonders an heldenmäßiger Seelenstärke merklich überlegen ist. Ein wunderbar großes Wesen, unerschütterlich fest in sich bestimmt, handelt sie immer liebevoll und liebt sie nur handelnd. Ihre Unerschrockenheit in allgemeiner und eigner Bedrängnis, selbst die gesunde körperliche Kraft, womit sie die Bürden des Lebens auf sich nimmt, könnte uns ihre zartere Weiblichkeit aus den Augen rücken, mischte sich nicht, dem Jüngling gegenüber, das leise Spiel sorgloser, selbstbewußter Liebenswürdigkeit mit ein und entrisse nicht ein reizbares Gefühl, durch vermeinten Mangel an Schonung überwältigt, ihr noch zuletzt die holdesten Geständnisse. Hinreißend edel ist ihr Andenken an den ersten Geliebten, dessen herrliches Dasein ein hoher Gedanke der Aufopferung verzehrt hat. Seine Gestalt, obgleich in der Ferne gehalten, ragt noch am Schlusse unter allen Mithandelnden hervor, und so wächst mit der Steigerung schöner und großer Naturen das Gedicht selbst gleich einem stillen, mächtigen Strome.

Mit ebender Kraft und Weisheit, womit der Dichter bei der Wahl oder vielmehr Erschaffung des Darzustellenden dafür gesorgt, daß es der schönen Entfaltung so würdig, so rein menschlich und doch zugleich so wahr und eigentümlich wie möglich wäre, hat er den anmaßungslosen Stil der Behandlung dem Werke nicht von außen mit schmückender Willkür angelegt, sondern als notwendige Hülle des Gedankens von innen hervorgebildet. Es scheint, als hätte er, nachdem er das Wesen des homerischen Epos, abgesondert von allen Zufälligkeiten, erforscht, den göttlichen Alten ganz von sich entfernt und gleichsam vergessen. Wie überhaupt leidende Annahme leicht, freie Aneignung und Nachfolge aber eine Prüfung der Selbständigkeit ist, so wäre es auch keine so schwierige Aufgabe, einen modernen Gegenstand ganz in homerische Manieren zu kleiden. Allein es fragt sich, wie es bei dieser Anhänglichkeit an den Buchstaben um den Geist stehen würde. Alle Form hat nur durch den ihr inwohnenden Sinn Gültigkeit, und bei veränderter Beschaffenheit des Stoffes, worin sie ausgeprägt werden soll, muß der Geist auch anders modifizierte Mittel, sich auszudrükken, suchen. Dergleichen äußerliche Abweichungen sind alsdann wahre Übereinstimmung. Homers Rhapsodien waren ursprünglich bestimmt, gesungen, und zwar aus dem Gedächtnisse gesungen zu werden; in einer Sprache, welche in weit höherem Grade als die unsrige die Eigenschaften besitzt, derentwegen Homer die Worte überhaupt geflügelt nennt. Die häufige Wiederkehr einzelner Zeilen, die Wiederholung ganzer, kurz vorher dagewesener Reden und manche kleine Weitläufigkeiten konnten daher vor dem Ohr des sinnlichen Hörers, das sie tönend füllten, leichter vorüberwallen: dem heutigen Leser (der nur allzu selten der Poesie Stimme zu geben oder sie auch nur zu hören versteht) möchten sie einförmig und ein unwillkommener Aufenthalt dünken. In Hermann und Dorothea kommt nur eine einzige Wiederholung vor, und, so gespart, tut sie eine Wirkung, die bei häufigerm Gebrauche verlorengegangen wäre: sie lenkt die Aufmerksamkeit zweimal auf die so bedeutende Schilderung von Dorotheens Tracht und Gestalt. Homer pflegt jede Rede durch eine ganze Zeile anzukündigen, wobei denn oft dieselbe wiederkommt. Unser Dichter tut jenes ebenfalls, doch so, daß er immer mit den Nebenzügen wechselt; mehrmals läßt er aber die Rede mitten im Hexameter anfangen, schickt auch wohl einige Worte davon voran und flicht dann die Erwähnung der redenden Personen kurz ein: beides tut Homer niemals, vielleicht weil der Vortrag des Sängers Pausen in der Mitte des Verses, um dergleichen deutlich voneinander zu scheiden, nicht gestattete. Das Vergangene nie als gegenwärtig vorzustellen, ist der Gattung so wesentlich eigen, daß der Dichter, vermutlich ohne sich besonders daran zu erinnern, jene oben bemerkte Ausschließung des Präsens der Zeitwörter in der Erzählung durchgehends beobachtet hat. Homerismen, wenn wir es so nennen dürfen, in Wendungen und Redensarten, haben wir gar nicht entdecken können; es müßte denn etwa Hermanns Ausdruck sein: ‚dem ist kein Herz im ehernen Busen‘, wo sowohl ‚sein‘ mit dem Dativ statt ‚haben‘ als das Beiwort ‚ehern‘ nicht bei uns einheimische Redensart ist. Ähnlichkeiten wie ‚denn mir war Zwiespalt im Herzen‘ und διάνδιχα μερμήριξα[11], oder wie καί με γλυκὺς ἵμερος αἱρεῖ[12], ‚und süßes Verlangen ergriff sie‘; oder Anwendung jener Formel, wodurch die übereinstimmenden Äußerungen vieler in *eine* Rede zusammengefaßt werden:

> Ὧδε δέ τις εἴπεσκεν, ἰδὼν ἐς πλησίον ἄλλον[13],
> Denn so sagte wohl eine zur andern flüchtig ans
> Ohr hin,

und kurz nachher:

> Aber ein' und die andre der Weiber sagte
> gebietend;

können nicht für Homerismen gelten, da diese natürlichen Wendungen da, wo sie stehen, ganz an ihrer Stelle sind. Jene Figur, daß der Dichter die Person, die er redend einführt, selbst anredet, welche im Griechischen bei einigen Namen die Bequemlichkeit des Versbaues mag veranlaßt haben, ist hier nur ein paarmal zu einer etwas drolligen Wirkung benutzt:

> Aber du zaudertest noch, vorsichtiger Nachbar, und sagtest.

Was den lieblichen Überfluß an Beiwörtern betrifft, so bietet unsere Sprache Mittel genug dar, es darin dem griechischen Sänger gleichzutun. Aber es gibt im Homer manche an sich schöne und edle Beiwörter, die, einmal für allemal festgesetzt, dadurch einen Teil ihrer Bedeutsamkeit verlieren, daß sie ohne nähere Beziehung auf den jedesmaligen Zusammenhang der Stelle wiederkehren. Sie scheinen eine Erinnerung an den Ursprung der epischen Kunst zu sein, da der Sänger, Ausdruck und Vers für die vorgetragene Geschichte während des Gesangs ersinnend, durch solche Halbverse, die allgemeines Eigentum waren, Zeit gewann. Bloß zum Behufe der Poesie gebildete Zusammensetzungen müssen uns einen stärkeren Eindruck von Pracht und Festlichkeit geben als den homerischen Griechen; nicht als ob sie bei ihnen in die Sprache des gewöhnlichen Lebens übergegangen wären, sondern die epische Poesie war ihnen überhaupt etwas Gewöhnlicheres als uns. Mit gutem Grunde ist daher der deutsche Dichter in diesem Stücke etwas weniger freigebig gewesen; die Beiwörter sind bei ihm nicht allgemeine Erweiterung, sondern an ihrem bestimmten Platze bedeutend, und er hat sich weit häufiger der einfachen als der zusammengesetzten bedient. Wo er dergleichen selbst bildet, geschieht es auf die leichteste Weise durch Verbindung eines Umstandswortes mit einem Adjektiv oder Partizip, z. B. ‚der wohlumzäunete Weinberg, der vielbegehrende Städter, der allverderbliche Krieg'. Nur einmal finden wir ein Substantiv mit einem Partizip zum Epitheton verknüpft, ‚die gartenumgebenen Häuser'; welches in wohlklingender Kürze das Bild von einem zerstreut liegenden Dorfe gibt. Daß diejenigen, für welche die Poesie nichts weiter ist als eine Mosaik von kostbaren Phrasen, den Ausdruck in Hermann und Dorothea viel zu schmucklos, das ist, nach ihrer Art zu sehen, zu prosaisch, finden werden, ist in der Ordnung. Diese Kritiker würden vermutlich ein wenig erstaunen, wenn sie erführen, daß Dionysius von Halikarnaß an einer Stelle der Odyssee, ‚die in den gemeinsten, niedrigsten Ausdrücken abgefaßt sei, deren sich etwa ein Bauer oder ein Handwerker bedienen würde, die gar keine Sorge darauf wenden, schön zu reden', das Verdienst der dichterischen Zusammenfügung weitläuftig auseinandersetzt. Nach Wolfs Bemerkung „scheint die homerische Diktion, unermeßlich weit entfernt von dem wüsten Schwulst der Tropen und Bilder, welcher der Kindheit der Sprachen eigen ist, durch ihren gleichmäßigen bescheidnen Ton eine nahe Vorbotin der entstehenden Prosa zu sein". Ob wir gleich über die damalige Sprache des gemeinen Lebens im dunkeln sind, läßt es sich doch wahrscheinlich machen, die epische habe sich mehr durch die Zusammensetzung, nämlich durch Wortfügung und Wortstellung, dann durch die mannigfaltigere Biegung, Verlängerung und Verkürzung der Wörter, endlich durch die reichlichere Einschiebung der Partikeln als durch die Bestandteile der Rede selbst von jener unterschieden. Die zuletzt genannten Freiheiten sind dem deutschen Dichter fast ganz versagt; desto schwerer war es, wie in Hermann und Dorothea geschehen ist, den Ausdruck durch die unmerklichsten Mittel, durch würdige Einfalt, hier und da einen flüchtigen Anstrich vom Altertümlichen, die leichteste, klarste Folge und Verbindung der Sätze, hauptsächlich aber durch die Stellung von der gewöhnlichen Sprache des Umgangs zu entfernen. Die möglichste Enthaltung von solchen Konjunktionen, die auf die Wortfolge Einfluß haben, und von den relativen Fürwörtern, welche ebenso wirken, ist ein Hauptmittel zur dichterischen Vereinfachung der Sätze. Auch der häufige Gebrauch der Partizipien hebt die Rede, ohne ihr Schmuck aufzuladen. Den Nachdruck vermehrt manchmal die Häufung des Verbindungswörtchens, manchmal dessen Weglassung.

Die Abweichungen von der prosaischen Wortfolge sind meistens so leicht und leise, daß sie einer nicht sehr wachen Aufmerksamkeit entschlüpfen, und doch wirken sie, was sie sollen. Auch bei kühneren Versetzungen ist immer für Vermeidung aller Dunkelheit gesorgt. An die vielfältig vorkommende Stellung des Beiwortes nach dem Hauptworte mit wiederholtem Artikel wird sich manches deutsche Ohr anfangs nicht gewöhnen wollen; man muß sehen, ob die Sprache der kleinen Gewalt, die ihr dabei geschieht und wodurch sie allerdings für den epischen Gebrauch geschickter werden würde, nachgeben wird. Daß ein so bescheidner, schmuckloser und doch an Farbe und Gestalt durchhin epischer Ausdruck, wie er in Hermann und Dorothea herrscht, in unsrer Sprache möglich war, beweist die hohe Bildung, welche sie schon erreicht hat; denn nur durch diese wird sie der Mäßigung, Entäußerung und Rückkehr zur ursprünglichen Einfalt fähig.

Die sinnlichen Gegenstände, entweder die den Menschen umgebenden Dinge oder bloß körperliche Handlungen, nehmen in Homers Gesängen einen großen Raum ein, und dies gehört zu der Wahrheit seines Weltgemäldes, wo die Helden und Götter so sinnlich, so stark von Körper und so wenig geübt am Geiste sind. Indessen wird doch das Leblose immer nur in bezug auf die Menschen, denen es angehört, bezeichnet, niemals um seiner selbst willen ausgemalt. Dies, was man poetisches Stilleben nennen könnte, ist der Fortschreitung des Epos ganz und gar zuwider. Auch das sentimentale Wohlgefallen an ländlichen Gegenständen, das noch nötig sein würde, um die an sich tote Künstlichkeit solcher Schilderungen mehr zu beseelen, ist, als eine persönliche Empfindungsweise des Dichters, vom epischen Gedicht ausgeschlossen. In Hermann und Dorothea ist der Darstellung des Sinnlichen verhältnismäßig weit weniger Ausbreitung gegeben. Schon durch die Beschränkung der Geschichte auf den Zeitraum eines Nachmittags und Abends wurde der Dichter derselben mehr überhoben, ob er gleich nichts zur Anschaulichkeit Dienliches übergangen und nach epischer Art selbst das Geringste rühmend erwähnt hat. Bewunderungswürdig ist es aber, wie er die Menschen immer durch ihre Umgebungen kenntlich zu machen und die äußern Gegenstände auf sittliche Eigentümlichkeit zu beziehen weiß. Beispiele hievon auszuwählen, würde uns ebenso schwerfallen, als es dem Leser leicht sein muß, sie zu finden. Die ländliche Natur wird ganz aus dem Gesichtspunkte ihrer Bewohner, eifriger Landwirte, geschildert; nur das Erfreuliche ihrer Ergiebigkeit, des fleißigen Anbaues, der menschlichen Anlagen in ihr (man sehe die Beschreibung des Weinbergs und der Felder des Wirtes, des berühmten Birnbaums, der anmutigen Quelle) wird gepriesen; denn die, welche am rüstigsten in der Natur wirken und schaffen, sehen sie am wenigsten mit dem Auge des Landschaftenkenners oder des empfindenden Naturliebhabers an.

Homers Gleichnisse sind eigentlich erklärende Episoden, die im Ernste und nicht bloß zum Schein den Zweck haben, etwas deutlicher zu machen; wobei man die ihn umgebenden Hörer nicht vergessen muß, wie er sie selbst beschreibt:

> Gleichwie ein Mann auf den Sänger schaut, der vermöge der Götter
> Kundig den Sterblichen singt die lusterregenden Worte:
> Ihn ohn' Ende zu hören begehren sie, wenn er nun singet.

Solche Hörer hatten natürlich ein großes Bedürfnis, eine recht sinnlich faßliche Vorstellung von der geschilderten Sache zu bekommen. In der modernen Nachahmung, die hierauf gar keine Rücksicht nahm, ist das epische Gleichnis in einen gelehrten Zierat ausgeartet, so daß häufig das Bekanntere mit dem Fremderen, das Menschliche mit der tierischen Welt, die unsrer Beobachtung weit entfernter liegt, auch wohl das Körperliche mit dem Geistigen verglichen wird. Schwerlich möchte daher an Hermann und Dorothea etwas vermißt werden, weil es nur *ein* ausgeführtes Gleichnis enthält. Dieses eine ist schön und neu und kommt bei einer Gelegenheit vor, wo es die Mühe lohnt.

Die Ankündigung des Inhalts, gar kein wesentlicher Teil des Epos, sondern eine entbehrliche Vorbereitung, welche da, wo die besungene Geschichte sich auf Sage gründet, noch mehr Schicklichkeit hat, als wo sie erst durch das Gedicht entsteht, ist von dem deutschen Sänger mit Bedacht weggelassen. Dagegen flicht er zu Anfange der letzten unter den neun Rhapsodien, die er, wie Herodot die Bücher seiner Geschichte, nach den Musen benannt, doch zugleich noch mit andern bedeutenden Überschriften versehen hat, eine sehr gefällige Anrede an diese Göttinnen ein.

Wir haben Hermann und Dorothea in dem Bisherigen nach seiner Eigentümlichkeit, nach den besondern Bestimmungen des Entwurfs, der Sitten und des

Stils zu charakterisieren gesucht. Als ein Individuum seiner Gattung, d. h. als episches Gedicht, haben wir es schon vorher charakterisiert. Denn was wir oben als wesentliche Merkmale des Epos angaben: die überlegene Ruhe und Parteilosigkeit der Darstellung; die volle, lebendige Entfaltung, hauptsächlich durch Reden, die mit Ausschließung dialogischer Unruhe und Unordnung der epischen Harmonie gemäß umgebildet werden; den unwandelbaren, verweilend fortschreitenden Rhythmus: diese Merkmale lassen sich ebensogut an dem deutschen Gedicht entwickeln als an Homers Gesängen. Verfehlten wir also den wahren Begriff nicht, so wird der Leser, der dies Urteil durch eigne Prüfung beurteilen will, auch wenn er mit den letzten nicht bekannt ist, sie ohne Mühe wiederfinden. Was die Ruhe betrifft, so beugen wir nur noch dem Mißverständnisse vor, als ob der Dichter gegen das, wodurch er die Seelen andrer so tief bewegt, selbst unempfindlich sein sollte. Er muß es allerdings auf das innigste fühlen; aber er hat die Selbstbeherrschung, dem Gefühl keinen Einfluß auf die Darstellung zuzugestehen. Er wird z. B., wo das Gesetz derselben es fordert, gleich nach dem erschütterndsten Augenblicke einen verhältnismäßig gleichgültigen, ja einen drolligen Umstand erwähnen, wie es in Hermann und Dorothea, namentlich im letzten Gesange, mehrmals geschieht. Die Enthaltung des Dichters von eigner Teilnahme ist also kein leerer Schein: denn wenn die Darstellung durch das Medium der Empfindung gegangen und von ihr gefärbt ist, so sympathisiert der Leser nun eigentlich nicht mehr mit der Sache, sondern mit dem Dichter.

Die Lehre vom epischen Rhythmus verdient eine genauere Auseinandersetzung. Sie ist auch deswegen wichtig, weil sie Anwendung auf den Roman leidet. Ein Rhythmus der Erzählung, der sich zum epischen ungefähr so verhielte wie der oratorische Numerus zum Silbenmaße, wäre vielleicht das einzige Mittel, einen Roman nicht bloß nach der allgemeinen Anlage, sondern nach der Ausführung im einzelnen, durchhin poetisch zu machen, obgleich die Schreibart rein prosaisch bleiben muß; und im Wilhelm Meister scheint dies wirklich ausgeführt zu sein.

Wir enthalten uns hier jedes Rückblicks auf Goethes dichterische Laufbahn, so fruchtbar an belehrenden Zusammenstellungen, selbst an wichtigen Andeutungen über das Bedürfnis unsrer Bildung und das Streben des Zeitalters, von der Originalität zur vollkommnen Gesetzmäßigkeit schöner Geisteswerke, von der Erscheinung der Unabhängigkeit des Individuums zum Abdrucke reiner Menschheit in ihnen fortzugehn, eine solche Übersicht auch sein würde; und fassen nur unsre Betrachtung des vorliegenden Werks in kurze Resultate zusammen. Es ist ein in hohem Grade sittliches Gedicht, nicht wegen eines moralischen Zwecks, sondern insofern Sittlichkeit das Element schöner Darstellung ist. In dem Dargestellten überwiegt sittliche Eigentümlichkeit bei weitem die Leidenschaft, und diese ist soviel möglich aus sittlichen Quellen abgeleitet. Das Würdige und Große in der menschlichen Natur ist ohne einseitige Vorliebe aufgefaßt; die Klarheit besonnener Selbstbeherrschung erscheint mit der edlen Wärme des Wohlwollens innig verbunden und gleiche Rechte behauptend. Wir werden überall zu einer milden, freien, von nationaler und politischer Parteilichkeit gereinigten Ansicht der menschlichen Angelegenheiten erhoben. Der Haupteindruck ist Rührung, aber keine weichliche, leidende, sondern in wohltätige Wirksamkeit übergehende Rührung. Hermann und Dorothea ist ein vollendetes Kunstwerk im großen Stil und zugleich faßlich, herzlich, vaterländisch, volksmäßig; ein Buch voll goldner Lehren der Weisheit und Tugend.

# BÜRGER
## 1800

Bürgers Nachlaß ist nun seit einigen Jahren der Welt vollständig übergeben worden: der Ertrag eines auf manche Weise verkümmerten und gedrückten Lebens. Diese wehmütige Betrachtung muß sich zuvörderst denen aufdrängen, welche Bürgern näher gekannt haben: die dem vierten Bande seiner sämtlichen Schriften eingerückte Lebensbeschreibung, die von der Hand der Freundschaft mit schonender Wahrheitsliebe und in einem milden und menschlichen Sinne abgefaßt ist, wird sie auch bei andern erwecken; ja sogar den mit allen Umständen unbekannten, aber aufmerksamen Leser müssen eine Menge Spuren in den Gedichten selbst darauf führen. Sie wird um so trauriger, wenn man bedenkt, daß nebst den Folgen früher Gewöhnungen und Schwächen, welche die natürliche und bürgerliche Ordnung der Dinge weit härter als nach ihrem Verhältnisse zur Sittlichkeit zu bestrafen pflegt, nebst der Zerrüttung einer unglücklichen Leidenschaft und in den letzten Jahren häuslichen Verdrusses gerade seine Neigung zur Poesie und seine Beschäftigung mit ihr es war, was ihn abhielt, sein zeitliches Wohl entschloßner und rüstiger anzubauen; was seine Tage verbitterte und wahrscheinlich verkürzte. Wenige haben die dichterische Weihe und ihr Teil Ruhmes um einen so teuren Preis gekauft. Auch darf man nicht etwa annehmen, eine anhaltende Erhöhung seines innern Daseins habe ihm manche äußere Entbehrung vergütet, und er habe im sorgenlosen Besitze aus der Fülle seiner begeisterten Träume nur gelegentlich einiges festgehalten und durch die Schrift mitgeteilt. Nein, er hat wirklich alles gegeben, was er hatte: der Umfang seiner dichterischen Sphäre in den vorhandenen Werken bezeichnet uns das ganze Vermögen seines Geistes wie den erlangten Grad von Meisterschaft. Seine heitern regsamen Momente konnten, nur in wenige Brennpunkte zusammengedrängt, eine glänzende Erscheinung machen, und was seinen Gedichten den ausgebreitetsten Beifall verschafft hat, das Frische, Gesunde, die energische Stimmung, hatte sich bei ihm aus dem Leben in die Poesie hinübergerettet und beurkundet angeborne Ansprüche an eine schönere geistige Jugend, die ihm in der Wirklichkeit nie zuteil ward.

Bürgers Eintritt in seine Laufbahn war nicht ohne begünstigende Umstände. Ein kühnerer Geist regte sich um diese Zeit in unsrer ganzen Literatur, gleichgesinnte Freunde begleiteten ihn, und bald kam ihm der Beifall einer jubelnden Menge entgegen, die alles Neue mit der lebhaftesten Teilnahme aufnahm und für die bei der bisherigen Eingeschränktheit so vieles neu war. Er hielt sich nicht mit Unrecht für einen von den Befreiern der Natur vom Zwange willkürlicher Regeln und ward als der Erfinder oder Wiederbeleber echter Volkspoesie ohne Widerrede anerkannt. Dies gab ihm Mut und Sicherheit, wenn er gleich nicht in die trunkenen Hoffnungen mancher einstimmen konnte, die nicht nur ohne Theorie und Kritik, sondern ohne alles gründliche Kunststudium das Höchste in der Poesie, als die ihrem wahren Wesen nach nur eine freie Ergießung sich selbst überlassener Originalität sei, zu ergreifen gedachten. Dagegen wurde er auch zu den Verirrungen, die bald auffallend überhand nahmen, nicht mit fortgerissen, und der Einfluß damals herrschender Ansichten auf seine Grundsätze und Ausübung zeigt sich nur bei einer näheren Prüfung. So viele zuversichtliche Kraftverheißungen gingen ohne bleibende Spur vorüber, und nachdem die sogenannte

Sturm-und-Drang-Periode in den siebziger Jahren des verflossenen Jahrhunderts ausgetobt hatte, ließ sich in den achtzigern eine gewisse Erschlaffung spüren, die durch mancherlei zusammentreffende Umstände vermehrt ward. Die Lethargie war so unerwecklich, daß selbst das Wiederauftreten jenes großen Geistes, welcher zu der vorhergehenden Periode den ersten Anstoß gegeben hatte und dessen Jugendwerke, die auf dem Standpunkte einer umfassenden historischen Kritik nur als vorläufige Protestationen gegen die Anmaßungen der konventionellen Theorie erscheinen, damals das Ziel verkehrter Nachahmungen gewesen waren: daß selbst das Wiederauftreten Goethes, sage ich, in der Gestalt des reifen, selbständigen, besonnenen Künstlers unmittelbar keine sichtbare bedeutende Wirkung hervorbrachte. Der Glaube, der in Rücksicht auf die, welche ihn hegen, seinen guten Grund zu haben pflegt, das Gebiet der Dichtung ziehe sich gegen das der Begriffe immer enger zusammen, jede neue und große Hervorbringung in der Poesie werde immer schwieriger, ja unmöglich: dieser Glaube verriet sich an mancherlei Symptomen als allgemein herrschend, und Bürger hatte häufige Anwandlungen von diesem Kleinmut. Eine Kritik, die ihn noch in den letzten Jahren traf, die Beurteilung der zweiten Ausgabe seiner Gedichte in der Jenaischen Literatur-Zeitung, war eben nicht gemacht, ihn davon zu heilen: sie drohte seinem Ruhme einen gefährlichen Stoß, ohne daß er in seinem Innern einen rechten Gegenhalt wider sie gefunden hätte\*. So hatten sich alle Umstände zu

---

\* Der anonyme Verfasser dieser Rezension, welcher sich gleichwohl leicht erraten ließ und nicht unbekannt bleiben konnte, war Schiller. Dies kränkte Bürgern um so mehr, weil er für den Dichter der Götter Griechenlandes eine lebhafte Bewunderung gefaßt hatte. Die Rezension war mit der kalten abgezirkelten Eleganz abgefaßt, welche Schillers damaligen prosaischen Schriften eigen war und in seinen Briefen über ästhetische Erziehung in die äu-

Tätigkeit als eine Schöpfung aus nichts; historisch aber von hinten nach angesehen, wird sie zu einem bedingten Gliede in einer Reihe von Ursachen und Wirkungen: und wenn sich aus jenem Standpunkte alles von ihm fordern läßt, so muß man auf diesem schlechthin mit dem vorliebnehmen, was er wirklich geworden ist. Ob jemand die äußeren und inneren Anregungen zu einer höheren Ausbildung gehörig benutzt hat, ob nicht, wenn bei seinem redlichen Bestreben noch Roheit in ihm zurückblieb, ursprüngliche und unüberwindliche Anlagen ihm den weiteren Fortschritt wehrten, dies sind Fragen, die er in der geheimsten Stille mit sich auszumachen hat; und die moralischen Angelegenheiten eines noch lebenden Menschen vor das große Publikum zu ziehen, ist in der Tat grausam, wenn ihm auch in der Sache selbst nicht das mindeste Unrecht geschähe\*. Davor ist man aber niemals sicher: denn zwischen das Innerste des Gemüts und seine Er-

---

\* Damals, als ich den obigen Aufsatz schrieb, hatte ich Ursache, mit Schillers Betragen in seinem persönlichen Verhältnisse zu mir sehr unzufrieden zu sein. Dies machte mich etwas zurückhaltend. Auch hielt ich mich nicht für berechtigt, die Schutzmauer der Anonymität zu durchbrechen, wohinter Schiller, ungeachtet der Aufforderung Bürgers, sich zu nennen, verschanzt geblieben war. Jetzt, nachdem die beiden Gegner seit so vielen Jahren aus dem Leben geschieden sind, steht der Freimütigkeit kein Bedenken im Wege. Schillers Rezension war meines Erachtens eine nach den Gesetzen der literarischen Moral nicht wohl zu rechtfertigende Handlung. Wie kam gerade Schiller dazu, über einige in Bürgers Gedichten stehengebliebene gesunde Derbheiten wie ein Rhadamanthus zu Gericht zu sitzen? Der Verfasser der Räuber, in dessen früheren Gedichten und Dramen so manche Züge jedes zarte Gefühl verletzen, mußte wissen, wie leicht genialischer Übermut zu wilden Ausschweifungen fortreißt. Oder war es gerade das Bewußtsein dieser neuerdings mit ihm selbst vorgegangenen Verwandlung, was ihn so unerbittlich strenge machte? Und hatte er denn wirklich die alte Haut so vollständig abgestreift, als er damals glaubte? Überdies hat Schiller durch diese Beurteilung nur eine schwache Probe seiner Kennerschaft gegeben. Er hätte Bürgern nicht tadeln sollen, weil er ihn nicht gehörig zu loben verstand.

seinem Nachteile gewandt. Zu den allgemeinen Einflüssen einer einschläfernden, isolierenden, ungedeihlichen Zeit nehme man nun insbesondre den umwölkten Horizont seiner weltlichen Aussichten, Kränklichkeit, Sorgen und die Notwendigkeit, zu Beschäftigungen zu greifen, worin er sich entweder seines wenigen Berufs oder ihrer Beschaffenheit wegen nicht hervortun konnte, Trennung von alten Freunden und Geistesgenossen, Mangel an bereichernden und auffordernden Anschauungen, eine freudenlose Umgebung sowohl von seiten der Natur als des geselligen Lebens\*, endlich das beständige Ringen eines beleidigten Selbstgefühls gegen den Übermut von Gelehrten, die sich in geistlosem Sammlerfleiß zur Verachtung alles Edlen und Schönen verhärtet hatten und mit denen ihn sein Verhältnis nun einmal zusammenstellte\*\*: so hat man alle

ßerste Erstorbenheit überging; aber sie imponierte dem Publikum und Bürgern selbst durch eine gewisse Würde, durch den Schein der philosophischen Tiefe und durch den noch mehr trügerischen Schein der Mäßigung. *[KS]*

\* Bürger pflegte wohl den Ausruf Hallers in einem schwermütigen Gedichte auf sich anzuwenden:

Ja, recht in seinem Zorn hat das gerechte Wesen
Mir diesen fernen Ort zur Wohnung auserlesen! *[KS]*

\*\* Namen zu nennen ist unnötig: wer das damalige Göttingen gekannt hat, wird sie leicht ergänzen. Die Tatsache kann ich bezeugen, daß mehrere Professoren der berühmten Universität Bürgern mit großer Verachtung begegneten und von ihm sprachen wie von einem Ausgestoßenen der bürgerlichen Gesellschaft. Und diese Geringschätzung gründete sich nicht sowohl auf einige Umstände seines Lebens, wobei Bürger mehr zu beklagen als zu verdammen war; als darauf, daß er die brotlose Kunst der Poesie trieb und keine Kompendien zu schreiben wußte. Einen Dichter in Göttingen zu dulden, schien ganz unerträglich, und in der Tat paßte es nicht zum besten. Bei meinem Eintritt in das akademische Leben als ein junger Schüler wurde ich sehr bedenklich gegen den Umgang mit Bürgern gewarnt. Mir aber, einem leidenschaftlichen Versemacher von Kindesbeinen an, war nichts angelegener, als den Sänger der Lenore kennenzulernen. Da nun nach einiger Zeit der Umgang lebhafter wurde, bei unsern täglichen Spaziergängen

Züge zu dem traurigsten Bilde, das sich von dem Leben und dem allmählichen Untergange eines Dichters nur immer entwerfen läßt.

Bürger als Mensch wäre also gar leicht gerechtfertigt, wenn er auch mit dem anvertrauten Pfunde seines

die Poesie der beständige Gegenstand unsrer Unterredungen war, da Bürger oft ganze Nachmittage bei mir zubrachte, in meinem Zimmer an seinen Liedern arbeitete oder auch scherzhafte Aufgaben der Versifikation mit mir um die Wette ausführte: so hielt man mich für einen schon halb verlorenen jungen Menschen. Heyne nahm an jener engen Denkart keinen Anteil: soviel ich weiß, wurde auf seine Verwendung Bürger zum Professor befördert, welches Amt ihm jedoch nur neue Qual zuzog. Auch mit einem ebenso witzigen Kopfe und geistreichen Denker als gründlichen Gelehrten, mit Lichtenberg, stand Bürger, ohne häufigen Umgang, in einem freundschaftlichen Verhältnisse. Ebenso mit dem Mathematiker Kästner. Jedoch zog er sich von diesem bei folgender Gelegenheit ein Epigramm zu. Bürgern wurde für den jährlich erscheinenden Musenalmanach eine Unzahl schlechter Verse eingesandt, die oft der Gegenstand unsers Scherzes und unsrer Verzweiflung waren. Er klagte darüber in dem ‚Gebet eines an das Kreuz der Verlegenheit genagelten Herausgebers':

> Vergib, o Vater der neun Schwestern,
> Die unter deinem Lorbeer ruhn!
> Vergib es denen, die dich nun
> Und immerdar durch Stümperwerke lästern:
> Sie wissen selbst nicht, was sie tun.

Dieses Epigramm taugte freilich nicht viel: bei der gewaltsam herbeigezogenen Anspielung hatte noch die Überschrift zu Hülfe genommen werden müssen. Kästner, der in allem, was auf die Religion Bezug hatte, sehr strenge gesinnt war, fand darin eine Profanation und schrieb:

> Und spräch' er auch vom Kreuz herab noch frecher:
> Wer fragt danach? Er ist der linke Schächer!

Diese Zeilen wurden Bürgern in die Hände gespielt. – „Was ist zu tun, mein verehrter Freund?" sagte ich: „Sie werden es schon in Geduld hinnehmen müssen; denn hier ist wirklich epigrammatischer Witz, und es war nicht möglich, treffender zu erwidern." – Worin mir denn Bürger bereitwillig beistimmte. Indessen wünschte Kästner seine sonst unbedeutenden Verse wieder in den Musenalmanach eingerückt zu sehen, und so wurde bald ein Friede vermittelt. *[KS]*

scheinung in einem Kunstwerke treten Organe und Medien ein, welche die Mitteilung leicht unvollständig machen oder entstellen. Es gibt Menschen, die nicht ohne widerliche Verzerrungen weinen können, wenn ihr Gefühl auch das mildeste und edelste wäre; es gibt harthörige Musiker, die ihre Zuhörer mit häufigem Fortissimo heimsuchen, weil sie nur Piano hören, wenn sie schon Forte angeben. Wenn wir uns, ohne über den Urheber richten zu wollen, bloß an das Geleistete halten, so bekommen wir statt eines unbekannten, unergründlichen und ins Unendliche hin bestimmbaren Subjekts, das auf sich selbst hätte handeln sollen und können, bestimmte Objekte, auf die der Dichter gehandelt hat: nämlich seine Vorbilder; die poetischen Gattungen, wie sie sich historisch gebildet haben oder durch ihren Begriff unwandelbar festgesetzt sind; die gewählten Gegenstände, die ihm vielleicht zum Teil von außen her überliefert wurden; endlich die Sprache und die äußerlichen Formen der Poesie, die Silbenmaße, wie er sie vorfand und bearbeitete.

Sollte bei einer Prüfung der Bürgerischen Gedichte nach diesen Rücksichten und ihrer Zusammenhaltung mit dem unbedingten Maßstabe des Kunstgesetzes auch vieles von dem wegfallen müssen, was Bürger sich selbst zuschrieb und was ihm seine mitlebenden Leser größtenteils bereitwillig zugestanden: so glaube ich doch den Schatten meines Freundes durch offene Dar-

---

Wie er das Wesen der Gattung, worin Bürger wenigstens zuweilen ein vollendeter Meister war, begriffen hatte, das zeigen die Balladen, die er später, wetteifernd mit Goethe, aber gegen den Willen der Minerva, dichtete. Es hat hiebei eine Nemesis gewaltet, und Bürgern ist, zwar erst nach seinem Tode, die vollständigste Genugtuung zuteil geworden, indem nun die Vergleichung zwischen der Lenore, dem wilden Jäger, der Tochter des Pfarrers zu Taubenhain, den Weibern von Weinsberg und dem Fridolin, dem Taucher, dem Ritter von Rhodus usw. angestellt werden kann. *[KS]*

legung meiner jetzigen Überzeugungen darüber nicht zu kränken. Er ist jetzt aus dem Reiche sinnlicher Täuschungen entrückt, und wenn sich die Abgeschiedenen noch um unsre Angelegenheiten bekümmern, so liegt ihm unstreitig das Gedeihen der göttlichen Poesie überhaupt mehr am Herzen als die Beiträge seines beschränkten Selbst, wiewohl er im Leben es vielleicht nie völlig zu dieser Entäußerung bringen konnte. Zudem ist es eine vergebliche Hoffnung, einem menschlichen Werke durch Verschweigung der Mängel einen höheren Ruhm fristen zu wollen, als der ihm zukommt: vielmehr steht zu befürchten, in der Folge möchte mit dem so lange eingebildeten Wert, der sich nicht bewährt gefunden, auch der echte verkannt und beiseite geschoben werden; und es ist daher in jedem Falle heilsam, die Sichtung zeitig ohne Rückhalt vorzunehmen. Man muß wünschen, daß Bürgers Gedichte künftig nur nach ihrem reinen Gehalt wirken: da jedoch, wie es scheint, unsre Literatur die ganze Schule möglicher Mißverständnisse durchmachen mußte, um zu dem Rechten zu gelangen, so ist ihnen auch die bisherige negative Wirkung, daß sie hievon ihr Teil getragen, zugute zu rechnen.

Bei einem Dichter wie Bürger, der gar nicht etwa wie ein begünstigter Liebling der Natur den ersten Anmutungen folgte und alles mit fruchtbarer Leichtigkeit hinschüttete, sondern meistens langsam und mit Mühe, ja nicht selten mit ängstlichem Fleiße seine Sachen ausarbeitete und überarbeitete, sind die leitenden Begriffe bei seiner Ausübung der Kunst von großer Wichtigkeit, um uns über die Ursachen des Gelingens und Verfehlens aufzuklären. Ich finde deren hauptsächlich zwei während seines ganzen poetischen Lebenslaufes herrschend: Popularität und Korrektheit; obschon natürlicherweise jener in dessen erster Hälfte, dieser in der letzten mehr hervorstach. Dazu kam noch in den späteren Jahren, als ihn eine stolz verkennende Kritik an sich selbst irregemacht hatte, der ihm eigentlich fremde und aufgedrungene Begriff der Idealität. Er hat zwar in einem eignen Spottgedichte, ‚Der Vogel Urselbst, seine Rezensenten und der Genius', seinen Unglauben daran erklärt, aber nichtsdestoweniger sich dadurch zu mancherlei Änderungen und Umschmelzungen bestimmen lassen. Dagegen verließen ihn in dieser Periode die Begriffe von Originalität und Genialität beinahe gänzlich, auf die er immer nur mißtrauend gefußt hatte und gleichsam, um die Sitte seiner Altersgenossen mitzumachen, welche darauf wie auf eine glückliche Karte ihr ganzes Vermögen wagten. Auf das allgemeine Wesen der Poesie, auf die Notwendigkeit und strenge Reinheit der Gattungen, sogar auf die Anlage eines einzelnen Gedichtes im ganzen scheint er wenig Nachdenken verwendet zu haben.

Den Satz, welchen Bürger schon in der Vorrede zur ersten Ausgabe seiner Gedichte ohne Beweis postuliert hatte: Volkspoesie sei die vollkommenste und die einzige wahre; diesen Satz, folgendermaßen modifiziert: „Popularität eines poetischen Werkes ist das Siegel seiner Vollkommenheit"; erkannte er in der Vorrede zur zweiten Ausgabe von neuem an und suchte ihn zu begründen. Wenn man das, was er dabei sagt, um seine Meinung mit dem Worte ‚Volk' deutlich zu machen, zusammenfaßt, so läuft es auf einen mittleren Durchschnitt aus allen Ständen hinaus, und zwar in Ansehung der natürlichen Anlagen und Fähigkeiten; denn in betreff des Angebildeten und Erworbenen gibt es einen solchen mittleren Durchschnitt überhaupt nicht, indem die an wissenschaftlicher und konventioneller Bildung teilnehmenden und die davon ausgeschloßnen Stände gänzlich getrennt bleiben. Nun läßt sich aber nicht einsehen, warum die Poesie, der es gegeben ist, das Höchste im Menschen auszusprechen, sich irgend nach der Mittelmäßigkeit bequemen sollte, statt sich an die vortrefflichsten und von der Natur am reichsten begabten Geister zu wenden und die übrigen sorgen zu lassen, wie sie mit ihr fertig werden möchten. Bürger verstand sich mit dieser Forderung selber nicht recht und verwechselte sie mit dem allerdings erreichbaren Zwecke, den er sich bei einem großen Teile seiner Lieder vorgesetzt hatte: für Leser aus verschiednen Ständen und namentlich auch aus den unteren und ungelehrten zugleich zu dichten. Es dürfte auch dazu nicht eben eine so bewundernswürdige Herablassung nötig sein, als manche haben vorgeben wollen; denn die Natur teilt Phantasie und Empfänglichkeit ohne Rücksicht auf hohe oder niedre Geburt aus; konventionelle Kultur wird nur zu den Gattungen erfordert, welche Gemälde des feineren geselligen Lebens aufstellen; und gelehrte Kenntnisse können durch die Wahl des Stoffes überflüssig gemacht werden. In diesem Sinne ist es sehr möglich, ein würdiger und edler Volksdichter zu sein. Allein es läßt sich wiederum nicht einsehen, warum jeder Dichter, und zwar jederzeit, es wollen müßte, warum er nicht zum Beispiel Leser sollte voraussetzen dürfen, welche die Natur mit einem philosophischen Auge betrachtet haben oder mit dem klassischen Altertume vertraut sind. Was er an Ausdehnung seiner Wirkung verliert, könnte ihm leicht ihr Gewicht ersetzen. Wie eng würde die Sphäre der Poesie begrenzt, welche herrliche Erscheinungen in ihr würden unmöglich gemacht werden, wenn Bürgers Grundsatz allgemein gelten sollte! Seiner Behauptung, ‚alle großen Dichter seien Volksdichter gewesen; und was sie nicht popular gedichtet, sei zuverlässig bei ihren lebendigen Leibern bereits vergessen oder gar niemals in die Vorstellungskraft und das Gedächtnis ihrer Leser aufgenommen worden‘, widerspricht die Geschichte, wenigstens der modernen

Poesie, die uns hier zunächst angeht, geradezu. Dante und Petrarca, die beiden ältesten Häupter derselben, sind auf jede Weise, sowohl nach dem Maßstabe der Kenntnisse als der Geisteskräfte, so unpopular wie möglich. Guarini ferner, der erste große Verbinder des Antiken und Modernen, ist keineswegs popular; und Shakespeare und Cervantes scheinen es nur, indem sie die Menge in ihren meisten Werken durch rasche Bewegung oder heitre Darstellung befriedigen und sie mit einem oberflächlichen Verständnisse täuschen, während der tiefe Sinn und eine Unendlichkeit zarter Beziehungen gemeinen Lesern und Zuschauern verborgen bleibt. Die Frage, inwiefern Homers Rhapsodien ursprünglich volksmäßig waren oder bloß für die Edlen und Großen gesungen wurden, würde uns hier zu weit führen; allein daß die Troubadours und Minnesänger im ganzen nicht eigentlich Volksdichter zu nennen sind, darf ich ohne Bedenken behaupten. Sie übten vielmehr eine adelige und Ritterpoesie, auf die Sitten, Ansichten und Empfindungsweise des obersten und damals gebildetsten Standes gebaut. Wir haben von Dichtern aus derselben Zeit, die sich um den Beifall der unteren Stände bewarben, noch manches, was mit jener den schneidendsten Gegensatz macht; auch äußert einer und der andre edle Minnesänger keine geringe Verachtung der bürgerlichen und bäurischen Lieder.

Wenn Bürger mit seiner allgemeinen Forderung der Popularität, die er denn doch vornehmlich durch Klarheit und leichte Verständlichkeit erklärt, nur das meinte, daß jedes Gedicht diese Eigenschaften in möglichst hohem Grade nach dem Verhältnisse seines Inhaltes besitzen solle, so kann man sie gern zugeben, bis auf die Ausnahmen, wo ein Schleier von Verworrenheit und Dunkelheit selbst den bezweckten Eindruck hervorbringen hilft und also ein Mittel der Darstellung wird. Seine Bemerkung scheint dann auch nicht überflüssig, da manche unsrer Dichter ganz gewöhnliche Gedanken durch grammatische und rhetorische Künstelei zu einem schwerfälligen Tiefsinne ungenießbar aufgeschraubt haben: eine Verkehrtheit, wovon Bürger überall frei blieb. Will man aber behaupten, vollkommene Deutlichkeit sei das wesentlichste Erfordernis zur Volkspoesie, so möchte man mit ihr ganz auf den Irrweg geraten. Unser Dasein ruhet auf dem Unbegreiflichen, und die Poesie, die aus dessen Tiefen hervorgeht, kann dieses nicht rein auflösen wollen. Dasjenige Volk, wofür es sich der Mühe verlohnt zu dichten, hat hierüber, wie über vieles, die natürliche Gesinnung beibehalten; alles verstehen, das heißt, mit dem Verstande begreifen wollen, ist gewiß ein sehr unpopulares Begehren. Beispiele werden dies einleuchtender machen. Die Bibel, wie sie gegenwärtig in den Händen des Volks ist, wird nur sehr unvollkommen verstanden, ja vielfältigst mißverstanden, und dennoch ist sie ein äußerst populares Buch. Von unsern neueren Exegeten zum allgemeinen Verständnisse zugerichtet, würde sie unfehlbar ihre Popularität großenteils einbüßen. Die alten, besonders katholischen Kirchenlieder, voll der kühnsten Allegorie und Mystik, waren und sind höchst populär; die neuen bild- und schwunglosen, vernünftig gemeinten und wasserklaren, die man an ihre Stelle gesetzt hat, sind es ganz und gar nicht. Und warum sind sie es nicht? Weil in ihrer ekeln Einförmigkeit nichts die Aufmerksamkeit weckt, nichts das Gemüt plötzlich trifft und es in die Mitte desjenigen versetzt, was ihm durch förmliche Belehrung nicht zugänglich werden würde. Mit einem Wort, wer für das Volk etwas schreiben will, das über dessen irdische Bedürfnisse hinausgehen soll, darf in der weißen Magie oder in der Kunst der Offenbarung durch Wort und Zeichen nicht unerfahren sein.

Bürger wollte nun überdies nicht bloß ein Volkssänger, sondern auch ein korrekter Dichter sein, und zwar, wie wir sehen werden, nicht etwa in einigen seiner Gedichte volksmäßig und in andern korrekt, sondern in demselben beides zugleich. Da Korrektheit aber durchaus ein Schulbegriff ist, so muß dies, nebst seinen übrigen Vorstellungen von der Popularität, billig an der seinigen Zweifel erregen. Man wende nicht ein, der Erfolg habe dafür entschieden: Bürger werde überhaupt in einem ausgebreiteteren Kreise gelesen als vielleicht irgendein deutscher Dichter, er habe mit einigen seiner Stücke sogar bei den Ständen Eingang gefunden, die sonst nicht zu lesen pflegen. Denn auch diese sind jetzt durch eine einseitige Aufklärung so vielfältig bearbeitet worden, der Einfluß eines unpoetischen, alles für den Nutzen erziehenden Zeitalters hat sich auf so manchen Wegen bis zu ihnen erstreckt, daß sich von der Popularität bei unserm jetzigen Volke kein Schluß auf die gültigere bei einem für Naturpoesie noch nicht verbildeten machen läßt. Gedichte, sie seien nun für Könige oder Bettler bestimmt, sollen kein Beitrag zu einem Not- und Hülfsbüchlein, sondern eine freie Ergötzung sein; und die Denkarten und Ansichten, die man als Vorurteile auszurotten bemüht ist, möchten gar nahe mit den wunderbaren Dichtungen alter Volkspoesie zusammenhängen.

Eine Vergleichung mit dieser wird also die besten Aufschlüsse geben. Die Frage: war Bürger ein Volksdichter? verwandelt sich demnach in folgende: sind seine Romanzen echte und unvermischte Romanzen? Seine Begriffe von dieser Dichtart können uns die Prüfung nicht erleichtern: er hat sie bloß in seiner Ausübung niedergelegt; denn daß er bei der zweiten Ausgabe seiner Gedichte, was er sonst Balladen und Romanzen genannt, unter dem Titel ‚episch-lyrische

Gedichte' zusammenordnete, darf man nicht zu hoch anrechnen. Werden diese Kunstwörter streng im Sinne der Alten genommen, so läßt sich nichts Widersinnigeres denken; aber ihre Vereinigung soll wohl nichts weiter bedeuten, als daß in der Romanze etwas erzählt wird und daß sie auch gesungen werden kann: folglich ist sie ein episch-lyrisches Gedicht. Man sieht, dies Stück Theorie ist wohlfeil zu haben, und Bürger hatte es in der guten Zeit, als noch Engels Theorie der Dichtarten oder gar der Batteux etwas galt, unbesehens angenommen. Ich will hier nicht entscheiden, ob sich die Romanze und die übrigen eigentümlich modernen Gattungen anders als historisch und genetisch ableiten lassen, da die neuere oder romantische Poesie sich nicht wie die klassische unmittelbar aus reinen Kunstgesetzen stetig entwickelt hat, sondern unter der Vermittlung aller Zeitumstände, welche die Wiedergeburt der Welt begleiteten, vielleicht als Gegensatz notwendig, aber doch mit dem Scheine der Zufälligkeit entstanden ist. Es wird für unsern Zweck hinreichend sein, die alten Romanzen, die nicht mit Absicht für das Volk, sondern unter dem Volke gedichtet wurden, deren Dichter gewissermaßen das Volk im ganzen war, zu charakterisieren, wie wir sie bei den Spaniern, Engländern, Schotten, Dänen und Deutschen wirklich vorfinden.

Der Name ‚Romanze', der bei den Spaniern wohl zuerst in dieser Bedeutung gebraucht worden, ist sehr sprechend. Romance heißt soviel als lingua volgare, die neuere Volkssprache, die sich im Konflikt einer barbarischen mit einer gelehrten und klassisch vollendeten endlich gebildet hatte, so wie überhaupt aus diesem Chaos streitender Elemente die romantische Gestaltung des Mittelalters hervorging. Romanze als Dichtart ist eine romantische Darstellung in volksmäßiger Weise. Aus dem letzten Punkte mußte in

seinem Nachteile gewandt. Zu den allgemeinen Einflüssen einer einschläfernden, isolierenden, ungedeihlichen Zeit nehme man nun insbesondre den umwölkten Horizont seiner weltlichen Aussichten, Kränklichkeit, Sorgen und die Notwendigkeit, zu Beschäftigungen zu greifen, worin er sich entweder seines wenigen Berufs oder ihrer Beschaffenheit wegen nicht hervortun konnte, Trennung von alten Freunden und Geistesgenossen, Mangel an bereichernden und auffordernden Anschauungen, eine freudenlose Umgebung sowohl von seiten der Natur als des geselligen Lebens\*, endlich das beständige Ringen eines beleidigten Selbstgefühls gegen den Übermut von Gelehrten, die sich in geistlosem Sammlerfleiß zur Verachtung alles Edlen und Schönen verhärtet hatten und mit denen ihn sein Verhältnis nun einmal zusammenstellte\*\*: so hat man alle

ßerste Erstorbenheit überging; aber sie imponierte dem Publikum und Bürgern selbst durch eine gewisse Würde, durch den Schein der philosophischen Tiefe und durch den noch mehr trügerischen Schein der Mäßigung. *[KS]*

\* Bürger pflegte wohl den Ausruf Hallers in einem schwermütigen Gedichte auf sich anzuwenden:

Ja, recht in seinem Zorn hat das gerechte Wesen
Mir diesen fernen Ort zur Wohnung auserlesen! *[KS]*

\*\* Namen zu nennen ist unnötig: wer das damalige Göttingen gekannt hat, wird sie leicht ergänzen. Die Tatsache kann ich bezeugen, daß mehrere Professoren der berühmten Universität Bürgern mit großer Verachtung begegneten und von ihm sprachen wie von einem Ausgestoßenen der bürgerlichen Gesellschaft. Und diese Geringschätzung gründete sich nicht sowohl auf einige Umstände seines Lebens, wobei Bürger mehr zu beklagen als zu verdammen war; als darauf, daß er die brotlose Kunst der Poesie trieb und keine Kompendien zu schreiben wußte. Einen Dichter in Göttingen zu dulden, schien ganz unerträglich, und in der Tat paßte es nicht zum besten. Bei meinem Eintritt in das akademische Leben als ein junger Schüler wurde ich sehr bedenklich gegen den Umgang mit Bürgern gewarnt. Mir aber, einem leidenschaftlichen Versemacher von Kindesbeinen an, war nichts angelegener, als den Sänger der Lenore kennenzulernen. Da nun nach einiger Zeit der Umgang lebhafter wurde, bei unsern täglichen Spaziergängen

Züge zu dem traurigsten Bilde, das sich von dem Leben und dem allmählichen Untergange eines Dichters nur immer entwerfen läßt.

Bürger als Mensch wäre also gar leicht gerechtfertigt, wenn er auch mit dem anvertrauten Pfunde seines

die Poesie der beständige Gegenstand unsrer Unterredungen war, da Bürger oft ganze Nachmittage bei mir zubrachte, in meinem Zimmer an seinen Liedern arbeitete oder auch scherzhafte Aufgaben der Versifikation mit mir um die Wette ausführte: so hielt man mich für einen schon halb verlorenen jungen Menschen. Heyne nahm an jener engen Denkart keinen Anteil: soviel ich weiß, wurde auf seine Verwendung Bürger zum Professor befördert, welches Amt ihm jedoch nur neue Qual zuzog. Auch mit einem ebenso witzigen Kopfe und geistreichen Denker als gründlichen Gelehrten, mit Lichtenberg, stand Bürger, ohne häufigen Umgang, in einem freundschaftlichen Verhältnisse. Ebenso mit dem Mathematiker Kästner. Jedoch zog er sich von diesem bei folgender Gelegenheit ein Epigramm zu. Bürgern wurde für den jährlich erscheinenden Musenalmanach eine Unzahl schlechter Verse eingesandt, die oft der Gegenstand unsers Scherzes und unsrer Verzweiflung waren. Er klagte darüber in dem ‚Gebet eines an das Kreuz der Verlegenheit genagelten Herausgebers':

> Vergib, o Vater der neun Schwestern,
> Die unter dem Lorbeer ruhn!
> Vergib es denen, die dich nun
> Und immerdar durch Stümperwerke lästern:
> Sie wissen selbst nicht, was sie tun.

Dieses Epigramm taugte freilich nicht viel: bei der gewaltsam herbeigezogenen Anspielung hatte noch die Überschrift zu Hülfe genommen werden müssen. Kästner, der in allem, was auf die Religion Bezug hatte, sehr strenge gesinnt war, fand darin eine Profanation und schrieb:

> Und spräch' er auch vom Kreuz herab noch frecher:
> Wer fragt darnach? Er ist der linke Schächer!

Diese Zeilen wurden Bürgern in die Hände gespielt. – „Was ist zu tun, mein verehrter Freund?" sagte ich: „Sie werden es schon in Geduld hinnehmen müssen; denn hier ist wirklich epigrammatischer Witz, und es war nicht möglich, treffender zu erwidern." – Worin mir denn Bürger bereitwillig beistimmte. Indessen wünschte Kästner seine oft unbedeutenden Verse wieder in den Musenalmanach eingerückt zu sehen, und so wurde bald ein Friede vermittelt. *[KS]*

Talents weit weniger gewuchert hätte, als er wirklich getan hat. Allein die Zufälligkeiten, welche die Entstehung eines Kunstwerkes umgaben, dürfen nicht in Anschlag gebracht werden, wenn von einer Beurteilung nach Kunstgesetzen die Rede ist. Man kann nicht aus Menschenliebe Beifall zollen noch aus Mitleiden bewundern. Es wäre möglich, daß dieser Baum, in einen andern Boden versetzt und bei andrer Witterung, seiner Art nach weit bessere Früchte getragen hätte: aber diese Betrachtung kann mich nicht bewegen, den Geschmack der wirklich getragenen Frucht anders anzugeben, als ich ihn empfinde. Mit dem Hinstellen für die äußere Anschauung ist das Gedicht oder sonstige Erzeugnis des Geistes von der Person des Hervorbringers ebenso abgelöst wie die Frucht, welche genossen wird, vom Baume; und wenngleich die sämtlichen Gedichte eines Mannes seinen poetischen Lebenslauf darstellen und zusammen gleichsam eine künstlerische Person bilden, in welcher sich die Eigentümlichkeit der wirklichen mehr oder weniger, unmittelbar oder mittelbar offenbart: so müssen wir sie doch als Erzeugnisse der Freiheit, ja der Willkür, ansehen und es dahingestellt sein lassen, ob der Dichter sein Inneres nicht auf ganz andere Weise in seinen Werken hätte abspiegeln können, wenn er gewollt hätte.

Das war es wohl eben, was Bürgern in der oben erwähnten Beurteilung in der Jenaischen Literatur-Zeitung am empfindlichsten kränkte, daß sie diese Trennung nicht zugab, daß so bestimmt darin ausgesprochen wurde, was man am Dichter vermisse, gehe dem Menschen ab. Es ward ihm Mangel an Bildung vorgeworfen, in einem Alter, wo man eine solche Versäumnis schwerlich mehr nachholt. Dadurch spielte der Kritiker die Frage eigentlich in ein ihm fremdes Gebiet. Spekulativ und im voraus betrachtet, erscheint eines Menschen freie, in ihn selbst zurückgehende

Tätigkeit als eine Schöpfung aus nichts; historisch aber
von hinten nach angesehen, wird sie zu einem bedingten Gliede in einer Reihe von Ursachen und Wirkungen: und wenn sich aus jenem Standpunkte alles von
ihm fordern läßt, so muß man auf diesem schlechthin
mit dem vorliebnehmen, was er wirklich geworden ist.
Ob jemand die äußeren und inneren Anregungen zu
einer höheren Ausbildung gehörig benutzt hat, ob
nicht, wenn bei seinem redlichen Bestreben noch Roheit in ihm zurückblieb, ursprüngliche und unüberwindliche Anlagen ihm den weiteren Fortschritt
wehrten, dies sind Fragen, die er in der geheimsten
Stille mit sich auszumachen hat; und die moralischen
Angelegenheiten eines noch lebenden Menschen vor das
große Publikum zu ziehen, ist in der Tat grausam,
wenn ihm auch in der Sache selbst nicht das mindeste
Unrecht geschähe*. Davor ist man aber niemals sicher:
denn zwischen das Innerste des Gemüts und seine Er-

---

* Damals, als ich den obigen Aufsatz schrieb, hatte ich Ursache,
mit Schillers Betragen in seinem persönlichen Verhältnisse zu mir
sehr unzufrieden zu sein. Dies machte mich eben zurückhaltend.
Auch hielt ich mich nicht für berechtigt, die Schutzmauer der
Anonymität zu durchbrechen, wohinter Schiller, ungeachtet der
Aufforderung Bürgers, sich zu nennen, verschanzt geblieben war.
Jetzt, nachdem die beiden Gegner seit so vielen Jahren aus dem
Leben geschieden sind, steht der Freimütigkeit kein Bedenken im
Wege. Schillers Rezension war meines Erachtens eine nach den
Gesetzen der literarischen Moral wohl zu rechtfertigende
Handlung. Wie kam gerade Schiller dazu, über einige in Bürgers
Gedichten stehengebliebene gesunde Derbheiten wie ein Rhadamanthus zu Gericht zu sitzen? Der Verfasser der Räuber, in dessen
früheren Gedichten und Dramen so manche Züge jedes zarte
Gefühl verletzen, mußte wissen, wie leicht genialischer Übermut
zu wilden Ausschweifungen fortreißt. Oder war es gerade das
Bewußtsein dieser neuerdings mit ihm selbst vorgegangenen Verwandlung, was ihn so unerbittlich strenge machte? Und hatte er
denn wirklich die alte Haut so vollständig abgestreift, als er damals glaubte? Überdies hat Schiller durch diese Beurteilung nur
eine schwache Probe seiner Kennerschaft gegeben. Er hätte Bürgern
nicht tadeln sollen, weil er ihn nicht gehörig zu loben verstand.

scheinung in einem Kunstwerke treten Organe und Medien ein, welche die Mitteilung leicht unvollständig machen oder entstellen. Es gibt Menschen, die nicht ohne widerliche Verzerrungen weinen können, wenn ihr Gefühl auch das mildeste und edelste wäre; es gibt harthörige Musiker, die ihre Zuhörer mit häufigem Fortissimo heimsuchen, weil sie nur Piano hören, wenn sie schon Forte angeben. Wenn wir uns, ohne über den Urheber richten zu wollen, bloß an das Geleistete halten, so bekommen wir statt eines unbekannten, unergründlichen und ins Unendliche hin bestimmbaren Subjekts, das auf sich selbst hätte handeln sollen und können, bestimmte Objekte, auf die der Dichter gehandelt hat: nämlich seine Vorbilder; die poetischen Gattungen, wie sie sich historisch gebildet haben oder durch ihren Begriff unwandelbar festgesetzt sind; die gewählten Gegenstände, die ihm vielleicht zum Teil von außen her überliefert wurden; endlich die Sprache und die äußerlichen Formen der Poesie, die Silbenmaße, wie er sie vorfand und bearbeitete.

Sollte bei einer Prüfung der Bürgerischen Gedichte nach diesen Rücksichten und ihrer Zusammenhaltung mit dem unbedingten Maßstabe des Kunstgesetzes auch vieles von dem wegfallen müssen, was Bürger sich selbst zuschrieb und was ihm seine mitlebenden Leser größtenteils bereitwillig zugestanden: so glaube ich doch den Schatten meines Freundes durch offene Dar-

---

Wie er das Wesen der Gattung, worin Bürger wenigstens zuweilen ein vollendeter Meister war, begriffen hatte, das zeigen die Balladen, die er später, wetteifernd mit Goethe, aber gegen den Willen der Minerva, dichtete. Es hat hiebei eine Nemesis gewaltet, und Bürgern ist, zwar erst nach seinem Tode, die vollständigste Genugtuung zuteil geworden, indem nun die Vergleichung zwischen der Lenore, dem wilden Jäger, der Tochter des Pfarrers zu Taubenhain, den Weibern von Weinsberg und dem Fridolin, dem Taucher, dem Ritter von Rhodus usw. angestellt werden kann. [KS]

legung meiner jetzigen Überzeugungen darüber nicht zu kränken. Er ist jetzt aus dem Reiche sinnlicher Täuschungen entrückt, und wenn sich die Abgeschiedenen noch um unsre Angelegenheiten bekümmern, so liegt ihm unstreitig das Gedeihen der göttlichen Poesie überhaupt mehr am Herzen als die Beiträge seines beschränkten Selbst, wiewohl er im Leben es vielleicht nie völlig zu dieser Entäußerung bringen konnte. Zudem ist es eine vergebliche Hoffnung, einem menschlichen Werke durch Verschweigung der Mängel einen höheren Ruhm fristen zu wollen, als der ihm zukommt: vielmehr steht zu befürchten, in der Folge möchte mit dem so lange eingebildeten Wert, der sich nicht bewährt gefunden, auch der echte verkannt und beiseite geschoben werden; und es ist daher in jedem Falle heilsam, die Sichtung zeitig ohne Rückhalt vorzunehmen. Man muß wünschen, daß Bürgers Gedichte künftig nur nach ihrem reinen Gehalt wirken: da jedoch, wie es scheint, unsre Literatur die ganze Schule möglicher Mißverständnisse durchmachen mußte, um zu dem Rechten zu gelangen, so ist ihnen auch die bisherige negative Wirkung, daß sie hievon ihr Teil getragen, zugute zu rechnen.

Bei einem Dichter wie Bürger, der gar nicht etwa wie ein begünstigter Liebling der Natur den ersten Anmutungen folgte und alles mit fruchtbarer Leichtigkeit hinschüttete, sondern meistens langsam und mit Mühe, ja nicht selten mit ängstlichem Fleiße seine Sachen ausarbeitete und überarbeitete, sind die leitenden Begriffe bei seiner Ausübung der Kunst von großer Wichtigkeit, um uns über die Ursachen des Gelingens und Verfehlens aufzuklären. Ich finde deren hauptsächlich zwei während seines ganzen poetischen Lebenslaufes herrschend: Popularität und Korrektheit; obschon natürlicherweise jener in dessen erster Hälfte, dieser in der letzten mehr hervorstach. Dazu kam noch in den späteren Jahren, als ihn eine stolz verkennende Kritik an sich selbst irregemacht hatte, der ihm eigentlich fremde und aufgedrungene Begriff der Idealität. Er hat zwar in einem eignen Spottgedichte, ,Der Vogel Urselbst, seine Rezensenten und der Genius', seinen Unglauben daran erklärt, aber nichtsdestoweniger sich dadurch zu mancherlei Änderungen und Umschmelzungen bestimmen lassen. Dagegen verließen ihn in dieser Periode die Begriffe von Originalität und Genialität beinahe gänzlich, auf die er immer nur mißtrauend gefußt hatte und gleichsam, um die Sitte seiner Altersgenossen mitzumachen, welche darauf wie auf eine glückliche Karte ihr ganzes Vermögen wagten. Auf das allgemeine Wesen der Poesie, auf die Notwendigkeit und strenge Reinheit der Gattungen, sogar auf die Anlage eines einzelnen Gedichtes im ganzen scheint er wenig Nachdenken verwendet zu haben.

Den Satz, welchen Bürger schon in der Vorrede zur ersten Ausgabe seiner Gedichte ohne Beweis postuliert hatte: Volkspoesie sei die vollkommenste und die einzige wahre; diesen Satz, folgendermaßen modifiziert: „Popularität eines poetischen Werkes ist das Siegel seiner Vollkommenheit"; erkannte er in der Vorrede zur zweiten Ausgabe von neuem an und suchte ihn zu begründen. Wenn man das, was er dabei sagt, um seine Meinung mit dem Worte ,Volk' deutlich zu machen, zusammenfaßt, so läuft es auf einen mittleren Durchschnitt aus allen Ständen hinaus, und zwar in Ansehung der natürlichen Anlagen und Fähigkeiten; denn in betreff des Angebildeten und Erworbenen gibt es einen solchen mittleren Durchschnitt überhaupt nicht, indem die an wissenschaftlicher und konventioneller Bildung teilnehmenden und die davon ausgeschloßnen Stände gänzlich getrennt bleiben. Nun läßt sich aber nicht einsehen, warum die Poesie, der es gegeben ist, das Höchste im Menschen auszusprechen, sich irgend nach der Mittelmäßigkeit bequemen sollte, statt sich an die vortrefflichsten und von der Natur am reichsten begabten Geister zu wenden und die übrigen sorgen zu lassen, wie sie mit ihr fertig werden möchten. Bürger verstand sich mit dieser Forderung selber nicht recht und verwechselte sie mit dem allerdings erreichbaren Zwecke, den er sich bei einem großen Teile seiner Lieder vorgesetzt hatte: für Leser aus verschiednen Ständen und namentlich auch aus den unteren und ungelehrten zugleich zu dichten. Es dürfte auch dazu nicht eben eine so bewundernswürdige Herablassung nötig sein, als manche haben vorgeben wollen; denn die Natur teilt Phantasie und Empfänglichkeit ohne Rücksicht auf hohe oder niedre Geburt aus; konventionelle Kultur wird nur zu den Gattungen erfordert, welche Gemälde des feineren geselligen Lebens aufstellen; und gelehrte Kenntnisse können durch die Wahl des Stoffes überflüssig gemacht werden. In diesem Sinne ist es sehr möglich, ein würdiger und edler Volksdichter zu sein. Allein es läßt sich wiederum nicht einsehen, warum jeder Dichter, und zwar jederzeit, es wollen müßte, warum er nicht zum Beispiel Leser sollte voraussetzen dürfen, welche die Natur mit einem philosophischen Auge betrachtet haben oder mit dem klassischen Altertume vertraut sind. Was er an Ausdehnung seiner Wirkung verliert, könnte ihm leicht ihr Gewicht ersetzen. Wie eng würde die Sphäre der Poesie begrenzt, welche herrliche Erscheinungen in ihr würden unmöglich gemacht werden, wenn Bürgers Grundsatz allgemein gelten sollte! Seiner Behauptung, ‚alle großen Dichter seien Volksdichter gewesen; und was sie nicht popular gedichtet, sei zuverlässig bei ihren lebendigen Leibern bereits vergessen oder gar niemals in die Vorstellungskraft und das Gedächtnis ihrer Leser aufgenommen worden‘, widerspricht die Geschichte, wenigstens der modernen

Poesie, die uns hier zunächst angeht, geradezu. Dante und Petrarca, die beiden ältesten Häupter derselben, sind auf jede Weise, sowohl nach dem Maßstabe der Kenntnisse als der Geisteskräfte, so unpopular wie möglich. Guarini ferner, der erste große Verbinder des Antiken und Modernen, ist keineswegs popular; und Shakespeare und Cervantes scheinen es nur, indem sie die Menge in ihren meisten Werken durch rasche Bewegung oder heitre Darstellung befriedigen und sie mit einem oberflächlichen Verständnisse täuschen, während der tiefe Sinn und eine Unendlichkeit zarter Beziehungen gemeinen Lesern und Zuschauern verborgen bleibt. Die Frage, inwiefern Homers Rhapsodien ursprünglich volksmäßig waren oder bloß für die Edlen und Großen gesungen wurden, würde uns hier zu weit führen; allein daß die Troubadours und Minnesänger im ganzen nicht eigentlich Volksdichter zu nennen sind, darf ich ohne Bedenken behaupten. Sie übten vielmehr eine adelige und Ritterpoesie, auf die Sitten, Ansichten und Empfindungsweise des obersten und damals gebildetsten Standes gebaut. Wir haben von Dichtern aus derselben Zeit, die sich um den Beifall der unteren Stände bewarben, noch manches, was mit jener den schneidendsten Gegensatz macht; auch äußert einer und der andre edle Minnesänger keine geringe Verachtung der bürgerlichen und bäurischen Lieder.

Wenn Bürger mit seiner allgemeinen Forderung der Popularität, die er denn doch vornehmlich durch Klarheit und leichte Verständlichkeit erklärt, nur das meinte, daß jedes Gedicht diese Eigenschaften in möglichst hohem Grade nach dem Verhältnisse seines Inhaltes besitzen solle, so kann man sie gern zugeben, bis auf die Ausnahmen, wo ein Schleier von Verworrenheit und Dunkelheit selbst den bezweckten Eindruck hervorbringen hilft und also ein Mittel der Darstellung wird. Seine Bemerkung scheint dann auch nicht überflüssig, da manche unsrer Dichter ganz gewöhnliche Gedanken durch grammatische und rhetorische Künstelei zu einem schwerfälligen Tiefsinne ungenießbar aufgeschraubt haben: eine Verkehrtheit, wovon Bürger überall frei blieb. Will man aber behaupten, vollkommene Deutlichkeit sei das wesentlichste Erfordernis zur Volkspoesie, so möchte man mit ihr ganz auf den Irrweg geraten. Unser Dasein ruhet auf dem Unbegreiflichen, und die Poesie, die aus dessen Tiefen hervorgeht, kann dieses nicht rein auflösen wollen. Dasjenige Volk, wofür es sich der Mühe verlohnt zu dichten, hat hierüber, wie über vieles, die natürliche Gesinnung beibehalten; alles verstehen, das heißt, mit dem Verstande begreifen wollen, ist gewiß ein sehr unpopulares Begehren. Beispiele werden dies einleuchtender machen. Die Bibel, wie sie gegenwärtig in den Händen des Volks ist, wird nur sehr unvollkommen verstanden, ja vielfältigst mißverstanden, und dennoch ist sie ein äußerst populares Buch. Von unsern neueren Exegeten zum allgemeinen Verständnisse zugerichtet, würde sie unfehlbar ihre Popularität großenteils einbüßen. Die alten, besonders katholischen Kirchenlieder, voll der kühnsten Allegorie und Mystik, waren und sind höchst popular; die neuen bild- und schwunglosen, vernünftig gemeinten und wasserklaren, die man an ihre Stelle gesetzt hat, sind es ganz und gar nicht. Und warum sind sie es nicht? Weil in ihrer ekeln Einförmigkeit nichts die Aufmerksamkeit weckt, nichts das Gemüt plötzlich trifft und es in die Mitte desjenigen versetzt, was ihm durch förmliche Belehrung nicht zugänglich werden würde. Mit einem Wort, wer für das Volk etwas schreiben will, das über dessen irdische Bedürfnisse hinausgehen soll, darf in der weißen Magie oder in der Kunst der Offenbarung durch Wort und Zeichen nicht unerfahren sein.

Bürger wollte nun überdies nicht bloß ein Volkssänger, sondern auch ein korrekter Dichter sein, und zwar, wie wir sehen werden, nicht etwa in einigen seiner Gedichte volksmäßig und in andern korrekt, sondern in demselben beides zugleich. Da Korrektheit aber durchaus ein Schulbegriff ist, so muß dies, nebst seinen übrigen Vorstellungen von der Popularität, billig an der seinigen Zweifel erregen. Man wende nicht ein, der Erfolg habe dafür entschieden: Bürger werde überhaupt in einem ausgebreiteteren Kreise gelesen als vielleicht irgendein deutscher Dichter, er habe mit einigen seiner Stücke sogar bei den Ständen Eingang gefunden, die sonst nicht zu lesen pflegen. Denn auch diese sind jetzt durch eine einseitige Aufklärung so vielfältig bearbeitet worden, der Einfluß eines unpoetischen, alles für den Nutzen erziehenden Zeitalters hat sich auf so manchen Wegen bis zu ihnen erstreckt, daß sich von der Popularität bei unserm jetzigen Volke kein Schluß auf die gültigere bei einem für Naturpoesie noch nicht verbildeten machen läßt. Gedichte, sie seien nun für Könige oder Bettler bestimmt, sollen kein Beitrag zu einem Not- und Hülfsbüchlein, sondern eine freie Ergötzung sein; und die Denkarten und Ansichten, die man als Vorurteile auszurotten bemüht ist, möchten gar nahe mit den wunderbaren Dichtungen alter Volkspoesie zusammenhängen.

Eine Vergleichung mit dieser wird also die besten Aufschlüsse geben. Die Frage: war Bürger ein Volksdichter? verwandelt sich demnach in folgende: sind seine Romanzen echte und unvermischte Romanzen? Seine Begriffe von dieser Dichtart können uns die Prüfung nicht erleichtern: er hat sie bloß in seiner Ausübung niedergelegt; denn daß er bei der zweiten Ausgabe seiner Gedichte, was er sonst Balladen und Romanzen genannt, unter dem Titel ‚episch-lyrische

Gedichte' zusammenordnete, darf man nicht zu hoch anrechnen. Werden diese Kunstwörter streng im Sinne der Alten genommen, so läßt sich nichts Widersinnigeres denken; aber ihre Vereinigung soll wohl nichts weiter bedeuten, als daß in der Romanze etwas erzählt wird und daß sie auch gesungen werden kann: folglich ist sie ein episch-lyrisches Gedicht. Man sieht, dies Stück Theorie ist wohlfeil zu haben, und Bürger hatte es in der guten Zeit, als noch Engels Theorie der Dichtarten oder gar der Batteux etwas galt, unbesehens angenommen. Ich will hier nicht entscheiden, ob sich die Romanze und die übrigen eigentümlich modernen Gattungen anders als historisch und genetisch ableiten lassen, da die neuere oder romantische Poesie sich nicht wie die klassische unmittelbar aus reinen Kunstgesetzen stetig entwickelt hat, sondern unter der Vermittlung aller Zeitumstände, welche die Wiedergeburt der Welt begleiteten, vielleicht als Gegensatz notwendig, aber doch mit dem Scheine der Zufälligkeit entstanden ist. Es wird für unsern Zweck hinreichend sein, die alten Romanzen, die nicht mit Absicht für das Volk, sondern unter dem Volke gedichtet wurden, deren Dichter gewissermaßen das Volk im ganzen war, zu charakterisieren, wie wir sie bei den Spaniern, Engländern, Schotten, Dänen und Deutschen wirklich vorfinden.

Der Name ‚Romanze', der bei den Spaniern wohl zuerst in dieser Bedeutung gebraucht worden, ist sehr sprechend. Romance heißt soviel als lingua volgare, die neuere Volkssprache, die sich im Konflikt einer barbarischen mit einer gelehrten und klassisch vollendeten endlich gebildet hatte, so wie überhaupt aus diesem Chaos streitender Elemente die romantische Gestaltung des Mittelalters hervorging. Romanze als Dichtart ist eine romantische Darstellung in volksmäßiger Weise. Aus dem letzten Punkte mußte in einem Zeitalter, wo alles Lesen schon zur gelehrten Bildung gehörte, die Bestimmung zum leichten Gesange von selbst herfließen, so wie auch die Kürze in der Behandlung und die Einfachheit der erzählten Geschichten, da sie sich dem Gedächtnis einprägen sollten. So schieden sich die Romanzen von den umfassenderen Romanen, die ursprünglich Ritterbücher waren und erst späterhin, in Prosa aufgelöst, zu Volksbüchern bearbeitet sind. Natürlich wurden dazu nicht fremde und unbekannte Gegenstände herbeigezogen, sondern solche gewählt, die, wenn auch ganz im Gebiete der Phantasie, doch innerhalb des Horizontes möglicher Anschauungen lagen: die Romanzen waren durch ihren Inhalt sowie durch die einheimischen Akzente und Töne, die sich darin regten, national. Das Ritterwesen bildete in den Ländern, wo es herrschte, eine gemeinsame Nationalität, und was darauf Bezug hat, ist sich daher überall ähnlich, wiewohl immer noch durch feinere Schattierungen abweichend bezeichnet. Sonst sind aber den alten Volksgesängen die eigentümlichsten Züge der ganzen Denk- und Empfindungsweise jedes Volkes anvertraut, oft mit unauslöschlichen und die Gesinnung bestimmenden Erinnerungen innigst verwebt. So hallten in manchen spanischen Romanzen Szenen aus dem letzten Mohrenkriege so rührend wider, daß es untersagt ward, sie zu singen, weil sich dabei eine unbezwingliche Trauer aller Hörer bemächtigte. In andern schimmert die stille und brennende Liebe, die verwegne Eifersucht, die phantastische Galanterie des Kastilianers unter mohrischen Namen und in der seidnen Pracht des untergegangenen Hofes zu Granada. Es ist bemerkenswert, daß in diesen südlichen Dichtungen nirgends eine Spur von Gespenstern oder andern Schreckbildern der Phantasie anzutreffen ist, da in den nordischen Balladen besonders der Engländer, Schotten und Dänen alle Schauer der Geisterwelt kalt und leise und um so erschütternder ins Leben herüber wehen.

Die Darstellung ist in den alten Romanzen überhaupt summarisch und abgerissen: manchmal zählt sie Tatsachen und Namen chronikenmäßig auf; aber nie ist sie bemüht, auch das Wunderbarste vorzubereiten, noch läßt sie sich mit Entwickelung der Triebfedern ein. Jenes beglaubigt, und dieses bringt, da nichts mit klügelnder Willkür erfunden, sondern alles mit der reinsten und kindlichsten Anschauung aufgefaßt ist, einen ahndungsvollen Unzusammenhang hervor, der uns mit unaussprechlichem Zauber festhält. Keine Rhetorik im Ausdruck der Leidenschaften, bei deren fast schüchterner Andeutung die rege Handlung um so gewaltiger trifft. Überhaupt wird man niemals mit der Schilderung der Gegenstände überteuert, wenn ich so sagen darf: die Sache gibt sich selbst ohne Anspruch und Bewußtsein, und nirgends ist eine Richtung auf den Effekt wahrzunehmen. Durch alles dies sind die alten Romanzen in der Kühnheit weise, in der Ruhe herzlich rührend, im Abenteuerlichen und Phantastischen natürlich und einfältig und im scheinbar Kindischen oft unergründlich tief und göttlich edel. Dem sorglos dichtenden Triebe gelang, wozu nur der absichtsvolle Meister zurückkehrt: mit den unscheinbarsten Mitteln das Größte auszurichten. Ein gebildetes Zeitalter betrachtet diese Naturerzeugnisse mit einer Art von Vergnügen, wie es Kenner der Malerei an leichten Skizzen und hingeworfenen Gedanken finden, wo man gleichsam die Grundanschauung eines großen und reichen Kunstwerks in wenigen geistvollen Strichen vor sich hat. Es wird Ergänzung der Einbildungskraft dazu erfordert, und so begreift sich's, wie ein Kunstrichter, dem es gänzlich an der Fähigkeit dazu gebrach, Johnson, der herrlichen Chevy-Jagd unbelebte Kraftlosigkeit vorwerfen konnte.

Es versteht sich, daß das Obige nur von den ältesten und eigentlich ursprünglichen Romanzen in seinem ganzen Umfange gilt, die späteren, wenn auch sonst im Geiste jener gedichtet, haben doch eine regelmäßigere Ausführlichkeit. Die spanische Romanze wurde nachher zu einer sehr mannigfaltigen und kunstreichen Dichtart ausgebildet. Die englischen Balladen hingegen blieben für das Volk bestimmt, aber sie sanken mehr: viele vor Shakespeares Zeiten vorhandene sind schon äußerst flach, weitschweifig, mit prosaischen Aufforderungen zur Teilnahme und Nutzanwendungen verbrämt, wie auch die damaligen Bearbeitungen der beliebten, nur in der Sprache veralteten Stücke durchgehends Verwässerungen sind. Nur selten ließ sich damals noch ein wahrhaft romantischer Anklang hören. Was Dichter des achtzehnten Jahrhunderts, ein Shenstone, Collins, Mallet, Goldsmith usw., als Balladen haben geben wollen, seit die Liebhaberei für diese Gattung wieder erweckt war, sind empfindsame Reimereien ohne einen Funken vom Geist der alten. Verglichen mit der Ohnmacht und Verkehrtheit dieser Versuche bei einer Nation, die an aufbehaltenen einheimischen Vorbildern weit reicher ist als die unsrige, erscheint Bürgers Verdienst um die Wiederherstellung der echteren Romanze unermeßlich groß, und es ist nicht mehr als billig, daß seine Lenore in England ein solches Erstaunen erregt und so end- und grenzenlosen Beifall erworben hat.

Es ist wahr, Bürger verdankt den englischen Balladensängern und besonders der Percyschen Sammlung sehr viel. Ohne diese Anregung wäre er wohl schwerlich seinen Beruf innegeworden, da das Deutsche, zum Teil Schätzbare, was sich in dieser Art erhalten hat, beim Anfange seiner Laufbahn ganz unbekannt war. Nicht weniger als fünf und darunter zwei von Bürgers beliebtesten Balladen, die Entführung und der Bruder

Graurock, sind nach englischen Stücken gearbeitet und fast nur frei übersetzt. Ich will sie sämtlich durchgehen und mit den nachgebildeten den Anfang machen, weil sie bestimmte Vergleichungspunkte darbieten. Freilich muß das Urteil dabei ganz anders ausfallen als im Vergleich mit jenen modernen Vers-Balladen-Krämern.

‚Die Entführung' heißt im Original ‚The Child of Elle' und gehört nicht zu den uralten Balladen, sondern ist aus der mittleren Periode, jedoch von echtem Schrot und Korn. Die Handschrift, woraus Percy sie abdrucken ließ, war mangelhaft und verstümmelt, so daß er hier und da hat zu Hülfe kommen müssen und namentlich einen neuen Schluß dazu gemacht hat, wo man denn auch, wiewohl er ein vorsichtiger und enthaltsamer und daher nicht unglücklicher Ergänzer ist, wenn man leise hört, eine etwas empfindsamere Einmischung spürt. Bei allem dem scheint mir das Gedicht in seiner Art so vortrefflich, daß ich es nicht anders wünschen kann und es höchst bedenklich finden würde, etwas mehr damit vorzunehmen als eine soviel möglich treue Übersetzung. Bürger ist nicht dieser Meinung gewesen: er hat, während er alle Hauptzüge der Geschichte beibehielt, das Kolorit, die Weise, den ganzen Charakter der Behandlung völlig umgewandelt. Man vergleiche nur seine neun ersten Strophen mit den entsprechenden im Englischen:

> On yonder hill a castle standes,
>   With walles and towres bedight:
> And yonder lives the Child of Elle,
>   A young an comely Knight.
>
> The Child of Elle to his garden went,
>   And stood at his garden pale.
> When lo! he beheld fair Emmelines page,
>   Come trippinge downe the dale.

The Child of Elle he hyed him thence,
  Y-wis he stoode not stille,
And soone he mette fair Emmelines page
  Come climbing up the hille.

Nowe Christe thee save, thou little foot-page,
  Now Christe thee save and see!
Oh thelle me how does thy ladye gaye,
  And what may thy tydinges bee?

My lady shee is all woe-begone,
  And the teares they falle from her eyne;
And aye shee laments the deadlye feude
  Betweene her house and thine.

And here shee sends thee a silken skarfe
  Bedewde with many a teare,
And bids thee sometimes thinke on her,
  Who loved thee so deare.

And here shee sends thee a ring of golde
  The last boone thou mayst have,
And biddes thee weare it for her sake,
  When she is layde in grave.

For ah! her gentle heart is broke,
  And in grave soon must she bee.
Sith her father has chose her a new new love,
  And forbidde her to think of thee.

Her father has brought her a carlish Knight,
  Sir John of the north countraye,
And within three dayes shee must him wedde,
  Or he vowes he will her slaye.

Nowe hye thee backe, thou little foot-page,
  And greet thy ladye from mee,
And telle her that I her owne true love
  Will dye, or sette her free.

> Nowe hye thee backe, thou little foot-page,
>     And let thy fair ladye know,
> This night will I bee at her bowre-windowe,
>     Betide me weale or woe.

Die erste Strophe halte ich für einen Zusatz von Percy, der vielleicht irrig den Anfang vermißte: sie enthält eine im alten Romanzenstil schon überflüssige Erläuterung, und es kann sehr gut mit der zweiten anfangen. Das Silbenmaß, wenn man es so nennen kann, ist im Original einfach und lose gehalten; im Deutschen sind die Verse genau abgemessen, die Strophe ist komponierter und hat den verstärkten Reiz eines Reims am Schluß jeder Zeile, und zwar in der letzten Hälfte unmittelbar aufeinander folgender Reime erhalten. So wird schon durch den Klang die raschere Bewegung, die rüstigere Leidenschaft angekündigt, die Bürger bei seiner Umarbeitung bezweckte. Dort steht der Ritter am Gartenzaun, er verlangt von seiner Geliebten zu hören und eilt dem Boten entgegen; hier wird er von einer Ahndung umhergetrieben, welche die bald darauf kommende üble Botschaft vorbereiten soll und wobei er sich in der Tat etwas ungebärdig nimmt; ehe noch die Botin ihren Mund öffnet, schrickt er zusammen. Von seinem Schreck und Betäubung bei der Nachricht selbst wird dort nicht eine Silbe erwähnt, hier lesen wir eine riesenhafte Beschreibung davon. Dort hat der Vater mit *einem* Wort gedroht, seine Tochter umzubringen, wenn sie sich nicht zu dem für sie ausgewählten Gemahle bequemt; hier häuft er ausführlich alle Greuel: er will die Tochter „tief ins Burgverlies stecken, wo Molch und Unke nistet, nicht rasten, bis er ihrem Geliebten das Herz ausgerissen hat, und ihr das nachschmeißen". Dort will der Ritter sie befreien oder sterben, hier prahlt er im voraus, er wolle sie Riesen gegen Hieb und Stich abgewinnen. Diese Vergleichung ließe sich auch im folgenden durch alle Züge, ja bis in die kleinsten Bestandteile jedes Zuges hinein verfolgen, und man wird überall dasselbe Verhältnis finden. Wenn es heißt, als das Fräulein aus dem Fenster gestiegen ist:

> And thrice he clasp'd her to his breste,
>     And kist her tenderlie,
> The tears that fell from her fair eyes,
>     Ranne like the fountaine free,

so ist der Inhalt der letzten Zeilen, die ein so schönes Bild banger Weiblichkeit geben, ganz weggelassen, und die ersten sind dagegen so erweitert:

> Ach! was ein Herzen, Mund und Brust,
> Mit Rang und Drang, voll Angst und Lust,
> Belauschten jetzt die Sterne
> Aus hoher Himmelsferne.

Wenn die Hofmeisterin des Fräuleins mit dichterischer Unparteilichkeit nach ihren Gesinnungen redend und handelnd eingeführt wird:

> All this beheard her own damselle,
>     In her bed whereas shee lay,
> Quoth shee: My lord shall knowe of this,
>     Soe I shall have golde and fee.

so kann der deutsche Dichter sein Verdammungsurteil nicht zurückhalten!

> Im nächsten Bett war aufgewacht
> Ein Paar Verräterohren.
> Des Fräuleins Sittenmeisterin,
> Voll Gier nach schnödem Goldgewinn,
> Sprang hurtig auf, die Taten
> Dem Alten zu verraten.

Wenn das Fräulein sich dort gegen ihren Vater entschuldigt:

> Trust me, but for the carlish knyght,
> I never had fled from thee.

so platzt sie hier heraus:

> Glaubt, bester Vater, diese Flucht,
> Ich hätte nimmer sie versucht,
> Wenn vor des Junkers Bette
> Mich nicht geekelt hätte.

ohne zu bedenken, daß jedem feinen Sinne vor solchem Ekel ekeln muß. Kurz, in Haupt- und Nebensachen ist im Original alles edler und zierlicher: gegen den Junker Plump von Pommerland hat selbst der ‚carlish Knight of the North countraye' noch Anstand und Würde.

Nach einer so durchaus vergröbernden gewaltsamen Parodie kann man schwerlich in Abrede sein, daß Bürger hier den bescheidnen Farbenauftrag, die Mäßigung und Enthaltsamkeit, das Zarte, Gemütliche und Leise gänzlich verkannte. Wie hätte er sonst glauben können, dem englischen Sänger nur etwas und vielleicht nicht sonderlich viel (s. Vorrede zur ersten Ausg. S. XII) schuldig zu sein, da er ihm in der Tat mehr als alles schuldig ist? Ich halte mich überzeugt, daß ihm sein Original an vielen Stellen matt und im ganzen unvollkommen vorkam; er dachte nach dem Grundsatze ‚Mehr hilft mehr' die gesamte Wirkung zu erhöhen, wenn er jeder einzelnen Regung, soviel er konnte, an Heftigkeit zusetzte; und bei einem großen Haufen von Lesern, die tüchtig getroffen sein wollen, ehe sie etwas fühlen, verrechnete er sich allerdings nicht. Damit hoffte er denn auch, wenn alle Glieder fester ineinander griffen, den Zusammenhang des Ganzen straffer angezogen und es vollständiger motiviert zu haben. Manche meiner Leser erinnern sich vielleicht noch, daß ein jetzt in Ruhestand versetzter Kunstrichter[1] das Gedicht in dieser Hinsicht als ein Muster der pragmatischen Gattung zergliedert hat: allein einem Kunstwerke die Tiefe zu geben, welche durch solch eine Kritik bis auf den Grund ausgeschöpft werden kann, ist eben nicht schwer. In den alten Volkspoesien sind oft aus Instinkt, wie in den Werken großer Meister mit Absicht, die innersten Motive in den Hintergrund geschoben, und nur hie und da kommt, wie zufällig, etwas davon zum Vorschein: darin liegt eine ganz andre Art von Verstand als in der arithmetischen Richtigkeit, die sich an den Fingern aufzählen läßt. Überall, wo Bürger nicht bloß verstärkt, sondern verändert und anders gestellt hat, ist es nachteilig geworden. So kamen ihm die Vasallen im Englischen zu plötzlich herbei: er hat sie vorbereiten wollen, indem er den Ritter sie vorher zu sich berufen und von seinen Absichten unterrichten läßt. Dadurch ist nun die ganze Überraschung aufgehoben; diesen Hülfstruppen wird eine zu große Wichtigkeit beigelegt, Karl droht zum Überflusse noch dem alten Baron mit ihnen, was der englische Ritter weislich unterläßt; endlich ist es klar, wenn die Vasallen zum ersten Mal auf den bloßen Ton des Horns erschienen, so hätten sie es das zweite Mal ohne besondere Bestellung auch gekonnt. Im Englischen ist dadurch, daß der Ritter bei Entführung des Fräuleins sein Horn umgeschlungen hat, leise, aber gerade hinlänglich auf den Erfolg angespielt. Von der Feindschaft der beiden Familien, die im Original gleich in der Rede des kleinen Boten erwähnt wird, erfährt man dagegen im Deutschen erst ganz am Schlusse etwas, wodurch der Baron zu Anfange mit seinen Drohungen als ein ohne Ursach tobender Unmensch erscheint, von dem keine Erweichung des väterlichen Herzens zu erwarten steht.

Auch in Nebendingen finden sich mancherlei Unschicklichkeiten[2]. So läßt zum Beispiel Junker Plump „zu Trudchens Grausen vorbei die Lanze sausen", da im Original Sir John bloß einen Degen führt. Die Lanze gehörte zur vollständigen schweren Rüstung, in der wir zwar die fabelhaften, mit Riesenkräften begabten Ritter in den alten Romanen weite Reisen machen sehen, die aber zum flüchtigen Nachsetzen gar nicht taugte. Überdies, wenn Plump eine Lanze bei sich hat, so sieht man nicht ein, warum er bei seiner unritterlichen Gesinnung nicht gleich unversehens auf seinen Feind damit einrennt, warum er sich bequemt, vom Pferde zu steigen, um mit den Schwertern zu fechten, die nachher gegen alles Kostüm sogar Säbel genannt werden. Im Englischen kommen die Vasallen über den Hügel geritten, im Deutschen „durch Korn und Dorn herangesprengt". Wie kann man durch Korn und Dorn heransprengen? Die Vasallen werden doch nicht ihre eignen oder ihres Herrn Kornfelder niedergeritten haben, was der Ausdruck ‚durch Korn' offenbar sagt; sondern ordentlich auf den Wegen und Pfaden dazwischen geblieben sein. Und vollends durch Dorn! Dies möchte unbequem fallen. Der Reim, der allerdings in unserer Sprache in manchen sprichwörtlichen Redensarten Begriffe entgegenstellt und verbindet, hat den Dichter verleitet, und Korn und Dorn ist nur eine andre Art von Sang und Klang. Bürger hatte eine solche Vorliebe für diese Formel, daß in dieser einzigen Romanze außer Korn und Dorn noch Laub und Staub, Rang und Drang, Kling und Klang und Ach und Krach vorkömmt.

Ich habe mich mit Fleiß bei diesem Beispiele verweilt, weil es dazu dienen kann, uns mit einem Male von Bürgers Manier die klarste Vorstellung zu geben. Denn eine Manier hat er, und zwar eine sehr auffallende und unverrücklich festgesetzte, die sich bei allem

Wechsel der Gegenstände gleichbleibt. Sie ist derb und zuweilen nicht ohne Roheit; sie hat einen großen Anschein von Kraft, aber es ist nicht die ruhige sichere Kraft, sondern wie mit willkürlicher Spannung hervorgedrängte Muskeln. Ihr größter Fehler ist wohl die nicht selten überflüssige Häßlichkeit der dargestellten Sitten: wenn man sich darüber hinwegsetzt, so muß sie sich durch Keckheit und Raschheit im Ausdrucke, im Versbau und im Gange der Erzählung, durch Sauberkeit und Genauigkeit in der ganzen Ausführung empfehlen. Einfachheit kann man ihr nicht zuschreiben, vielmehr verschwendet sie die materiellsten Reize und ist reich an überladenden Ausschmückungen, da doch nichts der Einfalt des Volksgesanges mehr zuwider ist, als statt des stillen Zutrauens, die Sache werde für sich schon wirken, sie durch ein lautes davon gemachtes Aufheben aufzudringen. Dieser letzte Punkt bezeichnet es hauptsächlich, was einigen Romanzen Bürgers abgeht oder, genauer zu reden, was sie zuviel haben, um ganz echte Romanzen zu sein. Er ist mit einem Wort immer demagogisch, aber oft nicht popular.

Was unstreitig beitrug, Bürgern über das Fehlerhafte seiner Manier zu verblenden oder sie vielleicht ganz seinem Bewußtsein zu entziehen, war die Sicherheit und Meisterschaft, womit er sie ausübte: denn alles, was mit einer gewissen Konsequenz durchgeführt ist, kann aus sich selbst nicht widerlegt werden. So sind in der ‚Entführung‘ lauter Unschicklichkeiten zu einem gewissermaßen schicklichen Ganzen zusammengearbeitet, das Haltung hat und seine Wirkung nicht verfehlt. Ich gestehe gern, daß die Vergleichung mit dem Englischen für manches, was ich daran rügte, meinen Blick geschärft, und bin um so weniger durch den Beifall befremdet, den sie bei so vielen deutschen Lesern, für welche sie Original war, gefunden hat und noch findet. Wenn Bürgern diese Vergleichung und das

Studium seiner Vorbilder überhaupt nicht vor dem bewahren konnte, wozu ihn seine natürliche Anlage hinzog, so muß es dabei in Anschlag kommen, daß das Medium einer fremden Sprache leicht die Ansicht eines Gedichtes verfälschen kann. Herder hat die Volkslieder der verschiedensten Nationen und Zeitalter mit gänzlicher Reinheit von aller Manier und poetischem Schulwesen, jedes treu in seinem Charakter, übertragen; hier wäre Bürgern das Rechte so nahe gerückt worden, daß er es fast nicht hätte verfehlen können. Aber leider erschien diese in ihrer Art einzige Sammlung, wo die eigensten Naturlaute mit allseitiger Empfänglichkeit herausgefühlt sind, erst im Jahre 1778, also zugleich mit der ersten Ausgabe von Bürgers Gedichten, als seine Manier schon völlig fertig war. Auch Goethes meiste und wichtigste Romanzen sind aus späterer Zeit.

Bei den übrigen aus dem Englischen entlehnten Balladen können wir uns kürzer fassen. Dem ‚Friar of orders gray‘, dem Urbilde ‚des Graurocks und der Pilgerin‘, ist die Bearbeitung nicht so verderblich geworden als dem ‚Child of Elle‘. Die von Bürgern gewählte Liederweise ist nicht mißfällig; allerlei Vertraulichkeiten und dann wieder gesuchte Sonderbarkeiten des Ausdrucks nebst Verzierungen wie ‚Ringellockenhaar‘ und ‚Tausendtränenguß‘ findet man freilich auch hier; doch ist die Nachbildung dem Original näher geblieben und folgt ihm strophenweise nach. Der vornehmste veränderte Umstand ist, daß die Pilgerin ihren Geliebten schon im Kloster vermutet, da sie ihn im Englischen als Pilger beschreibt und nur fragt, ob er an dem heiligen Orte nicht etwa seine Andacht verrichtet hat. Dies schien Bürgern den Schluß noch nicht genug vorzubereiten, er schildert die Regung des jungen Mönches beim Anblick der von ihm erkannten Geliebten:

Gar wunderseltsam ihm geschah,
Und als er ihr ins Auge sah,
Da schlug sein Herz noch mehr.

und verrät somit gleich vorn sein Geheimnis. Das Merkwürdigste bleibt aber, daß seine Wahl überhaupt auf dieses Stück fiel, welches gar keine alte Ballade, sondern von Percy aus Bruchstücken von dergleichen bei Shakespeare, mit Hinzusetzung eigner Strophen, sinnreich genug zusammengestückt ist. Zwar hat er Zeilen verknüpft, die nimmermehr in demselben alten Liede gestanden haben; und um jenes noch ganz zu besitzen, woraus die verwirrte Ophelia einige Strophen[3] singt:

> Wie erkenn ich dein Treu-Lieb
>   Vor den andern nun? –
> „An dem Muschelhut und Stab
>   Und den Sandelschuhn."
> Er ist lange tot und hin,
>   Tot und hin, Fräulein!
> Ihm zu Häupten ein Rasen grün,
>   Ihm zu Fuß ein Stein.

möchte man leicht seine und seines Nachbildners Arbeit und noch viel anderes dazu hingeben. Allein man sieht doch, was treues Studium tut: an dichterischem Talent konnte sich Percy gewiß nicht mit Bürgern messen, und doch hätte dieser bei einer ähnlichen Aufgabe sich schwerlich mit gleicher Enthaltsamkeit an das Alte anzuschließen vermocht. Zum Beweise, daß Bürgern nicht gerade das Echteste und Einfachste ansprach, enthält Percys Sammlung eine wirkliche alte Ballade von ganz ähnlichem Inhalte, ein Gespräch einer reuigen Pilgerin mit einem Hirten (Gentle herdsman, tell to me), welche schon darum weit romantischer ist, weil sie nicht mit dem Theaterstreich einer

Wiedererkennung endigt, sondern die Pilgerin ungetröstet ihre Wallfahrt fortsetzt.

‚Frau Schnips' ist nach ‚The wanton wife of Bath', ‚Der Kaiser und der Abt' nach ‚King John and the Abbot of Canterbury'. Beide Originale sind nicht alt, wie Sprache und Silbenmaß ausweisen, das letzte nach Percys Zeugnis schon Umarbeitung eines älteren. Sie sind das, was man im Altdeutschen einen Schwank nannte, ein Stoff, der bei der gehörigen Behandlung wohl nicht vom Gebiet der Romanze auszuschließen ist, so wie jeder, der es versteht, zugeben wird, ‚Lazarillo de Tormes' sei ein romantisches Buch, wiewohl es lauter lustige Bettlergeschichten enthält. In dem Weibe von Bath ist jedoch eine zwar genialisch eingekleidete Belehrung zu sichtbar das Ziel, wodurch es mehr eine religiöse Fabel wird, in dem Geist wie die Legende von Sankt Peter mit der Geiß, von dem betrügerischen Schneider im Himmelreich und andre bei unserm Hans Sachs. Der Gedanke ist äußerst keck, und schonende Behandlung war daher anzuraten: eine Weisheit, die der englische Dichter unstreitig bewiesen hat. Bürger, dem der Gedanke nicht gehörte, hat von dem Seinigen bloß eine verwegene Ausführung hinzugetan.

Daß es auf einen gewissen Grad drollig herauskommen muß, wenn man die Patriarchen und Apostel niedrige Redensarten führen und wie Kärrner fluchen läßt, begreift sich: aber dem Zwecke ist es hier ganz fremd, und wäre Bürger diesem treuer geblieben, so hätte er nicht nötig gehabt, das zuvor schlimm Gemachte durch eine angehängte Apologie wieder gut machen zu wollen. Es könnte jemand dem scherzhaften Mutwillen das Äußerste für erlaubt halten und doch manche von den Verstärkungen und Erweiterungen, womit das Original hier ausgestattet ist, platt und ekelhaft finden. Der possenhafte Gebrauch lateinischer Wörter, moderne Titulaturen, Anreden der Personen mit Er und Sie und andre Züge erinnern an den Ton der ‚Prinzessin Europa‘, die weder eine Romanze noch volksmäßig, sondern bloß gemein ist, und wo die Verkleidung des Dichters als eines Bänkelsängers in allzu wahre Bänkelsängerei übergeht.

‚Der Kaiser und der Abt‘ hat auch mancherlei Zusätze und Erweiterungen bekommen, doch ist der gute Humor des Originals ohne Entstellung übertragen, und manche von den Veränderungen können sogar Verbesserungen genannt werden. Sonderbar ist es bei Bürgers gewöhnlicher Sorgfalt für die Wahrscheinlichkeiten, daß er die Ähnlichkeit des Schäfers mit dem Abt zu erwähnen unterlassen hat:

I am like your lordship, as ever may bee;

auch ist es ein Verstoß gegen Kostüm und Schicklichkeit, den Abt in seiner Bedrängnis mit dem Helden eines neueren Romans (‚ein bleicher hohlwangiger Werther‘) zu vergleichen.

‚Graf Walter‘, im Englischen ‚Child Waters‘, ist die letzte unter den entlehnten und überhaupt in der Reihe der Bürgerschen Romanzen. Es ist, ungeachtet der etwas vermehrten Strophenzahl, eigentlich nur eine Übersetzung, aber freilich eine manierierte. Der Gegenstand hat etwas Beleidigendes für die Würde des weiblichen Geschlechtes, als ob die Treue der Männer großmütige Gabe, die der Frauen aber Pflicht wäre. Nachdem Graf Walter die Liebe oder vielmehr die Unterwürfigkeit seiner Geliebten auf die erniedrigendsten Proben gestellt hat, kann er ihr nichts zum Ersatz anbieten, als worauf sie ohnehin Anspruch hatte. Sie war indessen von geringem Stande, und nach dem damals nicht ganz ungegründeten Glauben des Mittelalters war Biederkeit und Adel der Gesinnungen an den Adel der Geburt geknüpft*. Das Empörende findet also im Geist der Zeiten allerdings seine Entschuldigung, und das Zeitalter hätte uns deswegen auch in allem Äußern gegenwärtig erhalten werden müssen. Sprache und Versbau sind zu fleißig ausgeputzt: jene, ungeachtet einiger beibehaltenen Archaismen, glänzt gleichsam von Neuheit, und dieser ist gegen die lose Nachlässigkeit des Originals straff und rasch, wiewohl nicht ohne Härten. Gleich die erste Strophe ist übel geraten.

> Childe Waters in his stable stoode
>     And stroakt his milk-white steede:
> To him a fayre yonge ladye came,
>     As ever ware womans weede.

> Graf Walter rief am Marstallstor:
>     Knapp, schwemm und kämm mein Roß.
> Da trat ihn an die schönste Maid,
>     Die je ein Graf genoß.

Auf die Stallbeschäftigungen ist durch Klang, Wendung und veränderten Inhalt der ersten beiden Zeilen

---

* Hiemit soll jedoch die damalige Verfassung der Gesellschaft keineswegs gerechtfertigt werden; willkürlich mißhandelte und verachtete Leibeigene mußten wohl körperlich, geistig und sittlich ausarten. Jene Denkart des Mittelalters ist aber in dem Sprachgebrauche aller romanischen Sprachen niedergelegt: Villano, vilain, ursprünglich ein Dorfbewohner, wurde für einen Menschen von rohen Sitten und niedriger Gesinnung gebraucht. Als nachher die Verhältnisse sich milderten, kamen andre Namen für den Bauernstand auf, um ihn durch die vorwaltende Nebenbedeutung nicht zu beleidigen: contadino, paysan. Merkwürdig ist die Ableitung der Wörter: cattifo, chétif. Sie bedeuteten eigentlich einen Kriegsgefangnen, vom lateinischen captivus, dann einen Sklaven, endlich einen schlechten Menschen und überhaupt alles Schlechte und Verwerfliche. Nur im Spanischen und Portugiesischen hat sich die zweite Bedeutung erhalten. Die Normannen haben diese Wörter, womöglich mit verstärktem Sinn, auch nach England hinübergebracht: villain, caitiff. [KS]

viel zuviel Nachdruck gelegt; und wie unfein wird in der letzten das Verhältnis der Schönen mit dem Grafen vorausgemeldet! Im folgenden hat Bürger einen der schönsten Züge übersehn oder mit Fleiß weggelassen. Wie die Geliebte neben dem reitenden Grafen durch das Wasser schwimmt, heißt es bei ihm bloß:

> Sie rudert wohl mit Arm und Bein,
> Hält hoch empor ihr Kinn.

Im Englischen steht die Heilige Jungfrau der Armen bei:

> The salt waters bare up her clothes,
> Our Ladye bare upp her chinne.

Auch das Rudern mit Arm und Bein gibt hier, wo von einem hochschwangern jungen Weibe in Mannstracht die Rede ist, ein widerwärtiges Bild. Diese Beispiele aus vielen von der verminderten Zartheit der Behandlung mögen hinreichen.

Wir kommen jetzt auf Bürgers eigne Romanzen, wo der Gehalt und die Kraft seines Geistes weit reiner erscheint, da wir bei der Vergleichung mit fremden Mustern immer nur auf seine Manier, das heißt auf dessen Beschränkung, geführt wurden. Ihre Reihe eröffnet auf das glänzendste ‚Lenore', die ihm, wenn er sonst nichts gedichtet hätte, allein die Unsterblichkeit sichern würde. Man hat neuerdings gegen die Originalität der Erfindung Zweifel erregen wollen, die aber hinreichend widerlegt worden sind. Es ist ausgemacht, daß Bürgern, wie er mir selbst auch mehrmals mündlich versicherte, nichts dabei vorgeschwebt hat als einzelne verlorne Laute eines alten Volksliedes. Hat es in England auch Sagen und Lieder von einer ähnlichen Geschichte gegeben, so ist dies ein Beweis mehr, daß die Dichtung in nordischen Ländern mit örtlicher Wahrheit einheimisch ist. Mit einer solchen Erfindung darf man gar nicht einmal aus willkürlichem Vorsatze weiter gehen, als volksmäßiger Glaube und Stimmung der Phantasie Gewähr leistet. Lenore bleibt immer Bürgers Kleinod, der kostbare Ring, wodurch er sich der Volkspoesie, wie der Doge von Venedig dem Meere, für immer antraute. Mit Recht entstand in Deutschland bei ihrer Erscheinung ein Jubel, wie wenn der Vorhang einer noch unbekannten wunderbaren Welt aufgezogen würde. Die Begünstigungen der Jugend und Neuheit kamen dem Dichter zustatten, allein es war auch an sich selbst sein glücklichster und gelungenster Wurf. Eine Geschichte, welche die getäuschten Hoffnungen und die vergebliche Empörung eines menschlichen Herzens, dann alle Schauer eines verzweiflungsvollen Todes in wenigen leicht faßlichen Zügen und lebendig vorüberfliehenden Bildern entfaltet, ist ohne erkünsteltes Beiwerk, ohne vom Ziel schweifende Ausschmückungen in die regste Handlung und fast ganz in wechselnde Reden gesetzt, während welcher man die Gestalten ohne den Beistand störender Schilderungen sich bewegen und gebärden sieht. In dem Ganzen ist eine einfache und große Anordnung: es gliedert sich außer der kurzen Einleitung und den Übergängen in drei Hauptteile, wovon der erste das heitre Bild eines friedlich heimkehrenden Heeres darbietet und mit den beiden andern, der wilden Leidenschaft Lenorens und ihrer Entführung in das Reich des Todes, den hebendsten Gegensatz macht. Diese stehen einander wiederum gegenüber: was dort die Warnungen der Mutter, sind hier Lenorens Bangigkeiten, und mit eben der Steigerung, die in den frevelnden Ausbrüchen ihres Schmerzes sich zeigt, wird sie immer gewaltsamer und eilender und zuletzt mit einem Sturm des Grausens ihrem Untergange entgegengerissen. Auch in dem schauerlichen Teile ist alles verständig ausgespart und für den Fortgang und

Schluß immer etwas zurückbehalten, was eben bei
solchen Eindrücken von der größten Wichtigkeit ist.
Denn es ist ja eine bekannte Erfahrung, daß man, um
ein Gespenst verschwinden zu machen, grade darauf
zugehn muß: die so tief in der menschlichen Natur
gegründete Furcht vor nächtlichen Erscheinungen aus
der Geisterwelt bezieht sich eigentlich auf das Unbekannte und wird vielmehr durch das Unheimliche
der Ahndung und zweifelhaften Erwartung erregt als
durch die Deutlichkeit einer schreckenden Gegenwart;
und mit dieser kann der Dichter erst dann die großen
Streiche führen, wenn er sich schon durch jene allmählich der Gemüter bemächtigt hat\*. Ohne diese Vorsicht
kann ein ganzes Füllhorn von Schreckphantomen ausgeschüttet werden, und es bleibt ohne die mindeste
Wirkung. In der Lenore ist nichts zuviel: die vorgeführten Geistererscheinungen sind leicht und luftig und
fallen nicht ins Gräßliche und körperlich Angreifende.
Dabei ist von dem Rabenhaare an, das sie zerrauft,
jeder Zug bedeutend; der schöne Leichtsinn, womit sie
der Gestalt des Geliebten folgt; die Schnelligkeit des
nächtlichen Rittes; der wilde lustige Ton in den Reden
des Reiters: alles spricht mit der Entschiedenheit des

---

\* Bürger erzählte mir, als er die eben vollendete Lenore seinem
Freunde Friedrich Leopold Grafen zu Stolberg zum erstenmal
vorgelesen, habe er gewünscht, die Wirkung recht zu erproben,
und deswegen eine kleine Überraschung vorbereitet. Er hielt
nämlich, wie von ungefähr, eine Reitgerte in der Hand, und als er
an die Stelle kam:

> Rasch auf ein eisern Gittertor
> Ging's mit verhängtem Zügel,
> Mit schlanker Gert' ein Schlag davor
> Zersprengte Schloß und Riegel;

schlug er damit an eine gegenüberstehende Tür. Stolberg, damals
ein Jüngling von entzündbarer Einbildungskraft, durch die vorhergehende Schilderung schon ganz ergriffen, sprang hiebei mit
Entsetzen auf, als ob die geschilderte Sache wirklich unter seinen
Augen vorginge. *[KS]*

frischen Lebens zwischen die Ohnmacht der Schattenwelt hinein, deren endlicher Sieg um so mächtiger erschüttert.

Vielleicht lassen sich von den meisten Eigenheiten, die Bürgers nachherige Manier bezeichnen, in der Lenore wenigstens Spuren und Keime auffinden: aber eine werdende Manier, die sich noch schwebend erhält, ist eigentlich keine, und hier wird sie durch die Übereinstimmung mit dem Gegenstande gewissermaßen zum Stil erhoben. Die häufigen ‚Hop hop hop, Hurre, hurre, Husch husch husch' usw. haben am meisten Anstoß gegeben. Die altgläubigen Kritiker tadelten sie nicht mit Unrecht, aber aus dem unstatthaften Grunde, weil sie nicht in der Büchersprache vorkommen; da sie vielmehr deswegen wegzuwünschen wären, weil es rhetorische Kunstgriffe sind, welche die Romanze verwirft; weil sie anschaulich machen sollen und nur wie eine unberedte kindische Lebhaftigkeit des Erzählers herauskommen. Daß der Mangel dieser Interjektionen und Onomatopöien keine Lücke hinterlassen würde, davon kann man sich an der vortrefflichen Übersetzung von Beresford (der besten unter den englischen, die ich kenne) überzeugen, wo sie bei aller Treue ohne Schaden weggeblieben sind. Der schlechteste Vers in der Lenore scheint mir demnach folgender:

Hu hu! ein gräßlich Wunder!

Der Dichter hätte in der Tat seine Bestrebungen vergeblich aufgewandt, wenn die Leser noch bedürften benachrichtigt zu werden, daß das, was in dieser Strophe vorgeht, ein gräßliches Wunder ist.

Daß er die Geschichte in so neue Zeit gesetzt hat, an das Ende des Siebenjährigen Krieges*, ist wohl

---

\* Die geschichtlichen Angaben:
    Er war mit König Friedrichs Macht
    Gezogen in die Prager Schlacht;

nicht zu tadeln: denn, wenn fabelhafte Begebenheiten gern in der Ferne der Zeiten und Örter geschehen, so nimmt man dagegen ein warnendes Beispiel am liebsten aus der Nähe; und es liegt in dem Sinne der Dichtung, daß sie dies sein soll. Weniger schicklich ist der Umstand, daß Lenorens Geliebter zu einem preußischen Krieger gemacht wird: dies führt auf ein protestantisches Land als Szene, worin man durch die Äußerung der Mutter, er könne wohl in Ungarn seinen Glauben abgeschworen haben, bestärkt wird. Nach dem ganzen Gespräch zwischen ihr und der Tochter hingegen fällt man eher darauf, sie für katholisch erzogen zu halten, was auch unstreitig besser paßt. Soviel ich weiß, ist diese Mißhelligkeit noch nicht bemerkt worden, sie muß daher wohl nicht sehr auffallend sein.

Am meisten Verwandtschaft mit der Lenore hat ,Der wilde Jäger', und vielleicht ist er nur darum nicht zu gleicher Zelebrität gelangt, weil er der jüngere Bruder war. Der Gegenstand ist mit strenger Enthaltung von allem Fremdartigen behandelt; die Erfindung, den guten und bösen Engel in Gestalt zwei begleitender Reiter erscheinen zu lassen, ist ganz der geschilderten Sitte und dem Glauben des angenomme-

und dann:

> Der König und die Kaiserin,
> Des langen Haders müde,
> Erweichten ihren harten Sinn
> Und machten endlich Friede;

könnten unbestimmt scheinen. Da Friedrich der Große im Siebenjährigen Kriege mehrere mächtige Gegner hatte und hier nur die Kaiserin erwähnt wird, so möchte man an seine früheren Feldzüge gegen Maria Theresia denken, wo auch Kriegsvorfälle bei Prag stattgefunden haben. Aber darauf paßt ,der lange Hader' nicht, auch war der Friede mit Rußland schon früher geschlossen, und mit der Prager Schlacht ist ohne Zweifel die vom 6. Mai 1757 gemeint. *[KS]*

nen Zeitalters gemäß; die verhängnisvolle Symmetrie ihrer Warnungen und Aufreizungen sondert die Momente der Handlung und läßt zwischen ihrer stürmenden Eile die Betrachtung zu Atem kommen, die immer ernster einem nahenden Strafgericht entgegensieht. In den ersten beiden Strophen, in dem Gegensatz des wilden Jagdgetöses mit der feierlichen Heiligkeit des Gottesdienstes, liegt schon der Sinn des Ganzen beschlossen, der sich nachher nur stetig entwickelt. Die Darstellung ist meisterlich, vielleicht für eine Romanze zu kunstvoll, wenigstens von einer Kunst, wobei die studierte Wahl und Ausbildung der Züge zu sichtbar bleibt. Überhaupt, bis auf das so sprechende und gewissermaßen große Silbenmaß, das aber nicht faßlich ins Gehör fällt und am wenigsten sich einer Melodie anneigt, ist dem Gedichte eine Gründlichkeit der Ausführung mitgegeben, woran es zu schwer trägt, um ganz die Bahn des leichten Volksgesanges zu fliegen, wiewohl es in der Anlage höchst popular gedacht ist. Die Ausrufungen, grellen Tonmalereien und was es sonst zuviel hat, ohne welches das Weniger mehr sein würde: das versteht sich von selbst.

Die beiden Stücke ‚Der Raubgraf' und ‚Die Weiber von Weinsberg' stehen ungefähr auf derselben Stufe. Sie sind munter und drollig, jedoch nicht ohne Anwandlungen von den Späßen, die in der ‚Europa', ‚Herrn Bacchus' und der ‚Menagerie der Götter' herrschen und viel mehr studentenhaft als volksmäßig zu nennen sind. Die Weiber von Weinsberg nähern sich noch eher der reinen Romanze, da der Raubgraf durch die weitläuftige Peroration des Schwagers Matz und die Anspielung auf einen modernen Zeitumstand am Schlusse ein seltsam gemischtes Ding wird. Die gut geratene vertrauliche Mimik, womit die Geschichte episodisch eingeführt ist, eignete sich zu einer durchaus verschiedenen Behandlung. Daß ich es für die Kenner mit *einem* Worte sage: es sollte eine mimische Idylle sein.

,Lenardo und Blandine' ist unstreitig von allen Seiten Bürgers schlimmste Verirrung. Eine üble Vorbedeutung gibt schon die hingeworfene Art, womit er in der Vorrede zur ersten Ausgabe ,alter Novellen' erwähnt, worin ,die Geschichte unter dem Namen Guiscardo und Gismunda ähnlich vorkomme', als ob seinem Vorbilde nichts abzugewinnen gewesen wäre, außer ungefähr die erste Grundlage. Jene alte Novelle rührt doch von keinem geringeren Meister her als dem Boccaz[4]: bestimmte Einzelheiten zeigen bei aller Abweichung unwidersprechlich, daß Bürger den Decamerone vor Augen gehabt, und man kann ihn also nicht von dem Vorwurfe freisprechen, für den großen Stil dieser Erzählung und ihre sittliche Schönheit ganz unempfindlich geblieben zu sein. Wer sie in der Ursprache lesen und fühlen kann (denn keine bisherige Übersetzung möchte wohl den Charakter ganz wiedergeben), dem muß die Ballade, damit verglichen, zugleich wie ein ungestümes Toben und ein kindisches Lallen gegen die hohe und ruhige Beredsamkeit eines Weisen erscheinen. Vom ersten bis zum letzten sind alle Züge vergröbert, entstellt, überladen, und ein Schmerz, der von der edelsten Seelenstärke zeugt und dem die Fürstin ihr Leben mit stiller tragischer Würde hingibt, ist in wilde Wut umgeschaffen. Die Gismunda des Boccaz ist schon vermählt gewesen, aber bald als Witwe zu ihrem Vater zurückgekehrt, der aus Anhänglichkeit an sie vermeidet, sie durch eine zweite Vermählung nochmals von sich zu entfernen. Die Scham hält sie ab, ihm darum anzuliegen, sie meinte besser zu tun, wenn sie sich unter den Hofleuten und Dienern ihres Vaters einen wackern Liebhaber wählte. Guiscardo war einer der niedern Diener, aber sie erblickte keinen, der an Sitten höher gewesen wäre. Ihr Verständnis befestigt sich unter dem Schutz eines tiefen Geheimnisses, der Vater ist es selbst, der es endlich durch einen Zufall entdeckt. Er läßt den Guiscardo gefangennehmen und stellt seine Tochter zur Rede, die nun, sobald sie das Schicksal ihres Geliebten innewird, sich jede weibliche Wehklage verbietet und, mit dem Entschluß der Liebe im Herzen, ihm nur durch die ruhige und ungeheuchelte Darlegung ihrer Antriebe und ihrer Rechte antwortet. Der Vater erkennt das hohe Gemüt seiner Tochter, hofft aber durch Strenge sie zum Gehorsam und zum Gefühl der Ehre zurückzuführen und läßt den Liebhaber umbringen. Da er ihr durch einen Vertrauten sein Herz in einem goldnen Gefäße sendet, hat sie schon den hülfreichen Trank bereitet, und nach einer kurzen Totenfeier nimmt sie ihn, legt sich anständig auf ihrem Bette zurecht, drückt das teure Herz an ihre Brust und scheidet so aus der wehevollen Welt.

Bürgers ,Blandine' kündigt sich wie ein leichtsinniges Mädchen an, das ohne Jungfräulichkeit der ersten Aufwallung folgt. Alles, was ihr Verhältnis zum Geliebten bezeichnet, ist grob ausgedrückt, und der spanische Molch ist gleich bei der Hand, um die Geschichte auf der einen Seite durch gräßliche Worte zu heben, auf der andern wahrscheinlich, um ein Teil von der grausamen Tat des Vaters auf sich zu nehmen, der, ob er gleich beim Boccaz sie ohne solche Milderung begeht, dort als der liebendste und mitleidenswerteste Vater erscheint, hier aber ein sehr gleichgültiger Gegenstand ist. Die Unterredung der Liebenden ist ein Gemisch von allem, was jemals bei Bürgern als ,Geschwätz der Liebe getrieben' wird; an einer Stelle ist das Duo in Shakespeares Romeo und Julia beim Anbruch des Tages auffallend benutzt; zuletzt artet sie in eine Tändelei aus, die bedeutend sein soll, aber um so mißfälliger wird. Der von Bürgern hinzugefügte

Aufzug der drei Junker ist der einzige glückliche Moment im ganzen Gemälde, so wie er es uns gegeben hat. Der plötzliche Wahnsinn der Prinzessin aber, wie sie „zusammenstürzt und nach Luft schnappt und mit zuckender strebender Kraft sich wieder dem Boden entrafft", zeigt auf das stärkste den unbedingten Widerspruch der beiden Behandlungen. Bürger konnte sich in der Tat nicht anders helfen: nach dieser ungezügelten Anlage mußte sich die Leidenschaft toll gebärden und mit einem ‚Juchheisa Trallah' endigen. Zu dem Mittel des Wahnsinns zu greifen, mochte er sich durch Shakespeares Ansehn berechtigt halten, dessen Darstellungen der Verrücktheit ziemlich verrückt angepriesen wurden: und ich glaube hier ganz deutlich das Unheil zu sehen, was die mißkennende Ansicht dieses Dichters und die damals herrschende, leider immer noch nicht ganz erloschene Zuversicht, als stände das Höchste der Poesie durch ein ungebührliches Getobe der Leidenschaften zu erreichen, auch bei Bürgern angerichtet hatte. Denn sonst hätte er sich nimmermehr eine Ausführung dieses Wahnsinns erlaubt, die alle Sitte und Grazie unter die Füße tritt. Von seiner Blandine, „die zum Sprunge singt und zum Sange springt", unter Ausrufungen wie:

> Weg, Edelgesindel! Pfui! stinkest mir an!
> Du stinkest nach stinkender Hoffart mir an!
>
> Und speiet in euer hochadliges Blut,

kann man gewiß nicht rühmen, was Laertes von der Ophelia:

> Schwermut und Trauer, Leid, die Hölle selbst,
> Macht sie zur Anmut und zur Artigkeit[5].

Ihr ist sowenig mit der Reihe von Zeichnungen, die ein Dilettant in psychologisch-künstlerischer Hinsicht nach der Ballade von Augenblick zu Augenblick etwas fratzenmäßig entworfen hat, als mit den unseligen Nachahmungen, deren keine von Bürgers Romanzen so viele nach sich gezogen, eine unverdiente Schmach widerfahren. Noch näher liegt die Parallele mit der Gismunda des Hogarth. Dieser hielt das, was seine Freunde von dem edlen Stil der italienischen Geschichtmaler rühmten, für leere Einbildung: er vermaß sich, ebenso gut zu malen wie Correggio, wählte dazu eine Szene aus dieser Novelle, und es fiel aus, wie sich's erwarten ließ. Nach dem Zeugnisse seines Freundes Walpole war Hogarths Heldin Gismunden ähnlich ‚wie ich dem Herkules'[6] und sah aus wie eine heulende, aus dem Dienst gejagte Küchenmagd. So hart wurde der Künstler für seinen Unglauben an eine höhere Gattung als die seinige bestraft! Und so steht denn auch Bürgers Ballade in ihrer ganzen Gestaltung, von der an zu rechnen, die in dem hüpfenden Silbenmaße liegt, höchst manieriert, und also in seiner schlechtesten Manier gearbeitet, als ein Beispiel da, daß, wer ein vollendetes Kunstwerk für den rohen Stoff ansieht, aus dem er erst das Kunstwerk zu bilden hätte, statt dessen es unfehlbar auf rohen Stoff zurückführen wird.

In dem ‚Liede vom braven Manne' hat der Dichter der biedern herzlichen Freude über eine wackre Tat Ton und Stimme geliehen, und die Absicht macht seinem Herzen Ehre. Nur daß das Gedicht eine echte Romanze und wahrhaft volksmäßig sei, muß ich mehr als bezweifeln, wenn man auch für das letzte noch so viele Beweise von allgemeinem Beifall anführen möchte. Eine gute Tat wird sittliche Vorsätze im Gemüte rege machen, aber die Phantasie trifft sie an und für sich noch nicht. Dies hat der Dichter auch gefühlt und die von ihm besungene Tat durch ihre Umgebungen in das Gebiet des Romantischen und Wunderbaren zu heben gesucht: und indem er den möglichsten Nachdruck auf die Furchtbarkeit des Einganges, auf das Dringende der Gefahr, auf die lange vergeblich gespannte Erwartung eines Retters legen will, verbreitet er sich in geschmückten Schilderungen und rhetorischen Wendungen, die in der Romanze durchaus unstatthaft sind. Zu den letzten rechne ich die wiederholten ‚O braver Mann! braver Mann! zeige dich!' und ‚O Retter! Retter! komm geschwind!', das Beteuern ‚beim höchsten Gott!' der Graf sei brav gewesen usw.; vor allem aber das viele Reden des Liedes von sich und mit sich selbst, das Rühmen des Dichters von dem Liede, seine Aufforderungen und Fragen an selbiges, die kein Ende nehmen. Mir deucht, wenn das Lied in allem Ernste voll von dem braven Manne gewesen wäre, so hätte es gar nicht weiter an sich denken müssen. Jede wahrhaft begeisterte Darstellung verliert sich in ihrem Gegenstande. Zudem führt dieses Selbstbewußtsein, diese Wichtigkeit auf die Vermutung, es sei bei dem Vortrage ein Aufwand von Künstlichkeit und Zurüstungen gemacht, der sich weder mit dem Vertrauen auf die Sache noch mit der Einfalt des echten Volksliedes verträgt. Dieses ist gleichsam nur die Sache selbst, auf dem kürzesten Wege aus einer Sage in eine Melodie umgewandelt: das Lied wird sich also nicht der Sache ausdrücklich entgegenstellen. Die ursprünglichsten Volksgesänge hat, wie oben bemerkt wurde, das Volk gewissermaßen selbst gedichtet; wo der Dichter als Person hervortritt, da ist schon die Grenze der künstlichen Poesie. Ich wäre neugierig, eine wahre alte Romanze zu sehen, deren Sänger so viel und mit solchem Pomp von sich und seinem Liede spräche, als in dem Liede vom braven Manne geschieht. Wenn einmal eine solche Erwähnung vorkommt, so wird sie dem Gedichte nur als Anhang außerhalb der Darstellung und in den schlichtesten Ausdrücken mitgegeben.

So in dem ganz romanzenartigen alten Liede von den heiligen drei Königen, zu Anfange:

> Ich lag in einer Nacht und schlief,
> Mir träumt, wie mir König David rief,
> Daß ich sollt dichten und reimen,
> Von heiligen dreien Königen ein neues Lied;
> Sie liegen zu Köln am Rheine;

und nun folgt gleich die Geschichte. Oder in einer andern Ballade* am Schluß:

> Wer ist's, der uns dies Liedlein sang?
> So frei ist es gesungen.
> Das haben drei Jungfräulein getan
> Zu Wien in Österreiche.

Ferner, was den Inhalt betrifft, so ist es ein unkünstlerisches Beginnen, eine gute Handlung als solche darstellen zu wollen; denn das, was eigentlich ihren sittlichen Wert ausmacht, die Reinheit der Bewegungsgründe, kann auf keine Weise zur Erscheinung kommen. Es ist aber auch der unverfälschten geraden Gesinnung des Volkes gar nicht gemäß. Das Bekanntmachen sogenannter edler Handlungen durch die Zeitungen, die dafür erteilten Ehrenbezeugungen oder gar darauf gesetzten Preise, alles dies sind Mißgeburten einer leidigen Aufklärung. Ich will nicht so übel von unserm Zeitalter denken, nicht zu glauben, daß eine Menge viel besserer Handlungen geschehen, als die unsre albernen Volksschriftsteller aufzeichnen. Dem Staate liegt es ob, dem Bürger, der z. B. einem andern das Leben gerettet, eine corona civica zu verehren: allein dies ist ganz etwas anders, es ist eine Belohnung für den ihm geleisteten Dienst, wobei die über allen Lohn erhabene Sittlichkeit des Täters dahingestellt bleibt.

---

* Eschenburg teilt sie aus seinem gelehrten Vorrate mit: Denkmäler altdeutscher Dichtkunst. S. 447 u. f.

Jede Anstalt ist unsittlich, die es zweideutig macht, ob sich in ein wohltuendes Bestreben nicht eitle Ruhmsucht mischte. Der wahrhaft tugendhafte Mensch, der so innig fühlt, daß das Beste, was er tun kann, nur seine Schuldigkeit ist, wird bei dem Getanen nicht selbstgefällig verweilen und sich vornehmlich allem Schaugepränge damit entziehen. Die christliche Gesinnung vollends, die wohl noch immer die popularste ist, bringt es mit sich, wenn man Ursache zur Zufriedenheit mit sich zu haben glaubt, sich in seinem Innern zu demütigen, damit nicht der Stolz auf das vollbrachte Gute die gefährlichste Versuchung werde.

Eine kleine Inkonsequenz ist es, daß der Dichter so oft wiederholt erklärt, er wolle einen einzelnen Menschen, einen Zeitgenossen verherrlichen, und doch alle örtlichen Bestimmungen wegläßt, woran man ihn erkennen könnte. Es würde, wie mir scheint, auch poetisch weit vorteilhafter sein, wenn der Fluß und der Schauplatz der Überschwemmung, das Vaterland und der Name des Retters angegeben wäre. Der Grund des Verschweigens liegt freilich in der Erzählung selbst:

> So rief er, mit adligem Biederton,
> Und wandte den Rücken und ging davon.

Der Bauer entzog sich schnell der Dankbarkeit und Bewunderung, man hat vielleicht nicht einmal seinen Namen erfahren; er hätte sich eine öffentliche Lobpreisung gewiß ebenso verbeten wie den Lohn des Grafen. Dieser wahrhaft große Zug krönt seine Handlung; und da Bürger das, was ihre Sittlichkeit beglaubigt, so gut gefühlt und ausgedrückt hat, so ist es zu beklagen, daß er die Tat nicht den Täter hat loben lassen, ohne zu sagen, zu melden und anzukündigen, daß er sie herrlich preisen wolle. Man mache den Versuch, mit Weglassung aller Strophen und Zeilen, welche Deklamation enthalten, die bloße Erzählung herauszuheben: man wird nicht nur die Entbehrlichkeit jener Einschiebsel einleuchtend, sondern auch die Wirkung der Geschichte um vieles erhöht finden. Besonders hat alles, was den Bauer und seine Tat darstellt, den Ton der gediegensten Biederkeit: und es ist keine Frage, daß bei einem etwas anders gerückten Gesichtspunkte (das Irrige der jetzigen Behandlung liegt schon zum Teil in der Überschrift) ein vortreffliches Gedicht daraus hätte werden können.

Wir sehen dies gleich an der Romanze ‚Die Kuh oder Frau Magdalis' durch ein Beispiel bestätigt. Der Inhalt ist hier ebenfalls eine edle Handlung, und zwar von geringerem Belange, eine bloße Handlung der Mildtätigkeit. Allein der Nachdruck ist auch gar nicht auf sie gelegt: sie kommt erst ganz am Ende zum Vorschein, nicht während sie geschieht, sondern schon geschehen: und wir werden zuerst auf die überraschende und sinnreiche Art gelenkt, womit die Wohltat erwiesen worden ist. Die Nachrede, womit der Dichter sie begleitet, ist schmucklos und enthält nur das Nötige, um die Geschichte als wahr zu beurkunden. Vorn führt er uns mit der naivsten Wahrheit in die Beschränktheit einer Glückslage hinein, wo der Verlust einer Kuh zum großen und unüberwindlichen Leiden wird. Daß die arme Witwe bei dem Brüllen im Stalle sich vor einem bösen Geiste ängstigt, gibt der Sache etwas Wunderbares und ist doch ebenso natürlich als ihre verdoppelte Freude beim Anblick der Kuh rührend. Es ist alles aus dem Stoffe gemacht, was daraus werden konnte, ohne Prunk und Künstelei; das Ganze ist durchaus liebenswürdig und gemütlich.

‚Des Pfarrers Tochter von Taubenhain' wird unfehlbar jedes empfängliche Herz erschüttern, aber leider mit peinigenden Gefühlen, gegen die nur derbe Nerven gestählt sein möchten. Das Gedicht hat eine moralische Tendenz, in dem Sinne wie unsere bürgerlichen Familiengemälde: und wie diese zum romantischen Schauspiel, so verhält es sich ungefähr zur wahren Romanze. Das Drückende dieser Rücksicht liegt gar nicht darin, daß überhaupt ein bestraftes Verbrechen zur Warnung aufgestellt wird; dies geschieht ja auch in der Lenore und im wilden Jäger. Freilich werden die Vergehen beider als Frevel gegen den Himmel und die Strafe als ein übernatürliches Verhängnis vorgestellt, wodurch die Dichtung einen weit kühneren Charakter bekömmt. Allein es gibt nicht wenige alte Romanzen, welche Mordgeschichten enthalten und mit der natürlichen oder bürgerlichen Bestrafung endigen und nichtsdestoweniger vollkommen romantisch sind. Die genaue psychologische Entwicklung der Motive, womit der Fortschritt der unglücklichen Verführten vom ersten Fehltritt bis zum Verbrechen begleitet wird, ist es, was weder ein heitres noch ein ernst erhebendes Bild des Lebens aufkommen läßt. Die Akten zum Kriminalprozeß der Kindermörderin sind in dem Gedichte vollständig dargelegt: daß er, bei allem, was sie entschuldigt, dennoch mit ihrer ungemilderten Verdammung endigt, während der niederträchtige Verführer und der brutale Vater (denn an Häßlichkeit der Sitten ist nichts gespart) frei ausgehen, ist empörend und stellt uns die höchste Widerrechtlichkeit und Verkehrtheit so mancher bürgerlichen Einrichtungen vor Augen. Des menschlichen Elendes haben wir leider zu viel in der Wirklichkeit, um in der Poesie noch damit behelligt zu werden. Ich sehe wohl, daß Bürger, vielleicht mehr aus einem bewußtlosen Triebe als mit Überlegung, überall zu der Region hinstrebt, wovon ihn die einmal genommene und nunmehr unabänderliche Richtung ausschloß, und insofern ist dies Gedicht lehrreicher als manches andre. Einige haben vorzüglich die Schilderung der Schwangerschaft bewundert, mir scheinen die anfangenden Strophen das Meisterhafte zu sein. Auch die auf Unschuld anspielende Wahl des Namens ‚Taubenhain' ist glücklich, und die wiederum auf Namen und Sache anspielende Gestalt der Geistererscheinungen:

> Da rasselt, da flattert und sträubet es sich,
> Wie gegen den Falken die Taube.

gehört zu den zarteren Geheimnissen der Poesie.

Das ‚Lied von der Treue' ist aus einem alten und vielfach wiederholten Fabliau genommen. Da die Geschichte bloß auf einen beißenden Spott gegen die weibliche Treue hinausläuft, so sollte sie entweder kurz als witzige Anekdote erzählt werden oder in einer größeren Komposition der Ironie dienen, wie wir sie wirklich in den Roman vom Tristan eingeflochten sehen, der ganz auf die höchste Treue der Liebenden gebaut ist. Wenigstens fühlt man sehr entschieden, daß Bürgers Romanze keinen rechten Schluß hat. Graf Friedrich Leopold zu Stolberg hat bei der Behandlung des nämlichen Gegenstandes unter dem Namen ‚Schön Klärchen' (Musenalmanach von Voß und Göckingk, 1781) mit einer glücklicheren Wendung geendet, überhaupt eine weit anmutigere Erzählung daraus gemacht, wiewohl nicht im reinen Ton der Ballade, aber so duftig und rosenfarben gehalten, daß der helle Leichtsinn uns noch zierlich daraus anspricht und der herzliche Kummer des Betrogenen wie eine kindliche Klage. Es ist alles besser zusammengewebt: die drei dänischen Doggen erscheinen nicht erst mit der Katastrophe zugleich, sie sind schon als Schön Klärchens Gefolge bekannt, samt dem getigerten Spanier, den sie auf der Jagd zu reiten pflegte; und wieviel artiger nimmt sich der Liebhaber aus, der ihr, wie sie mit ihm davonzieht, Lieder und Märchen vorsagt (ein Zug, der sich so hübsch zu diesem leichten Handel schickt), als der schwere Junker vom Steine. Für die Wahl der Romanzenform läßt sich zwar das Lied vom Knaben mit dem Mantel anführen, ebenfalls ein Fabliau und eine Satire auf die weibliche Treue: allein in dieser alten Ballade ist die ganze Darstellung scherzhaft, und es wartet nicht, wie hier, alles auf eine einzige epigrammatische Spitze. Bürgers Behandlung tut sich durch nichts sonderlich hervor. Auf der einen Seite der ‚Donnergaloppschlag des Hufs' und die ‚Stürme der Nase' auf der andern:

Herr Junker, was hau'n wir das Leder uns wund?
Wir hau'n, als hackten wir Fleisch zur Bank,

bezeichnen die beiden Endpunkte seiner Manier; nämlich eine unpopulare Künstlichkeit der Darstellung, und dann wieder Popularität, die nicht durch bloße Enthaltung von allem nicht Volksmäßigen, negativ, sondern durch Annahme gemeiner Sprecharten erreicht werden sollte.

Wir haben jetzt die größeren Romanzen sämtlich durchgegangen; es ist aber noch eine Anzahl kleinerer Stücke zurück, die zum Teil romanzenartig, zum Teil Lieder im Volkstone sind und worunter die meisten, wie mich dünkt, nicht leicht zu sehr gelobt werden können. Sie sind eigentümlich ohne Bizarrerie und frei und leicht wie aus voller gesunder Brust gesungen. Dahin gehören gleich die von Minne redenden Lieder, die mit den alten Minnesingern nichts gemein haben, aber ein heiteres, von Bürgern selbst entworfenes Bild des Minnesingers darbieten. In ‚Des armen Suschens Traum' ist der so natürliche volksmäßige Glaube an sinnbildliche Deutung der Träume rührend benutzt: die Folge und Verknüpfung der Bilder ist wirklich träumerisch und das Pathetische anspruchslos. ‚Der Ritter und sein Liebchen' drückt schon im Gange des Silbenmaßes treulosen Leichtsinn aus: das

Abgerissene des Anfangs und wie der Ritter unbekehrt davongeht, ohne daß eine weitere Auflösung erfolgt, ist im Geiste der echtesten Romanze. Ebenso ‚Schön Suschen'; es läßt sich nicht bescheidner, sinniger und zierlicher über die Wandelbarkeit der Liebe scherzen. Dem ‚Liebeszauber' ist gar nicht zu widerstehen, so lebendig gaukelt er in dem muntern Liede, bei dem man gleich die Melodie mit zu hören glaubt, wenn man es nur liest. ‚Das Ständchen' und ‚Trautel' sind gefällige Weisen, das ‚Schwanenlied' und ‚Mollys Wert' von der naivsten Innigkeit. ‚Das Mädel, das ich meine' (denn ich bleibe bei dem ‚Mädel' und kann mich nicht zu der ‚Holden' bekehren), blüht in frischen Farben: da der Dichter sie hinterdrein noch duftiger verblasen wollte, hat die Einheit des Tons darunter gelitten. Zu den Fragen und wiederholenden Antworten, überhaupt zu der tändelnden Einfalt, womit sinnlicher Liebreiz als ein Wunderwerk des Schöpfers gepriesen wird, paßte der Ausruf ‚der liebe Gott! der hat's getan' vollkommen.

‚Die Elemente' sind ein religiöser Volksgesang und Naturhymnus voll höherer Weihe und Offenbarungsgabe. Das Heiligste ist ganz in die Nähe gerückt, die mystische Symbolik der Natur in allgemeine menschliche Gefühle übersetzt, und nicht unbefugt hat der Sänger Aussprüche aus der Heiligen Schrift entlehnt. Ich glaube, Luther würde dies Gedicht für ein würdiges Kirchenlied anerkannt haben. ‚Untreue über alles' ist ein süßes Liebesgekose: kindlich aus einem Nichts gesponnen, zart empfunden, phantastisch ersonnen und romantisch ausgeführt. Es muß erfreuen, daß die muntere Laune den Dichter auch in den letzten Jahren nicht verließ. Das ‚Hummellied', ‚Sinnenliebe', ‚Lied' (Ausgabe von 1796, T. II, S. 266), ‚Der wohlgesinnte Liebhaber' und ‚Sinnesänderung', alle von der zierlichsten Schalkheit und zuweilen von einer markigen, aber unverdorbenen Lüsternheit beseelt, sind angenehme Beweise davon. Ich kann nicht umhin, diese kleinen Sachen im Range weit über manche berühmtere zu stellen: das Maß des Kunstwertes wird nicht durch den äußeren Umfang und den Inhalt begrenzt; und sogar ein ‚Spinnerlied‘, das ganz leistet, was es soll, wie das Bürgerische, ist nichts Geringes.

Doch muß ich erinnern, daß ich unter den obigen Stücken die früheren in ihrer ursprünglichen Gestalt meine, so wie ich auch bei den vielerlei Veränderungen, die Bürger mit seinen übrigen lyrischen Gedichten vorgenommen hat, fast durchgängig für die alten Lesearten stimmen würde. Zuweilen ist die Umarbeitung so entstellend, daß der Liebhaber, der die postume Ausgabe aufschlägt, seine vormaligen Lieblinge kaum wiedererkennen wird. Ich glaube, die Herstellung des Besseren würde keine Verletzung der Rechte des Dichters sein, der zwar mit seinen Hervorbringungen nach Willkür schalten, aber nichts einmal Gegebenes zurücknehmen kann. Konnte doch Tasso, der mit den Korrekturen ins Große ging, sein umgearbeitetes, mit mühsam demonstrierten Vorzügen ausgestattetes Jerusalem nicht durchsetzen!

Zu nicht wenigen Veränderungen hat Bürgern das Bemühen bewogen, die ihm vorgerückte Versäumnis des Idealischen nachzuholen; dazu gehören zum Beispiel verschiedene im ‚Hohen Liede‘. Da sich dies auch auf Gedichte erstreckte, die bisher recht gut ohne dergleichen fertig geworden waren, so sind darin die Idealität und die Volksmäßigkeit ins Gedränge miteinander geraten: die letzte als im wohlhergebrachten Besitz hat nicht ganz weichen wollen, und so schieben sie sich wie zwei Personen auf einem zu schmalen Sitze hin und her. An dem ‚Mädel‘, nunmehr der ‚Holden, die ich meine‘, hat man das deutlichste Beispiel davon. ‚Der Minnesinger‘ hat nunmehr den dritten Namen bekommen; er hieß in der zweiten Ausgabe ‚Der Liebesdichter' und jetzt ‚Lieb' und Lob der Schönen'. Das gute ‚Ständchen' „Trallirum larum, höre mich!" ist ebenfalls ein etwas idealisiertes Ständchen geworden. Bei weitem die meisten Veränderungen rühren jedoch von dem Streben nach Korrektheit her. Noch von andern fällt es schwer, irgendeinen Grund zu entdecken, und man kann sie mit nichts anderm vergleichen als mit dem willkürlichen Wundreiben der gesunden Haut. Wenn man in der ältesten Ausgabe liest:

> Wüßt' ich, wüßt' ich, daß du mich
> Lieb und wert ein bißchen hieltest,
> Und von dem, was ich für dich,
> Nur ein Hundertteilchen fühltest,
>
> Daß dein Danken meinem Gruß
> Halben Wegs entgegen käme,
> Und dein Mund den Wechselkuß
> Gerne gäb' und wiedernähme:
>
> Dann, o Himmel, außer sich
> Würde ganz mein Herz zerlodern!
> Leib und Leben könnt' ich dich
> Nicht vergebens lassen fodern! –
>
> Gegengunst erhöhet Gunst,
> Liebe nähret Gegenliebe
> Und entflammt zur Feuersbrunst,
> Was ein Aschenfünkchen bliebe.

so begreift man nicht, was dies harmlose artige Liedchen so Schweres verschulden konnte, das ihm folgende Ummodelung seiner drei ersten Strophen zuzog:

> Wenn, o Mädchen, wenn dein Blut
> Reger dir am Herzen wühlte;
> Wenn dies Herz von meiner Glut
> Nur die leise Wärme fühlte;

Wenn dein schöner Herzensdank
Meiner Liebe Gruß empfinge;
Und dir willig ohne Zwang
Kuß um Kuß vom Munde ginge:

O dann würde meine Brust
Ihre Flammen nicht mehr fassen;
Alles könnt' ich dann mit Lust,
Leib und Leben könnt' ich lassen.

Ähnliche Beispiele sind die vierte Strophe des ‚Winterliedes‘, die erste und zweite des ‚Schwanenliedes‘, jetzt ‚Der Liebeskranke‘ genannt, und die erste des Gedichtes ‚An Adonide‘, jetzt ‚An Molly‘. Ich unternähme allenfalls, auch in den befremdlichsten Fällen die Gründe zu erraten, die Bürgern geleitet haben mögen; und noch weniger sollte es mir schwerfallen, die Vorzüge der alten und die Mängel der neuen Lesearten aufzuzählen. Allein ich kann mich unmöglich zu dieser Erörterung entschließen und lasse es auf die Gunst meiner Leser ankommen, ob sie mich dazu imstande halten wollen. Wie unerfreulich und trocken es ausfällt, wenn man sich vornimmt, dergleichen mit erschöpfender Gründlichkeit abzuhandeln, zeigt uns Bürgers ‚Rechenschaft über die Veränderungen in der ‚Nachtfeier der Venus''. Er hat darin über die vier ersten Zeilen des Gedichtes oder den Refrain mehr als vierzig eng bedruckte Seiten, einige kleine Episoden mit eingerechnet, geschrieben. Da das Resultat nun nichts weniger als befriedigend ausfällt, so ließe sich leicht ein mäßiger Band zur Widerlegung schreiben, welchen dann Bürger, oder wer seine Sache verföchte, mit einem noch stärkeren beantworten müßte; in dieser Progression könnte es ins Endlose fortgehen, und so brächten zwei Menschen (die Leser, wenn deren welche aushielten, noch nicht einmal in Anschlag gebracht) ihr Leben vortrefflich mit vier Versen hin.

Nein, in dieser Art von Kritik will ich gern jenen Rabbinern den Vorrang gönnen, welche genau wußten, wie oft jeder Buchstabe und jedes Tüttelchen im gesamten Alten Testament vorkomme. Lieber will ich die Sache an der Quelle angreifen, woraus die einzelnen mit den Gedichten vorgenommenen Veränderungen und Bürgers mühseliges Schreiben darüber hergeflossen; und somit komme ich auf den schon anfangs berührten Einfluß, den seine Begriffe von der Korrektheit auf seine Ausübung gehabt haben. Wenn Bürger als strenger Kritiker auftritt, und zwar gegen sich selbst, so möchte dies bei vielen ein großes Ansehn haben, besonders da man gewohnt war, ihn als einen originalen und genialischen Dichter und als einen Befreier der Poesie von willkürlichen Konventionen zu betrachten. Allein es wird sich zeigen, daß, während er von den Altgläubigen in der Poetik als ein arger Ketzer verschrien ward, der alte Glaube ihm selbst weit mehr als billig anhing.

Korrekt kommt von korrigieren her, und demnach lautet dann das Hauptaxiom dieser gebenedeiten Dogmatik: durch Korrigieren werden die Gedichte korrekt. Umgekehrt: wenn sie nicht schon im Mutterleibe korrekt waren, so werden sie auf diesem Wege nimmermehr dazu gelangen. Pope sagt, die letzte und größte Kunst sei das Ausstreichen, und für einen Menschen wie er, der immer nur Verse und niemals ein Gedicht hervorgebracht hat, mag es hingehen; sonst aber sollte man denken, es wäre eine viel größere Kunst, nichts hinzuschreiben, was man wieder auszustreichen braucht. Jene Sätze mußten zu einem sehr allgemein verbreiteten Vorurteile werden, weil die meisten Menschen von der organischen Entstehung eines Kunstwerkes nicht den mindesten Begriff und an dessen Einheit und Unteilbarkeit keinen Glauben haben; weil es ihnen an Fähigkeit und Übung gebricht, es als Ganzes zu betrachten. Vollends geistlose Kritiker (welches zwar ein Widerspruch im Beiworte ist) lassen sich für die Korrektheit totschlagen; sie ist ihr eins und alles, und wenn man sie ihnen nähme, würden sie schlechterdings nichts mehr zu sagen wissen.

Es gibt allerdings in der Poesie Geist und Buchstaben, einen schaffenden und einen ausführenden Teil. Ein Gedicht kann nur unter bestimmten Bedingungen zum äußerlichen Dasein gelangen, und insofern es diese in Übereinstimmung mit dem Innern und ohne Widerspruch untereinander erfüllt, kann es korrekt heißen. Niemand darf auf den Namen eines Künstlers Anspruch machen, der nicht in dieser Technik Meister ist. Allein sie geht zuvörderst auf das Große und Ganze, Reinheit der Dichtart, Anordnung, Gliederbau und Verhältnis, und betrachtet das einzelne immer in Beziehung auf jenes. Die korrekten Kritiker hingegen bleiben an lauter Einzelnheiten hängen, außer wo ihnen etwa ein arithmetischer Begriff überliefert ist wie die drei Einheiten, welche deswegen auch ihr Lieblingsthema wurden. Diktion und Versbau ist ihre Losung, und wenn sie denn nur diese letzten Kapitel der Poetik recht begriffen hätten! Aber was ist ihnen fremder als philosophische Grammatik, Studium der eignen Sprache aus den Quellen und die Wissenschaft der Metrik? Erbarmungswürdig ist es, wenn zum Beispiel Ramler immer noch als der Held der Korrektheit aufgestellt wird, der all sein Leben lang nicht hat lernen können, einen ordentlichen Hexameter zu machen; der den Gedichten anderer immerfort die unpassendsten, mattesten und übellautendsten Veränderungen aufgedrungen hat; dem man endlich in seinen eignen Sachen wahre Schülerhaftigkeit in der Technik, wenn man damit nicht bei dem nächsten Herkommen stehenbleibt, nachweisen könnte.

Es tut mir leid, jenen dürftigen Begriff von Korrektheit, der sich bloß auf Diktion und Versbau beschränkt, auch bei Bürgern wiederzufinden. Er hat sich zu deutlich darüber erklärt, um Zweifel übrigzulassen. Er setzt in der schon angeführten ‚Rechenschaft' Form und Stoff eines Gedichtes einander entgegen. Unter Stoff versteht er den geistigen Gehalt. Dieser Ausdruck ist nicht schicklich: der geistige Gehalt ist kein bloßer Stoff, der durch die äußere Darstellung erst geformt werden müßte; er ist selbst schon Form, wovon die äußere Form nur der getreue Abdruck sein soll. Was Bürger über die Unerschöpflichkeit der ästhetischen Ideen sagt, das einzige in dem Aufsatze, was von einer höheren Ansicht der Poesie zeugt, ist aus Kants Kritik der Urteilskraft entlehnt. Dies hat seine Richtigkeit: es gibt Forderungen an ein Kunstwerk, die keine Grenze kennen und die es nur gradweise befriedigen kann; und dann gibt es wiederum Gesetze, die es entweder erfüllt oder übertritt. Diese Gesetze erstrecken sich aber auf weit wesentlichere und tiefer eingreifende Punkte, als die Einzelheiten der Diktion und des Versbaues sind. Bürger ist nicht der Meinung gewesen, oder er hatte vielmehr damals vergessen, was ihm sein besserer Genius sonst darüber eingegeben. „Das Gebiet der Formen", sagt er, „erstreckt sich nicht weiter als der Umfang der Sprache, die Bildbarkeit des Verses und die Möglichkeit des Reimes, vermittelst welcher man poetisch darstellt." Und man halte dies nicht etwa für eine übereilte Äußerung, welcher der Inhalt seiner Bemerkungen widerspräche. „Ich hoffe", sagt er von der jetzigen Gestalt der Nachtfeier, „jeder Vers wird die strengste Prüfung der poetischen Grammatik aushalten, ohne gleichwohl in Ansehung des poetischen Geistes, der den toten Buchstaben beleben muß, gerechten Vorwürfen ausgesetzt zu sein." Als ob sich der poetische Geist auch so in einzelnen Zeilen offenbarte! Als ob es nicht sehr möglich wäre, bei dem in der Welt vorhandenen Vorrat von Versen, ohne allen poetischen Geist, nur mit Verstand und Geschick, Verse zusammenzusetzen, denen man, für sich betrachtet, den Namen schöner Verse nicht verweigern dürfte!

Daß Bürger sich mit seinen Korrekturen besonders an die ‚Nachtfeier der Venus' gehalten, ist ganz in der Ordnung: denn dieses Gedicht, wie er es dem Lateinischen frei nachgebildet, war vom Anfange an zum Korrigieren eingerichtet und kann für nichts weiter gelten als ein phraseologisches Studium. Von dem Original, über dessen Zeitalter und Urheber die gelehrtesten Philologen verschiedner Meinung sind und worein, in der Gestalt, wie wir es haben, unter barbarischen Spuren doch manches aus echteren Quellen des klassischen Altertums geflossen sein mag, redet Bürger selbst nicht mit sonderlicher Ehrerbietung. Demungeachtet betreffen, einige gleich zuerst angeordnete Umstellungen ausgenommen, alle nachherigen Veränderungen nicht Anlage, Charakter, Haltung und Bedeutung des Ganzen, sondern bloß einzelne Bilder, Wörter, Laute und Silben. Um nur ein paar Beispiele zu geben, so ist es ihm niemals eingefallen, daß die Stelle von der Venus als Mutter des Ahnherrn und Schutzgöttin des römischen Volkes bloß örtliche Wahrheit und nationales Interesse hat, daß sie bei einem für uns noch gültigen symbolischen Gebrauche der Mythologie durchaus wegfallen mußte. Ferner, da der römische Dichter sich erst in den vier letzten Zeilen mit Vorwürfen über sein bisheriges Schweigen und mit Anmahnungen, in den allgemeinen Jubel mit einzustimmen, erwähnt, so hat Bürger dies beibehalten, aber zweimal vorher den Gesang und die Leier so feierlich hervorgehoben, als ob der Dichter einem Chor vorsänge, und den Widerspruch darin nimmer bemerkt. Von den Einteilungen in Vorgesang, Weihgesang und Lobgesang mag ich gar nicht einmal reden.

Und bei dieser Gedankenlosigkeit über die Ausbildung des Ganzen meinte Bürger dennoch mit der letzten ausgeputzten Gestalt des Gedichtes einen Kanon für die Poesie aufzustellen, wie der des Polyklet für die Bildnerei gewesen. Das ist gerade, als hätte Polyklet seinen Kanon nicht durch die Vollkommenheit der Proportionen, sondern durch fleißiges Polieren der Bronze zustande bringen wollen. Ja er hoffte, dieses Gedicht sollte vermögend sein, die Sprache auf mehrere Jahrhunderte zu fixieren, „soweit es nämlich in deutsche Diktion und Versmechanik vermittelst ewig schöner Gedanken und Bilder hineingriffe". Den beschränkenden Zusatz verstehe ich nicht recht; so wie da in der Sprache alles zusammenhängt, so möchte sie schwerlich teilweise zu fixieren sein. Aber zu welchem Minimum mußte ihm die unendliche Fülle und der ewige Wandel des menschlichen Geistes, der auch nur in *einer* Sprache sich regt und bewegt, zusammengeschrumpft sein, um dergleichen Wirkungen von einem Gedichte zu erwarten, das bei geringem äußern Umfange, auf das glimpflichste gesagt, leer ist und nichts von dem besitzt, was die Gemüter in allen ihren Tiefen ergreift und sich unauslöschlich einprägt.

Bei den Zweifelsknoten, zwischen denen sich Bürger mühselig herumwindet, hätte er oft nur die Frage um einen Schritt weiter zurückführen dürfen, um zu sehen, daß sie ganz anders gestellt werden müsse, und um dann auch eine ganz verschiedene Antwort auszumitteln. Gleich anfangs erzählt er das lächerliche Unglück, welches ihm mit dem Refrain begegnete, den er auf keine Weise sich und andern völlig recht machen konnte, der, je öfter er ihn umschmolz, um so übler geriet, so daß er endlich genötigt war, durch einen Machtspruch Einhalt zu tun. Ich glaube es wohl: er hätte noch zwanzigtausend solche Refrains machen können, ohne einen vollkommen guten darunter zu finden; die Aufgabe gehört ihrer Natur nach zu den unmöglichen. Der Refrain des Originals, der in einem einzigen Tetrameter besteht, soll in die doppelte Länge ausgedehnt werden, dabei findet keine Erweiterung des Inhalts statt, und die Schmückung des Ausdrucks will Bürger selbst mit gutem Grunde möglichst vermieden wissen. Wie soll das in aller Welt ohne Zerren und Künstelei zugehn? Überdies verursacht der so verlängerte Refrain notwendig ein Mißverhältnis: er trennt die Absätze des Gedichtes viel weiter voneinander, und ebensooft wiederholt, wie ihn Bürger wirklich gebraucht hat, nimmt er doppelt soviel Raum ein wie im Original. Aber wenn der Refrain in zwei kürzere, einem Tetrameter gleichgeltende Zeilen übersetzt worden wäre, so hätten diese ohne Reim bleiben müssen. Allerdings: es fragt sich eben, ob es überhaupt rätlich war, das „Pervigilium" auch bei einer freien Nachbildung in gereimte Verse zu übertragen. Zwar scheint keine gereimte Versart größere Ähnlichkeit mit den trochäischen Tetrametern zu haben als unsre sogenannten vierfüßigen Trochäen mit alternierenden männlichen und weiblichen Reimen. Allein sie verketten immer vier Zeilen zu einer kleinen Strophe, da in dem antiken Silbenmaße Vers auf Vers unaufhaltsam fortgeht. Alsdann trennt auch der weibliche Reim die erste Zeile weit bestimmter von der zweiten als der Abschnitt die beiden Hälften des Tetrameters, der eben wegen seiner Länge bei dem leichten Rhythmus rasch zum Ende eilt. Bei uns hat jenes Silbenmaß daher den sanftesten und ruhigsten Liederton, da hingegen die griechischen Kunstrichter dem choreischen Tetrameter den beweglichsten und leidenschaftlichsten Gang zuschreiben. Dieser stimmt auch im Original sehr gut zu dem Ausdruck trunkener Freude und allgemeinen Taumels bei der Wiederbelebung der Natur, worin allein ich einen Hauch vom Geiste des klassischen

Altertums zu fühlen glaube. Durch die Hauptzierde der Bürgerschen Nachbildung, die Reime, ist der Charakter des Gedichtes nicht nur verändert, sondern es ist eigentlich charakterlos geworden.

Ohne das hätte die Wahl der Bilder und Züge unmöglich eine solche Breite gehabt. Wie schon gesagt: durch Korrigieren war hier wenigstens für das Ganze nichts zu verderben; im einzelnen ist es häufig geschehen, wie sich leicht zeigen ließe, wenn für unsern Zweck nicht der Beweis hinreichte, daß Bürger bei der Beschränkung seiner Kritik auf Diktion und Versbau selbst über diese Punkte nicht auf die Grundsätze zurückging und aus irrigen Vordersätzen schloß. So nimmt er bei den metrischen Bemerkungen gar keine Rücksicht auf den Gegensatz der gereimten und rhythmischen Versarten. Nicht selten liegt der Satz im Hinterhalte, die Poesie solle keine Freiheiten der Sprache vor der Prosa voraushaben: eine oft genug wiederholte und eingeschärfte Meinung, die aber von Leuten aufgebracht ist, welche Poesie und Prosa als entgegengesetzte und unabhängige Wesen in ihrem Kopfe nicht vereinbaren konnten und deswegen, da man der Prosa zum nächsten Gebrauch doch nicht wohl entraten kann, lieber die Poesie aufheben wollten. Meistens aber rügt er Versehen gegen die logisch-grammatische Genauigkeit, die nur durch eine ängstliche Zergliederung merkbar werden, auf welche die Poesie als eine Kunst des schönen Scheines gar nicht eingerichtet zu sein braucht. Es gibt zwar in ihr sowohl Miniaturen als Dekorationsmalereien, aber für diese mikroskopische Betrachtungsart ist keines ihrer Werke bestimmt, und ein Gedicht, welches dem Leser Muße und Lust dazu ließe, könnte schon desfalls keinen Wert haben. Und doch ist Bürger seiner Sache dabei so gewiß, daß er den Vorwurf der Kleinlichkeit und Pedanterei mit folgendem Ausspruche abweist: „Ich verkündige allen denen, die es noch nicht wissen, ein großes und wahres Wort: Ohne diese Silbenstecherei darf kein ästhetisches Werk auf Leben und Unsterblichkeit rechnen." Die Geschichte der Poesie muß ihm, als er dieses schrieb, gar nicht gegenwärtig gewesen sein. Oder haben etwa Homer, Pindar, Äschylus, Sophokles und Aristophanes diese Silbenstecherei geübt? Und um aus der modernen Poesie nur ein Beispiel anzuführen, wer war weiter von ihr entfernt als Shakespeare? Ja wie läßt sich bei den altenglischen Volksliedern, die Bürgern zu seinen schönsten Hervorbringungen die Anregung gaben und also hoffentlich noch leben, nur daran denken? Dagegen sind manche, sogar auf die Nachwelt gekommene Werke der alexandrinischen Dichter, die in dieser Silbenstecherei keine gemeine Meisterschaft besaßen, doch nicht am Leben. In der neueren Poesie kann man diejenigen, welche sie mit besonderem Fleiße getrieben und dennoch nie, außer im Wahne eines verkehrten Geschmacks, gelebt haben, zu hellen Haufen aufzählen. Bürger verkannte sich selbst und seinen Wert mit dieser ängstlichen Sorge um die kleinen Äußerlichkeiten der Poesie, worauf man den Spruch des Evangeliums anwenden kann: „Ihr sollt nicht sorgen und sagen: was werden wir essen? was werden wir trinken? womit werden wir uns kleiden? Nach solchem allen trachten die Heiden. Trachtet am ersten nach dem Reiche Gottes und nach seiner Gerechtigkeit, so wird euch solches alles zufallen."

Ich habe im obigen Bürgers Maximen über Korrektheit und sein Verfahren beim Ausbessern lebhaft bestritten: eine wider ihn ausfallende Entscheidung würde indessen zu seinem Vorteil gereichen, indem sie ihn von so vielem ungerechten Tadel seiner selbst und von den ertöteten Korrekturen befreite. Es tut weh, zu sehen, wie Bürger zum Beispiel bei ‚Mollys Wert' (S. 501 u. f.) gegen sein eignes Fleisch wütet und

Ausdrücke matt und gemein schilt, die nur dem Tone der Gesinnungen gemäß einfältig und naiv sind; wie er selbst in einem Gedichte von nicht mehr als drei Strophen Veränderungen ohne Rücksicht auf das Ganze vornimmt und so aus einem süßen herzigen Liede ein steifes verzwängtes Unding herausbringt, an dem nichts mehr zu erkennen und zu fühlen ist. Glücklicherweise sind die Romanzen von allem solchen Ungemach verschont geblieben. Bürger mochte wohl einsehen, daß sein allgemeines rhetorisches Ideal einer guten reinen Schreibart (dem er bei den lyrischen Gedichten unbedingt opferte, da doch nichts unter der Rubrik rhetorischer Fehler aufgeführt werden kann, was nicht in der Poesie an seiner Stelle gut wäre) hier nicht anwendbar sei, ohne alles umzustoßen. Daß indessen in den meisten Romanzen viel und oft ausgestrichen worden, ehe sie öffentlich erschienen, ist gewiß, und daß sie zum Teil besser, nämlich ungekünstelter und freier von Manier, würden ausgefallen sein, wenn frühere Lesearten stehengeblieben wären, nur zu wahrscheinlich.

Die kritischen Aufsätze und Veränderungen, womit wir uns bisher beschäftigt haben, sind zwar aus Bürgers letzter Periode; allein in der Vorrede zur zweiten Ausgabe kommen schon starke Äußerungen über seine absondernde Ansicht des technischen Teils der Poesie vor; und in der Vorrede zur ersten verrät sich der grammatische Hang wenigstens durch die eigne, so hitzig verfochtene Orthographie. Wenn man ferner bedenkt, daß ‚Die Nachtfeier der Venus‘, sein frühestes, und ‚Das Hohe Lied‘, eines seiner spätesten Werke, ungefähr nach derselben Idee der Tadellosigkeit und einer absoluten Vollkommenheit der Diktion und des Versbaues, da es doch nur eine relative gibt, ausgeführt und durchgearbeitet sind: so kann man schwerlich zweifeln, daß die Maximen der Korrektheit während seiner ganzen Laufbahn großen Einfluß gehabt haben.

Die Erwähnung des hohen Liedes führt mich auf einige, seiner geliebten Molly gewidmete lyrische Stücke, die noch zurück sind. Ihr dichterischer Wert ist aber so mit der Verworrenheit wirklicher Verhältnisse verwebt, daß sie keine reine Kunstbeurteilung zulassen. Man kann zum Teil die himmlischen Zeilen im ‚Blümchen Wunderhold' auf sie anwenden:

> Der Laute gleicht des Menschen Herz,
> Zu Sang und Klang gebaut,
> Doch spielen sie oft Lust und Schmerz
> Zu stürmisch und zu laut.

Besonders ist die ‚Elegie, als Molly sich losreißen wollte', ein wahrer Notruf der Leidenschaft, wobei das Mitgefühl jeden Tadel erstickt. Dagegen ist ‚Das Hohe Lied' durch die Ausführung ein kaltes Prachtstück geworden, wiewohl die innige Wahrheit der Gefühle als Grundlage durchblickt. Man muß es der Zeit anheimstellen, ob sie diesen blendenden Farbenputz und Firnis mit ihrer magischen Nachdunkelung genugsam überziehn wird, um es die Nachwelt für etwas andres halten zu lassen.

Bürger hat das Verdienst, das bei uns gänzlich vergessene und nach lächerlichen Vorurteilen verachtete Sonett zuerst wieder zu einigen Ehren gebracht zu haben. Indessen zeigt sowohl seine Behandlung desselben als was er in der Vorrede darüber sagt, daß er die Gattung nicht aus der Betrachtung ihres wahren Wesens begriffen hatte. Alles läuft bei ihm auf die Merkmale der Kleinheit, Niedlichkeit und Glätte hinaus, durch welche Forderungen die antithetische Symmetrie und unveränderliche Architektonik des Sonetts durchaus nicht erklärbar wird. Er nennt es „eine bequeme Form, allerlei poetischen Stoff von kleinerm Umfange, womit man sonst nichts anzufangen weiß, auf eine sehr gefällige Art an den Mann zu bringen;

einen schicklichen Rahmen um kleine Gemälde jeder Art; eine artige Einfassung zu allerlei Bescherungen für Freunde und Freundinnen"; und ich befürchte, daß diese lose, diminutive und also dem Obigen zufolge sonettähnliche Vorstellung vom Sonett immer noch nicht ganz außer Umlauf gesetzt ist. Das Beispiel der großen italienischen und spanischen Meister belehrt uns, daß für das Sonett nichts zu groß, stark und majestätisch sei, was sich nur irgend nach materiellen Bedingungen des Raumes darein fügen will. Ja, es fordert seiner Natur nach die möglichste Fülle und Gedrängtheit, und Bürgers Sonette scheinen mir nicht genug gediegnen Gedankengehalt zu haben, um dem Nachdruck ihrer Form ganz zu entsprechen. Auch die bei den meisten getroffene Wahl der fünffüßigen Trochäen statt der eilfsilbigen Verse oder sogenannten Jamben, worin er fleißige Nachfolge gefunden, ist ein Fehlgriff; was jedoch nur aus der Theorie des Sonetts, auf die ich hier nicht näher eingehen kann, sich einleuchtend dartun läßt.

Es ist nun noch übrig, etwas von Bürgers Übersetzungen und dem Charakter seiner Prosa zu sagen. Unter jenen ist seine Arbeit am Homer die wichtigste: er hat sie früh unternommen und lange dabei ausgeharrt. Über sein erstes Vorhaben, die Ilias zu jambisieren, hat er selbst in der Folge das Nötige gesagt. Die Gründe, womit er es in jugendlichem Eifer verteidigte, können jetzt, nach den Fortschritten unserer Sprache in der rhythmischen Verskunst und nach der Entwickelung richtigerer Begriffe vom epischen Gedicht, niemanden mehr aufhalten: doch ist es interessant, zu sehen, wie damals Punkte zweifelhaft schienen, über die der Erfolg nun so siegreich entschieden hat, und welche Stufen die poetische Übersetzungskunst durchgehen mußte, um auf die jetzige zu gelangen. Auch die jambischen Proben sind für das Studium der Sprache und um zu sehen, wie sich Bürger bei einer solchen Aufgabe aus dem Handel gezogen, immer noch lehrreich.

Bei der hexametrischen Übersetzung hatte er sich eine beispiellose Treue vorgesetzt, und dies redliche Streben, da sonst Entäußerung von seinen Eigenheiten eben nicht seine Sache war, ist nicht unbelohnt geblieben; unter allem, was er poetisch nachgebildet, ist nichts so frei von Manier, und sein langer Umgang mit dem Sänger hat ihm manches von seiner traulichen und naiven Weise zu eigen gemacht. Hätte Bürger Fertigkeit und Ausdauer genug gehabt, das Ganze zu beendigen und aufzustellen, so würde man seine Ilias neben die ältere Odyssee von Voß gesetzt haben, und ihm wären durch die Übung die Kräfte gewachsen, noch fernerhin mit seinem alten Freunde zu wetteifern; da er jetzt an der Vossischen Ilias und umgearbeiteten Odyssee Nebenbuhler von zu großer Überlegenheit bekam, wodurch seine Bruchstücke, die ohnehin als solche nur eine bedenkliche Existenz haben, ganz in den Schatten zurückgedrängt wurden.

Älter als seine homerischen Hexameter sind die in einem frei übersetzten Stücke des vierten Buchs der Aeneide, welche für die damalige Zeit (1777), wo es mit der Bearbeitung der alten Silbenmaße fast rückgängig werden wollte, allerdings zu loben sind. Die gelehrte Ausbildung des Originals sowohl in der Diktion als im Versbaue, besonders in den Übergängen der Sätze aus einem Hexameter in den andern, darf man nicht erwarten; auch fehlt es nicht an Überladungen und Manieren, doch zieht ein gewisser Schwung und leichte Fülle den Leser fort. Wie Bürger aus der Episode der Dido durch eigne Zusätze ein für sich bestehendes episches Gedicht hätte machen wollen, sehe ich nicht wohl ein; seine Äußerung darüber war wohl nicht so ernstlich gemeint.

Auch Proben einer Übersetzung von Ossians Gedichten finden sich in der Sammlung. Ich sehe die Meinung sich immer erneuern, die Bürger ebenfalls hegte, daß dies ein schweres Unternehmen sei; ich für mein Teil begreife nicht, wie man es anfangen wollte, den Ossian anders als gut zu übersetzen. Wenn man mich aber fragt: ob so etwas verdient, übersetzt zu werden? so antworte ich dreist wie Macduff[7]: Nein, nicht zu leben! Indessen stände von diesem empfindsamen, gestaltlosen, zusammengeborgten, modernen Machwerk, über dessen absoluten Unwert ich mich nicht stark genug auszudrücken weiß, dennoch vielleicht ein Gebrauch zu machen. Da, wie es scheint, in unserm Zeitalter jeder poetische Jüngling die sentimentale Melancholie einmal zu überstehen hat, so schlage ich vor, wie man jetzt statt der Kinderblattern mit den Kuhpocken abkömmt, sie künftig mit dem Ossian einzuimpfen; das Übel wird auf diese Art am unschädlichsten und am wenigsten anhaltend sein.

Bürgers Arbeit am Macbeth hat Zelebrität erlangt, und doch ist sie die mißlungenste unter allen. Bei den Hexengesängen erwartete man ihn in seinem eignen Fach, und er war es so sehr, daß sie manierierter ausgefallen sind als sein Manieriertestes. Shakespeare hat auch hier seine gewöhnliche Mäßigung und Enthaltsamkeit geübt; man sieht, daß er die Zauberinnen, ohne den Volksglauben zu verlassen, der Würde einer tragischen Darstellung leise anzunähern suchte. In der Übertragung ist alles ins Scheußliche und Fratzenhafte getrieben. Zwei Zeilen reichen zum Beweise hin.

> Round about the cauldron go;
> In the poison'd entrails throw.

> Trippelt, Trappelt, Tritt und Trott,
> Rund um unsern Zauberpott!
> Werft hinein den Hexenplunder.

Wo ist im Original nur eine Spur von der kindischen Tonmalerei des ersten Verses? Und wie verrucht müßten sich die Hexen auf dem Theater gebärden, um den Worten mit ihren Bewegungen zu entsprechen? Nach dem Zauber ‚pott' zu urteilen, müssen sie aus Niedersachsen gebürtig sein. Aber wenn wir auch den ‚Hexenplunder' fahren lassen, kommen wir mit dem übrigen nicht besser fort. Es leistet durchaus nicht, was es als prosaische Übersetzung leisten könnte. Bei vielen Kraftausdrücken und schwächenden Ausrufungen, die pathetisch sein sollen, ist der Dialog nicht selten in platte Vertraulichkeit ausgeartet. Die Unschicklichkeit aller mit dem Schauspiel vorgenommenen Veränderungen, der Auslassungen, Umstellungen und verschieden verteilten Reden nach der Strenge zu rügen, würde unbillig sein, da Bürger sich so bescheiden darüber erklärt und bei der Bearbeitung durch einen fremden Antrieb geleitet ward. Wie seine eignen Zusätze beschaffen sind, kann jeder bei der Vergleichung sehen. So viel erhellt aus allem, und es dient zur Bestätigung des bei Gelegenheit von Lenardo und Blandine Bemerkten, daß Bürger sich zu keiner reinen und ruhigen Ansicht des Shakespeare erhoben hatte.

‚Bellin', ein Fragment, nach dem Giocondo des Ariost, mußte freilich Fragment bleiben: denn wo hätte es nach diesem Anfange mit dem Ganzen hinausgewollt? Im Ariost ist die Geschichte, wie sich's für eine solche Novelle in Versen gehört, mit geistreicher Kürze erzählt; hier verliert sich der Erzähler nach einer schon zu weitläuftigen Vorrede sogleich wieder in endlose Abschweifungen, macht den Bellin, seinen Giocondo, ohne allen erdenklichen Zweck zu einem Dichter und läßt den lombardischen König über die ungerechte Verachtung der Poeten und der Poesie, endlich sogar über eine obskure Provinzialzeitschrift Dinge sagen, die, Gott weiß wie, dahin gehören mögen. Es ist ein sprechendes Beispiel, wie sorglos Bürger über Plan und Anlage eines Gedichtes sein konnte, während ihn die Ausputzung des einzelnen bis ins feinste hinein beschäftigte. Denn sehr sauber gearbeitet sind die Stanzen wirklich: sie verdienen bei den Studien über den Gebrauch dieser Versart zum Scherzhaften und Drolligen in Betrachtung zu kommen. Nur wäre ihnen mehr Freiheit und Wechsel zu wünschen; sogar der Abschnitt nach der vierten Silbe ist immer beobachtet, der als Regel bei fünffüßigen, nicht mit längeren und kürzeren Versen untermischten Jamben eine ganz unnütze und nachteilige Fessel ist.

Popes Brief der Heloise an Abälard ist in der Nachbildung ohne eigentlichen Zusatz fast um das Doppelte verlängert, was bei der einmal gewählten Versart unvermeidlich war. Die spruchreiche Kürze des Originals, die unter dem Pomp der Deklamation seinen besten Reiz ausmacht, ist in elegische Weichheit verwandelt. Die fünffüßigen Trochäen, die überhaupt nur in wenig Fällen zu empfehlen sind, machen bei einem so langen Gedicht ein ermüdendes Geschleppe. In fünffüßigen gereimten Jamben ließe sich schwerlich Couplet um Couplet geben; eher in Alexandrinern, die aber den Charakter schwächen würden. Das Gedicht soll eine Heroide sein, und wenn es nur im Geiste dieser antiken Untergattung gedichtet wäre, so müßte sich's in elegischen Distichen schicklich übersetzen lassen. Da das aber nicht ist und sich sonst kein passendes Silbenmaß dazu finden will und auch sonst noch allerlei, so müssen wir schon sehen, wie wir uns im Deutschen ohne selbiges behelfen.

Die ‚Königin von Golkonde' ist das phantasielose, aber witzige Märchen von Boufflers in freie gereimte Verse gebracht, nicht ohne manchen Verlust, wie schon irgendwo ein Beurteiler durch eine umständliche Vergleichung gezeigt hat. Wie mich dünkt, hat Bürger dabei einen Versuch gemacht, Wielands Manier mit der seinigen zu vereinbaren.

Seine prosaischen Aufsätze bestehen fast nur in Vor- und Nachreden, und zwar meistens in geharnischten: in dieser Gattung hat er etwas getan. Wenn er noch so ruhig und gehalten anfängt, so überfällt ihn, ehe man sich's versieht, plötzlich eine heftige ärgerliche Stimmung; ja er kann kaum eine rechtfertigende Anmerkung ohne diese widerwärtige Polemik zu Ende führen, worin ihn nur seine Lage entschuldigt. Seine frühesten und spätesten Aufsätze scheinen mir am besten geschrieben; in denen aus der mittleren Epoche gesellten sich noch die üblen Sitten der Zeit dazu. Daß das rhetorische Ideal nicht vor manierierten Eigenheiten schützt, davon sieht man an allen ein Beispiel: sie sind mit dem größten Fleiß durchgearbeitet, und doch ist Bürgers Manier womöglich noch stärker darin ausgedrückt als in seinen Gedichten; sie erscheinen fast durchgehends gesucht, bald in neuen Wörtern und Wendungen, bald in veralteten, und selbst in der Einfachheit anmaßend.

Das Resultat unsrer Prüfung, wenn wir es mit Übergehung der nicht probehaltigen Nebensachen zusammenfassen, wäre etwa folgendes: Bürger ist ein Dichter von mehr eigentümlicher als umfassender Phantasie, von mehr biedrer und treuherziger als zarter Empfindungsweise; von mehr Gründlichkeit im Ausführen, besonders in der grammatischen Technik, als von tiefem Verstand im Entwerfen; mehr in der Romanze und dem leichten Liede als in der höhern lyrischen Gattung einheimisch; in einem Teil seiner Hervorbringungen echter Volksdichter, dessen Kunststil, wo ihn nicht Grundsätze und Gewöhnungen hindern, sich ganz aus der Manier zu erheben, Klarheit, rege Kraft, Frische und zuweilen Zierlichkeit, seltner Größe hat.

## ENTWURF ZU EINEM KRITISCHEN INSTITUTE
1800

Die hauptsächlichsten Fehler der bis jetzt bestehenden rezensierenden Zeitschriften sind: Mangel an unparteilicher und rücksichtsloser Schärfe der Kritik; große Ungleichheit in dem Maßstabe der Beurteilung, weil die Mitarbeiter auf äußerst verschiednen Punkten der Fähigkeit und Ausbildung stehen; allzu langes Verweilen bei dem Mittelmäßigen und Schlechten und zu kurze Abfertigung oder gänzliche Übergehung des Wichtigen und Vortrefflichen; Ungleichheit in der Zeit der Beurteilung, indem einiges sogleich nach seiner Erscheinung angezeigt wird, andres erst Jahre nachher, wenn schon das ganze Verhältnis des Werkes zu dem bis dahin Geleisteten verändert ist; Zufälligkeit der Anordnung oder vielmehr absichtliche Zerstückelung und Vermeidung einer solchen, die irgendeine Übersicht gewährte; endlich Einförmigkeit, Trockenheit und Geistlosigkeit in der Form oder Unform des Vortrags.

Hiezu kommt noch bei solchen gelehrten Zeitungen, die auf Allgemeinheit ausdrücklich oder durch die Tat Anspruch machen: daß sie erstlich diesem Versprechen keine Genüge leisten können, weil sie den Begriff der Literatur so materiell nehmen, daß sie darunter alles Gedruckte verstehen; daß sie, wenn sie es auch könnten, doch nur ein zweckloses Aggregat von Dingen sein würden, die unter sich in keinem wahren Zusammenhange stehen; daß sie bei ihrer jetzigen Unvollständigkeit obendrein für ihre einzelnen Leser nur einem kleinen Teile nach brauchbar sind, indem sie eine Menge Berichte über Kenntnisse enthalten, die bloß zu einem bedingten speziellen Zwecke dienen, welche der, welcher sich nicht diesem Fache gewidmet, als ihm unwichtig und uninteressant überschlägt, und der Gelehrte von Profession in denselben nicht befriedigend findet und daher lieber in einem besonderen Journal für sein Fach aufsucht.

An einem Teil obiger Mängel ist schon die Form gelehrter ‚Zeitungen' schuld, welche blindlings und ohne Zweck von den politischen Zeitungen entlehnt ist, da die Begebenheiten in der literarischen Welt ja nicht wie die eines Feldzuges tageweise vorgehen, und wenn dies auch wäre, doch nicht wie Neuigkeiten am nächsten Tage berichtet werden können. Diese Form mußte also zuvörderst aufgegeben und eine entgegengesetzte gewählt werden. Auch die Erscheinung auf Monate festzusetzen, wäre mißlich, da Arbeiten, die oft weitläuftige Studien erfordern, nicht in so eng bestimmten Zeiträumen gefertigt werden können. Es würde daher am besten sein, das Wort ‚Journal' zu vermeiden und die Erscheinung in einem oder mehren Bänden von Messe zu Messe fortgehen zu lassen. Ich schlage zum Titel vor:

*Jahrbücher*
*der Wissenschaft und Kunst für Deutschland.*

Hiedurch würde die Absicht angedeutet, die Zeit fortdauernd in ihren wissenschaftlichen und künstlerischen Fortschritten zu begleiten, ohne eine pragmatische, zu *einem* vollständigen Zusammenhange verarbeitete Geschichte, die erst hintendrein möglich wird, zu versprechen, indem es das Geschäft von Jahrbüchern ist, jede merkwürdige Erscheinung aufzuzeichnen und ihr Verhältnis zu den vorhergehenden, gleichzeitigen und künftigen aufzuklären, also einer eigentlichen Geschichte vorzuarbeiten. Die Ausdrücke: ‚Wissenschaft und Kunst' würden den Umfang des Instituts deutlicher begrenzen als das unbestimmte Wort ‚Literatur', so wie auch das ‚für Deutschland' sogleich mit anzeigt, daß ausländische Werke nicht ausgeschlossen sind, aber daß nur dasjenige davon beurteilt werden soll, was auf den Gang der Wissenschaft und Kunst in Deutschland Einfluß zu haben vermag und verdient, oder vermittelst dessen wir allgemeine Parallelen des Zustandes und des Geistes unserer mit der Literatur der Ausländer anstellen können.

Vollständigkeit können wir unmöglich nach der Zahl der gedruckten Bücher und dem Meßverzeichnisse beabsichtigen. Die unbedeutende Schlechtheit betrachten wir als gar nicht vorhanden und greifen das Irrige und Geschmackwidrige nur in solchen Schriften an, die durch andre Eigenschaften blenden können oder ein gewisses Ansehen und Beifall genießen.

Ebenso soll die Allgemeinheit, die wir suchen, nur darin bestehen, daß wir dasjenige umfassen, was wirklich einen gemeinschaftlichen Mittelpunkt hat, also was den Menschen als Menschen interessiert und einen integrierenden Teil der gesamten höheren Geistesbildung ausmacht. Hiedurch sind also ausgeschlossen alle Bücher, die bloß empirische Data oder positive Sätze ohne Beziehung auf ein System oder Herleitung aus Prinzipien zusammentragen, ingleichen alle bloß technischen Kenntnisse, die lediglich durch ihre Verwendung zu einem bedingten Zwecke einen Wert erhalten.

Unsre Gegenstände würden also folgende sein:
1. Philosophie in ihrem weitesten Umfange.
2. Naturwissenschaft. Da alle Naturbeobachtung, die den Namen verdienen kann, zu allgemeinen Naturgesetzen hinstrebt und die Spekulation über die Natur ihre Sätze bis in die spezellste Erfahrung hinein bewährt wissen will, so würde sich die Kritik sowohl über empirische als spekulative Physik verbreiten

müssen, und es könnte nicht leicht zu viel in diesem Fache geschehen, da das Interesse des Zeitalters so vorzüglich darauf gerichtet ist.

Was von der Mathematik zu erwähnen wäre, wird entweder ihre reale Gültigkeit und ihre Methode in philosophischer Hinsicht oder ihre Anwendung auf Physik betreffen und unter eines der beiden Fächer gebracht werden können.

3. Von der Geschichte dasjenige, was durch seinen Inhalt oder durch seine Form unmittelbaren Wert und Interesse hat und diese nicht erst durch äußerliche Brauchbarkeit erhält: also alles zur Geschichte der Menschheit Gehörige, dann historische Kunstwerke.

4. Von der Philologie: philosophische Grammatik und Beurteilung der einzelnen Sprachen nach Prinzipien derselben, philologische Kritik und Auslegungskunst.

Das Studium des klassischen Altertums fällt unter die beiden vorhergehenden Rubriken, deren Bestimmung ausweist, was davon hier behandelt werden soll. Nur insofern sein Inhalt einen Teil der Kulturgeschichte ausmacht, gehört es in das historische Fach; seine Methode, Hülfsmittel usw. in das philologische oder grammatische.

5. Schöne Kunst und Theorie derselben.

Poesie in ihrem weitesten Umfange, Beredsamkeit nach ihrer richtigeren Bestimmung als schöne Komposition in Prosa, und überhaupt was zur schönen Literatur gerechnet wird, würde den Hauptartikel in dieser Rubrik ausmachen. Der Zweck der Kritik eines Kunstprodukts kann nicht erreicht werden, wenn der Leser es nicht in seiner Gewalt hat, dieses mit jener zusammenzuhalten. Da nun bei den nur an *einem* Orte befindlichen Werken der bildenden Künste (Kupferstiche gehören nur selten in das Gebiet der eigentlichen schönen Kunst) wie auch bei den momentanen

Hervorbringungen der Schauspielkunst dies für die meisten Leute nicht der Fall ist, so müßte die Beurteilung derselben wegfallen, und es bliebe etwa nur die Musik übrig.

Um aber doch die Ansicht von dem vollständigen Kreise der schönen Künste gegenwärtig zu erhalten, würde man sich mit den Schriften, die von ihrer Geschichte und Theorie handeln, allerdings beschäftigen müssen. Doch ist in Ansehung der letzten wieder ein Unterschied zu machen. Die Theorie der Künste ist entweder die allen gemeinschaftliche, philosophische oder die besondre, technische. Bei der Poesie gehört auch die zweite ganz in unsern Kreis, weil sie philologisch oder aus Prinzipien der Grammatik im höheren Sinne abzuleiten ist. Bei den andern Künsten gibt es eine sehr weitläuftige Kenntnis des Mechanischen, die bloß für den Künstler praktisch interessant ist. Ihre technische Theorie wird also nur insofern hieher gehören, als sie auf Naturgesetze zurückgeführt werden kann, wie z. B. die Farbenlehre in der Malerei, die Lehre von der Harmonie in der Musik usw.

Was von den sogenannten Fakultätswissenschaften in unsern Kreis gezogen werden müßte, ergibt sich aus Obigem von selbst; nämlich:

1. von der Theologie: philosophische Religionslehre; Kritik und Auslegung der heiligen Schriften, insofern sie als Urkunden zur Geschichte der Menschheit zu betrachten sind.

2. von der Jurisprudenz: Naturrecht und Theorie der Gesetzgebung.

3. von der Medizin: Begründung ihres Systems auf Prinzipien der Naturwissenschaft.

Anmerkung. Die obige Einteilung ist in keiner Rücksicht genau zu nehmen als in Beziehung auf das, was durch sie von dem Plane des Ganzen ausgeschlossen bleibt. Sie soll keineswegs zum Prinzip der Verteilung dienen, so daß

## Entwurf zu einem kritischen Institute

jeder Mitarbeiter ein bestimmtes Fach wählte oder angewiesen bekäme. Vielmehr wird jeder aufgefordert, dem Redakteur ein Schema von dem aufzusetzen, was und worin er zu arbeiten gedenkt, nach seinen eignen beliebigen Rubriken, doch so genau bestimmt und bedingt wie möglich.

Die Verfassung des Instituts wird sehr einfach sein können. Es wird vorausgesetzt, daß die Mitarbeiter alle selbständige Denker und von gleichem Eifer für die Fortschritte der Wissenschaft und Kunst beseelt sind und daß sie sich gegenseitig, als in der gleichen Region des menschlichen Geistes wirkend, anerkennen. Solche Männer können sich nur nach dem Grundsatze der Gleichheit zu einer gemeinschaftlichen Wirksamkeit verstehn. Der Redakteur wird also nur ihr gemeinschaftlicher Geschäftsträger und das Organ ihrer Mitteilung sein. Die Mitarbeiter werden das Ganze des Plans übersehen, sie werden daher auch bei Verteilung der Arbeiten nicht auf Vorschläge des Redakteurs warten, sondern bei Erscheinung jedes Meßkatalogs eine Angabe von demjenigen machen, was in den Fächern, worin sie arbeiten, ihrer Meinung nach beurteilt werden müßte und was sie davon selbst übernehmen wollen. Diese Angaben wären nach der Messe, sowohl was die Lücken des Katalogs und das, was er zuviel hat, als was die merkwürdigen Erscheinungen, die man aus den bloßen Namen der Bücher nicht als solche erkennen konnte, betrifft, zu berichtigen und zu ergänzen. Die Mitglieder, die in demselben Fache arbeiten, werden sich um so leichter über die Verteilung der Arbeiten verstehen, da es gar nicht zum Gesetz gemacht werden soll, daß von einem gewissen Buche nur *einmal* die Rede sein dürfe, sondern das schon auf eine Weise Abgehandelte allerdings wieder in anderen Beziehungen und Ansichten in Anregung gebracht werden kann. Da die Büchermessen die äußern Epochen unserer Literargeschichte sind, so müßte man, soviel möglich, mit ihnen fortrücken, so daß der in jeder Messe erscheinende Band oder Bände den Bericht von der vorhergehenden möglichst vollständig nach dem oben festgesetzten Begriffe enthielte, und jeder Mitarbeiter müßte das einmal Übernommene zeitig genug hiezu liefern.

Sollten die verschiedenen Mitarbeiter in einem Fache sich alle von der Beurteilung einer Schrift abgeneigt finden, von welcher doch anerkannt würde, daß sie nicht übergangen werden könne, so müßte die Mehrheit der übrigen entscheiden, wer unter ihnen den nächsten Beruf dazu habe und es also der Vollständigkeit wegen übernehmen müsse. In sonstigen Streitigkeiten zwischen dem Redakteur und einem Mitarbeiter könnten sich beide vergleichen, einen Dritten als Schiedsrichter wählen, oder der Fall würde allen vorgelegt, und die Mehrheit entschiede.

Das Wesentliche der Redaktion würde also eigentlich unter alle Mitarbeiter verteilt sein.

Anmerkung. Zunächst und in seinem ganzen Umfange gilt Obiges nur für die Mitglieder, denen gegenwärtiger Entwurf mitgeteilt wird und die Grundlage des Instituts bilden, nämlich: Bernhardi, Schelling, A. W. Schlegel, Fr. Schlegel, Schleiermacher, Tieck\*. Wenn erst das Ganze zur Ausführung kommt, so wird der Redakteur nach Billigung der Mehrheit noch für einen oder den andern Nebenzweig Gelehrte einladen, mit denen er seine eigne Verabredung zu treffen hat.

Was die Form des Vortrags betrifft, so hätte darin jeder Mitarbeiter unbeschränkte Freiheit, ihr sein eigentümliches Gepräge zu geben; er könnte sein Urteil nach Gelegenheit in Briefe oder Dialog einkleiden

---

\* Fichte ist hier nicht genannt, weil er durch einen ähnlichen Plan, wie man wußte und weiter unten angedeutet ist, wenigstens vorläufig vom Beitritte zu der Gesellschaft abgehalten war. Steffens wurde auch eingeladen und erklärte, gern beitreten zu wollen.

oder es auch in Aphorismen ganz kurz hinstellen und so viel Scherz einstreuen, als ihm beliebte. Nur die Namen ‚Rezensent‘ und ‚Rezension‘, noch mehr aber die Sache, nämlich die kathedralische Pedanterie, die Steifheit, Formlosigkeit und das weitläuftige und unnütze Auszugmachen und Ausschreiben aus den beurteilten Büchern müßte sorgfältig vermieden werden.

Nicht bloß als besondre Bücher erschienene Schriften, sondern auch einzelne Gedichte usw. könnten für sich allein kritisiert werden, so wie auf der andern Seiten auch mehre Schriften, selbst aus verschiednen Fächern, wenn man Beziehungspunkte zwischen ihnen zu finden wüßte, dürften in einer Kritik zusammengefaßt und gestellt werden. Um auch hierin die Kombinationen der Mitarbeiter nicht zu beschränken, müßte der Redakteur für die einzelnen Kritiken eine anschauliche und übersehbare Anordnung wählen, aber sie keineswegs ängstlich nach Rubriken klassifizieren.

Die äußere Einrichtung wäre etwa folgende:

1. Größere kritische ‚Abhandlungen‘; diese beträfen ausgezeichnet wichtige Werke oder die sämtlichen Werke eines berühmten Autors, oder sie enthielten Übersichten.

2. Kürzere Kritiken in allen Formen, die vielleicht am schicklichsten den Namen ‚Notizen‘ führen könnten.

3. ‚Selbstanzeigen‘. Da man nämlich unfehlbar die sämtlichen Mitarbeiter als eine Faktion solcher vorstellen wird, die verschworen seien, sich einander zu loben, und doch allerdings von den eignen Werken der Mitarbeiter gar sehr die Rede wird sein müssen, weil nur solche Beruf haben, es zu sein, die in den Gang der Wissenschaft und Kunst mit Nachdruck eingreifen können: so wird es geraten sein, jeden Mitarbeiter bei der ersten Herausgabe eines Werkes seinen Plan und seine Absichten dabei selbst entwickeln

zu lassen. Es bleibt einem anderen Mitarbeiter dennoch unbenommen, desselben in einer Übersicht, Parallele oder sonstigen Kombination lobend oder tadelnd Erwähnung zu tun. Dergleichen motivierende Anzeigen wären auch sehr wünschenswert von einigen ausgezeichneten Schriftstellern, über welche die Ansicht der sämtlichen Mitarbeiter längst bekannt ist und die vielleicht zu keiner andern Teilnahme bewogen werden können; ich nenne hier Goethe und Fichte. Doch gilt wegen einer zweiten Erwähnung solcher Schriften durch andre dasselbe wie oben.

Diese Selbstanzeigen würden auch den Vorteil haben, mehr Mannigfaltigkeit in das Ganze zu bringen, da der Hervorbringer des Werkes noch einen andern Standpunkt dafür hat als irgendein Beurteiler haben kann.

4. Kritik der Kritik oder ‚Revision der rezensierenden Zeitschriften'. Da ein kritisches Institut, wie das oben beschriebene, sich der Tat nach in einem beständigen Kampfe mit verjährten Autoritäten, mit dem Herkommen, der Geistesträgheit und dem wissenschaftlichen Obskurantismus befinden würde, so müßte es auch das Polemisieren in der Form und die gehässige Deutung nicht scheuen, die man grade diesem Artikel zu geben nicht ermangeln würde. Auf Vollständigkeit wäre dabei nicht Anspruch zu machen. Jeder Mitarbeiter zeichnete die auffallendsten Verstöße, die ihm in seinem Fache vorkämen, mit lakonischer Kürze auf, und der Redakteur stellte sie zusammen. Scherze, Einfälle und Parodien, die dazu dienten, die Dummheit und Verkehrtheit ins Licht zu stellen, wären dabei sehr willkommen.

Die Namen der sämtlichen Mitarbeiter würden in der Einleitung, worin das Exoterische des obigen Plans weiter aufzuführen wäre, genannt oder nach früheren Schriften bezeichnet, aber nicht bei den einzelnen Kritiken angegeben, weil dies doch manchmal zu Rücksichten auf äußere Verhältnisse nötigen könnte. Der Name des Herausgebers könnte allenfalls auf den Titel gesetzt werden.

*Vorschläge für den Druck und die Bedingungen des Verlags*

Deutscher Druck, mittleres Format 8°, der Band 24 bis 30 Bogen. Näher läßt sich die Stärke desselben nicht wohl bestimmen, da die Aufsätze nicht abgebrochen werden dürfen. Die Zahl der Bände richtet sich natürlich nach den vorhandenen Materialien.

Der Druck müßte an einem Orte vor sich gehen, wo der Redakteur oder ein andrer Mitarbeiter, der es übernehmen will, die Aufsicht und Korrektur besorgen könnte.

Honorar: 3 Lsd. pr. Bogen. Ferner: dem Redakteur eine bestimmte Summe zum Ersatz der Auslagen für Korrespondenz usw., die aber etwas reichlich anzusetzen wäre, wenn nichts besonders für seine Mühe und Zeit gefordert werden soll.

Die zu beurteilenden Bücher gleich in der Messe einzukaufen und von da aus zu versenden, würde schwerlich eine Ersparung sein, teils wegen des Porto und dann weil eine Menge nachher unbrauchbare angeschafft werden müßten, indem es einem Buche manchmal erst bei der Einsicht anzusehen ist, daß man nichts darüber zu sagen hat. Jeder Mitarbeiter kauft also an dem Orte seines Aufenthalts die Bücher, die er nicht sonst bequem haben kann oder ohnedies besitzt; will er sie nachher nicht behalten, so erstattet der Verleger den Preis.

# ANMERKUNGEN

## *Allgemeine Übersicht des gegenwärtigen Zustandes der deutschen Literatur*
*[1802]*

Text nach: *DLD XVIII*, S. 16 – 94.
Erstdruck (gekürzt) in: Friedrich Schlegels Zeitschrift „Europa"
(Frankfurt) Bd. 2, 1803, Heft 1, S. 3 – 95 unter dem Titel „Über
Literatur, Kunst und Geist des Zeitalters".
Dort (S. 3 f.) A. W. Schlegels

### *Vorerinnerung*

Es ist von meinen, die beiden letzten Winter hindurch in Berlin
gehaltenen Vorlesungen über schöne Literatur so viel die Rede
gewesen, es ist so manches daraus in entstellenden Berichten und
dann wieder auf berichtigende und wohlwollende Weise vor das
größere Publikum gebracht worden, daß es vielleicht denen Lesern der Europa, welche nicht Zuhörer waren, eine Befriedigung
gewährt, einige davon in ihrer wahren unveränderten Gestalt
zu erhalten. Diese Rücksicht hat mich an einer sorgfältigeren Ausarbeitung verhindert, wie man sie sonst von einer ursprünglich
für den Druck bestimmten Schrift zu fordern berechtigt ist. Ich
gebe diese Vorlesungen ganz wie ich sie gehalten, bis auf die Zusätze des mündlichen Vortrags, welche der Augenblick eingab und
die daher in meinem Heft nicht mit aufgezeichnet stehen. Man
erwarte daher weder wissenschaftliche Genauigkeit der Methode
noch lauter Neues; der Zusammenhang machte es notwendig,
manches schon Gesagte in Erinnerung zu bringen; gewisse Wahrheiten bedürfen es auch, wiederholt und von verschiedenen Seiten
der Beherzigung empfohlen zu werden.

Die Varianten des Erstdrucks verzeichnet J. Minor: *DLD XVIII*,
S. XVIII ff.

1. Anspielung auf August Heinr. Lafontaine (1758 – 1831). –
   Vgl. *Böcking XII*, S. 11 – 27.
2. Jean Paul.
3. Johann Jakob Engel (1741 – 1802).
4. Allegorie im „Wilhelm Meister": 2. Buch, 10. Kap.

5. Rinaldo Rinaldini: Räuberroman von Goethes Schwager Christian August Vulpius (1762–1827).
6. Erfolg der Schauspiele August von Kotzebues (1761–1819).
7. Vgl. S. 216 ff. dieser Auswahl „Entwurf zu einem kritischen Institute".
8. „Göttingische Gelehrte Anzeigen" seit 1739. Mitarbeiter u. a. Albrecht von Haller (1708–77) und Christian Gottlob Heyne (1729–1812).
9. Die „Allgemeine Deutsche Bibliothek" erschien, von Friedrich Nicolai (1733–1811) herausgegeben, seit 1765 in Berlin.
10. Die Leipziger „Bibliothek der schönen Wissenschaften und der freien Künste" wurde 1757 von Friedrich Nicolai und Moses Mendelssohn (1729–86) begründet. Seit 1788 redigierte der Leipziger Buchhändler Johann Gottfried Dyk das Organ, an dem u. a. Winckelmann, Kästner, Engel, Garve und Eschenburg mitarbeiteten.
11. Die Jenaische „Allgemeine Literatur-Zeitung", in der Schlegel selbst rund dreihundert Rezensionen veröffentlichte, wurde seit 1785 von Christian Gottfried Schütz und Gottlieb Hufeland herausgegeben. Unter den Mitarbeitern des Blattes waren Kant, Goethe, Schiller, Wilhelm von Humboldt und Schelling.
12. Begründer und Herausgeber der „Oberdeutschen Allgemeinen Literatur-Zeitung" war Lorenz Hübner. Die Zeitschrift erschien von 1788 bis 1800 in Salzburg, dann in München und vertrat die Tendenzen der katholischen Aufklärung.
13. King Henry IV., Part 1. – II, 4.
14. Lewis, Matthew Gregory: The monk. A romance. – London 1797. – Vgl. *Böcking XI*, S. 269–274.
15. Lemaire, H.: Melanie et Félicité, ou la Différence des Caractères. – Paris 1798.
16. Pindar: Olympische Oden I, 1.
17. Athenäum III, 1, S. 5 = Friedrich Schlegel: Prosaische Jugendschriften. Hrsg. von J. Minor. – Wien 1882. Bd. 2, S. 290.
18. Faust I, 570 ff.
19. Schlegel wendet sich hier gegen das Verfahren seines Lehrers Heyne. Rückhaltloser äußert er sich zu dieser Frage in dem bisher unveröffentlichten Privatissimum über die „Encyklopädie der Wissenschaften" (Msc. Dresden e 90, XVII, 1–3) aus dem Jahre 1803, deren Edition von mir vorbereitet wird:

„Aus der Heyneschen Schule hingegen gingen nun Kommentare hervor, worin die Leser unaufhörlich wie mit der Nase auf die poetischen Schönheiten hingestoßen werden, voll von Paraphrasen der Diktion in Prosa, um zu zeigen, durch welche Stufen der Dichter zu einem so gelehrten und künstlichen Schmucke gelangt sei, gleichsam als wenn ein Gedicht wie ein phraseologisches Exerzitium nach einem prosaischen Schema ausgearbeitet würde. . . . Dies widerwärtige Eintrichtern der poetischen Schönheiten blieb aber bei allgemeinen Exklamationen stehen, ohne den feineren Takt, welcher die verschiedenen Stile unterscheidet . . ." (S. 870 f. der Handschrift.)

20. Kant: Kritik der reinen Vernunft, Vorrede zur 2. Aufl.
21. *DLD XIX*, S. 199 f.
22. Hamlet IV, 5.
23. Faust I, 1780.
24. Wilhelm Meister, IV. Buch, 18. Kap.
25. Vgl. *DLD XIX*, S. 191.
26. *ChK I*, S. 221 = F. Schlegel: Jugendschriften II, S. 415 f. (s. Anm. 17).
27. Canzoniere I, 7 in A. W. Schlegels Übersetzung *(Böcking IV, S. 5)*:

>Schlaf, träge Pfülben, Prasserei verjagen
>So aus der Welt jeglicher Tugend Streben,
>Daß, der Gewohnheit gänzlich hingegeben,
>Unsre Natur aus ihrer Bahn verschlagen.
>
>Am Himmel will kein mildes Licht mehr tagen,
>Wodurch sich sonst gestaltet menschlich Leben;
>So daß man den zum Wunder sieht erheben,
>Der Quellen aus dem Helikon will schlagen.
>
>Wer ist, dem noch an Myrt', an Lorbeer läge?
>Arm kommst du, nackt, Philosophie, geschritten:
>So spricht das Volk, nur trachtend zu gewinnen.
>
>Wenig Gefährten auf dem andern Wege
>Findst du; drum muß ich, edler Geist, dich bitten,
>Nicht fahren laß dein großgeherzt Beginnen.

## Poesie
*[1802]*

Text nach dem Erstdruck: *DLD XVII*, S. 260–269.
1. U. a. Ath.-fragm. 238 – Friedrich Schlegel: Prosaische Jugendschriften. Hrsg. von J. Minor. – Wien 1882. Bd. 2, S. 242.
2. Horaz: Sat. I, 4, 62.
3. *DLD XVII*, S. 258.

## Goethes Römische Elegien
*1795*

Text nach: *Böcking X*, S. 62–70.
Erstdruck: Jenaische „Allgemeine Literatur-Zeitung" 4. Januar 1796 (Nr. 4). [Aus Rezension der „Horen", Jg. 1795. 1.–10. Stück.]
1. Die römischen Elegiker Tibull, Properz, Ovid. Vgl. Röm. Elegien V, 19 f.
2. Quintilian X, 1, 93.
3. Motto der Horen-Fassung der Elegien. Ovid: Ars amatoria I, 33 f. Sichere Liebe und erlaubte Heimlichkeiten will ich besingen; keine Schändlichkeit wird mein Gedicht enthalten.
4. De arte poetica 75 f.
5. Horaz: Epist. I, 2, 14. Die Wahnsinnstaten der Könige büßen die Griechen.
6. Ovid: Amores III, 15, 19. Friedliche Elegie, heitere Muse, leb wohl!

## Goethes Hermann und Dorothea
*Taschenbuch für 1798. Berlin*

Text nach: *Böcking XI*, S. 183–221.
Erstdruck: Jenaische „Allgemeine Literatur-Zeitung" 11.–13. Dezember 1797 (Nr. 393–396).
1. Friedrich August Wolf: „Prologomena ad Homerum".
2. Essai sur la Poésie épique, Cap. 2. Wehe dem, der den Aufbau seines Gedichtes nachahmt; glücklich, wer wie er die Einzelheiten schildert.
3. Poetik, Kap. 23.
4. Nemeische Oden II, 2.
5. Poetik, Kap. 26.

6. Wilhelm Meister, 5. Buch, 7. Kap.
 7. Poetik, Kap. 24.
 8. Poetik, Kap. 22.
 9. Vgl. Friedrich Schlegel: Geschichte der Poesie der Griechen und Römer, Berlin 1798 = Friedrich Schlegel: Prosaische Jugendschriften. Hrsg. von J. Minor. – Wien 1882. Bd. 1, S. 231–362.
10. Kritik der Urteilskraft, § 29. Allgemeine Anmerkung zur Exposition der ästhetischen reflektierenden Urteile.
11. Ilias I, 189; XIII, 455.
12. Ilias XIV, 328.
13. Ilias II, 271; IV, 81; XXII, 372.

## Bürger
### 1800

Text nach: *Böcking VIII*, S. 64–139.
Erstdruck: *ChK II*, S. 3–96 unter dem Titel „Über Bürgers Werke".
 1. Wieland: Gedichte von Gottfr. August Bürger, Göttingen 1778. In: Teutscher Merkur 1778, III, S. 92 f.
 2. Satz nicht bei *Böcking*, jedoch in *ChK* u. *KS*.
 3. Lied der Ophelia (Hamlet IV, 5) in Schlegels Übersetzung.
 4. Boccaccio: Decamerone IV, 1.
 5. Hamlet IV, 5 (Schlegel).
 6. Hamlet I, 2.
 7. Macbeth IV, 3.

## Entwurf zu einem kritischen Institute
### 1800

Text nach dem Erstdruck: *Böcking VIII*, S. 50–57.

### Zur Textgestaltung

Orthographie und Interpunktion sind unter Berücksichtigung der sprachlichen Eigentümlichkeiten A. W. Schlegels modernisiert; der Lautstand ist gewahrt. In den beiden ersten Stücken der Auswahl ist lediglich *fodern* durch *fordern* ersetzt worden.

# NACHWORT

In der Vorrede zu seinen „Essais littéraires et historiques", die er drei Jahre vor seinem Tode erscheinen ließ, schreibt August Wilhelm Schlegel: „Je ne me flatte point d'acquérir beaucoup de nouveaux lecteurs; la jeune génération ne me connaît pas encore, et le public en général semble m'avoir oublié, du moins le public allemand . . .¹ Wenn auch diese Bemerkung des Fünfundsiebzigjährigen zweifellos so resignierend formuliert ist, um vor allem durchaus erwünschten Widerspruch zu provozieren, so ist der Schreiber doch zu klug und nüchtern, um nicht zu wissen, wie zutreffend er seine Geltung in der literarischen Welt skizziert hat. Es gibt eine Fülle von Belegen dafür, wie abschätzig die Zeitgenossen Person und Leistungen des altgewordenen Schlegel beurteilten. Man denke nur an die ebenso glänzend geschriebene wie ungerechte Charakteristik, die Heinrich Heine von seinem ehemaligen Bonner Lehrer in der „Romantischen Schule" gegeben hat.

Man wird einwerfen, ein solcher Sachverhalt sei so ungewöhnlich nicht. In der Tat hat sich das Problem der literarischen Generationen immer gestellt, und die zornigen jungen Männer haben zu allen Zeiten die Arbeiten ihrer Vorgänger mit Skepsis betrachtet und häufig genug schroff abgelehnt. Doch auch heute, mehr als hundert Jahre nach Schlegels Tod, ist im allgemeinen literarischen Bewußtsein noch kein grundlegender Wandel in der Beurteilung seiner Leistungen eingetreten. Es ist immerhin bemerkenswert, daß noch keine gründliche und umfassende Monographie

---

1. *Böcking, Œuvres I*, S. 1. (Ich schmeichle mir durchaus nicht, viele neue Leser zu gewinnen; die junge Generation kennt mich nicht mehr, und das Publikum im allgemeinen scheint mich vergessen zu haben, zumindest das deutsche Publikum . . .)

über August Wilhelm Schlegel geschrieben worden ist. Die umsichtigste und klügste Analyse, die zur Zeit vorliegt, hat René Wellek in dem A.-W.-Schlegel-Kapitel seiner „History of modern criticism" gegeben.

Eine Briefstelle Fichtes macht die Vernachlässigung A. W. Schlegels in der literarhistorischen Forschung und die negativen Urteile der Zeitgenossen verständlich. Fichte schreibt am 8. Februar 1800 an seinen Jenaer Amtsvorgänger Karl Leonhard Reinhold: „Der *ältere* Schlegel ist mir selbst wegen seiner arroganten Seichtigkeit so wie jedem, den ich kenne, verhaßt, und ich werde ihn mir wohl vom Leibe zu halten wissen: der *jüngere* aber — so paradox Ihnen dieses lauten möge — ist ein im *innern Grunde* braver, unermüdet dem Besten nachstrebender Mensch, der auch Zucht annimmt, und aus welchem sich, wenn nur seine hartnäckige Unreife schwinden und er sich ein besseres Ideal wählen wollte als seinen Bruder, den er an innerm Stoffe zehnfach überwiegt, wohl noch was machen ließe[2]." Mag man es auch selten so gönnerhaft ausgesprochen haben: August Wilhelm Schlegel hat im Grunde immer im Schatten seines genialen jüngeren Bruders Friedrich gestanden. In der Tat — gegenüber der provozierenden, oft mit Paradoxien durchsetzten Aggressivität des Bruders und einer Kritik, die den künstlerischen Rang einer Dichtung mit Wärme und Enthusiasmus würdigt — man denke nur an die Rezension von Goethes „Wilhelm Meister" —, wirken die ironisch nuancierte Urbanität des Älteren und die verläßliche Nüchternheit seiner wissenschaftlichen Methode minder eindrucksvoll.

Die Worte, mit denen A. W. Schlegel in der Terpsichore-Rezension Herder charakterisiert hat, gelten auch von ihm selbst: „An ihm bewundern wir nicht allein die ebenso rege als zarte, vielseitige ... Empfänglichkeit; ... sondern auch die Biegsamkeit, mit der sich seine Einbildungskraft

2. Fichte, J. G.: Briefwechsel. — Ges. u. hrsg. von Hans Schulz. Bd. 1. 2. nebst Nachtr. Leipzig 1925—30. II, S. 216.

aller Formen bemächtigt ...³" In der Nachfolge Herders hat Schlegel in der Verbindung von historischer Überschau mit genauer und sensibler Einzelinterpretation eine wissenschaftliche Methode entwickelt, die bis heute für jede Beschäftigung mit Dichtung von Bedeutung geblieben ist. Daß dies Verfahren, das nicht gerade von revolutionierenden Einsichten und umwälzenden Neuwertungen bestimmt wird, auch seine Grenzen hat, ist keine Frage. So hat Friedrich Schlegel den Bruder in einer sehr privaten Notiz[4] einmal als „höchsten Anempfinder" bezeichnet. Es gehört in diesen Zusammenhang, wenn Wilhelm von Humboldt in einem Brief an Goethe Schlegel ein „subalternes Talent" nennt und bemerkt, er werde „seine wahre Sphäre immer nur in Übersetzungen finden[5]". Und wirklich ist es ja die Shakespeare-Übersetzung, die Schlegel berühmt gemacht und seinen Namen im Bewußtsein einer breiteren literarischen Öffentlichkeit lebendig erhalten hat. Das übrige hat man vergessen: neben den Calderon-Übersetzungen die vielen klugen Rezensionen, dann die großen Vorlesungszyklen, die für die Entwicklung der modernen Literaturwissenschaft wichtig wurden, von den dichterischen Arbeiten ganz zu schweigen.

Die vorliegende Auswahl beschränkt sich auf einen (allerdings besonders wesentlichen) Teil des Gesamtwerks: sie versucht, einen Eindruck von den Leistungen des Kritikers Schlegel zu vermitteln. Im Einleitungskolleg der „Vorlesungen über schöne Literatur" gibt Schlegel wichtige Aufschlüsse über die theoretischen Grundlagen seines literarhistorischen Verfahrens; und diese Hinweise gelten auch für die bei den Rezensionen angewandte Methode. Er hält

3. *Böcking X*, S. 377.
4. Unveröffentlichtes Notizheft: Zur Poesie 1802 II, S. 19 (Stadtbibliothek Trier). Vgl. auch Walzel, S. 37 (Nr. 9, 11. 2. 1792).
5. Goethes Briefwechsel mit Wilhelm und Alexander von Humboldt. – Hrsg. von Ludwig Geiger. Berlin 1909. S. 194 (Nr. 60, 5. 6. 1805).

bei seiner Arbeit die Verbindung von „Theorie", „Geschichte" und „Kritik"[6] für wesentlich. In seinen unveröffentlichten Vorlesungen über die „Encyklopädie der Wissenschaften" hat er das Wesen der Kritik, die für Historie wie Theorie das „unentbehrliche Organ und das verbindende Mittelglied[7]" ist, so definiert: „... sie [die Kritik] ist das Urteil selbst auf einen bestimmten Fall mit wissenschaftlicher Strenge angewandt. ... Es ist der sichere Takt über die Anwendbarkeit der Regeln, Grundsätze und Maximen auf etwas Einzelnes, d. h. Individuelles, folglich durch den Begriff nie zu Erschöpfendes[8]." Kritik ist also nach Meinung Schlegels die Fähigkeit, in behutsamer Zurückhaltung eine individuelle Ausprägung – in unserem Zusammenhang ein poetisches Kunstwerk – an umfassenderen Normen zu messen. Vor allem die Kunstkritik, die – wie er formuliert – letztlich nach dem „Wert von Kunstwerken[9]", d. h. ihrem Rang, fragt, kann ihre Aufgabe jeweils nur approximativ erfüllen. Da ihr Gegenstand besonders komplex und subtil ist, darf sie nur mit „Takt" ohne plumpe und selbstsichere Überheblichkeit gehandhabt werden. So hat sich Schlegel scharf gegen den „Kunstrichter" alter Schule gewandt, der „über Kunstwerke zu Gericht sitzt[10]". Nach seiner Meinung können Urteile über Kunstwerke nie Allgemeingültigkeit beanspruchen; sie bleiben immer „individuell", persönlich gefärbt, abhängig von der jeweiligen Artung des Urteilenden[11]. Freilich braucht dieser unbedingt eine sichere philologische Grundlage, weil sein Unternehmen sonst Gefahr läuft, zum „Geschwätz[12]" zu werden. Noch wichtiger aber ist, daß er vom bloßen

6. *DLD XVII*, S. 3.
7. *DLD XVII*, S. 23.
8. Msc. Dresden e 90, XVII, 1–3, S. 118.
9. Msc. Dresden e 90, XVII, 1–3, S. 120.
10. *Böcking XII*, S. 9.
11. *DLD XVIII*, S. 16, ferner *Böcking XII*, S. 9 u. *DLD XVII*, S. 26.
12. Vgl. Msc. Dresden e 90, XVII, 1–3, S. 879.

Beurteiler zum „echten Kenner" wird, den wacher Kunstverstand, vor allem aber künstlerische „Empfänglichkeit[13]" auszeichnen. „Urteil" und „Gefühl"[14] sind für die Beurteilung von Kunstwerken konstitutiv und bedingen einander. Allerdings wird der Enthusiasmus, die wirkliche „Empfänglichkeit[15]" die wesentlichste Forderung an den echten Kenner bleiben. Der Kritiker muß sich ferner darum bemühen, bis zum innersten Wesen des jeweiligen Kunstwerks vorzudringen, die Einheit seines Aufbaus in den Blick zu bekommen. Schlegel wendet sich entschieden gegen die sogenannte „atomistische Kritik", die das Kunstwerk wie eine mechanische, letztlich zufällige Addition einzelner Stellen betrachtet, diese mit Lob oder Tadel bedenkt, anstatt auf die Vermittlung des „Gesamteindrucks[16]" auszusein und der Forderung nach einer „treffenden Charakteristik der großen Meisterwerke[17]" nachzukommen.

Dies Unternehmen ist nicht einfach, und es kann, wie Schlegel immer wieder betont, nicht geleistet werden ohne die ständige Korrektur durch Historie und Theorie. Und zwar wird sich zeigen, daß alle drei Kategorien – Kritik, Historie und Theorie – sich wechselseitig bedingen und kein Begriff ohne den anderen bestehen kann[18]. Jedes Kunstwerk ist unverwechselbar geprägt durch die Zeit, in der es entstanden ist[19], jedes ist ohne Vorbilder nicht denkbar und hat schließlich wiederum die nachfolgenden Werke beeinflußt[20]. Zwar muß das einzelne Kunstwerk vornehmlich aus sich selbst, aber eben auch in seiner historischen Bedingtheit verstanden werden, wenn es ganz erschlossen werden soll. Nur dem exakten Kenner, der die geschicht-

13. *DLD XVII*, S. 30.
14. *DLD XVII*, S. 24.
15. *DLD XVII*, S. 30.
16. *DLD XVII*, S. 25.
17. *Böcking XII*, S. XXX.
18. Vgl. *DLD XVII*, S. 3 u. *DLD XVIII*, S. 7.
19. Vgl. dazu *DLD XIX*, S. 9.
20. Vgl. *DLD XVII*, S. 12 u. S. 27.

lichen Zusammenhänge behutsam abwägt[21], wird es gelingen, zu einer angemessenen und gesicherten Beurteilung zu kommen. Das gilt nicht nur für die literarhistorische Darstellung, sondern auch für die literarische Kritik. Freilich darf diese wie jene nicht zur nivellierenden Darstellung, zur rein akklamatorischen Würdigung einer Fülle von poetischen Erzeugnissen werden. Eine Auswahl und Sichtung, letztlich eine Wertung, werden nötig.

Das heißt nun natürlich nicht, daß diese Bestandsaufnahme nach den wechselnden Maßstäben der persönlichen Vorliebe oder des gerade herrschenden literarischen Geschmacks vorgenommen werden dürfte. Vielmehr wird sie nach den „höchsten leitenden Ideen und Grundsätzen[22]", den Kriterien der Theorie, getroffen, die danach fragt, „was geleistet werden soll[23]". Damit ist die zentrale Frage nach dem Wesen der Poesie, der „umfassendsten aller Künste" und dem in ihnen „überall gegenwärtigen Universalgeist"[24], gestellt. In der Einleitung zu den „Berliner Vorlesungen" gibt Schlegel eine summarische, allgemein gehaltene Antwort. Unter Ablehnung der rationalistischen Auffassung, die von der Kunst exemplarische Lehrhaftigkeit forderte, nennt er u. a. als Hauptprinzipien seiner Poetik die „Selbständigkeit des Schönen und seine wesentliche Verschiedenheit und Unabhängigkeit vom sittlich Guten[25]". Über diese knappe Bestimmung, die den Akzent auf die „Autonomie der Kunst[26]" legt, geht Schlegel bei der Besprechung des Nibelungenliedes hinaus. Hier bezeichnet er die Poesie als den „lebendigen Ausdruck des gesamten geistigen und körperlichen Menschen, die Einheit und Harmonie seiner Kräfte[27]".

21. Vgl. *DLD XVII*, S. 27; ferner auch ebd. S. 29.
22. *DLD XVIII*, S. 7.
23. *Amoretti I*, S. 4.
24. *DLD XVII*, S. 261.
25. *DLD XVII*, S. 10.
26. *DLD XVII*, S. 10.
27. *DLD XIX*, S. 120.

Erläuterung und Ergänzung finden diese Bemerkungen in dem zweiten Stück unserer Auswahl, das zugleich einen Eindruck von der Dichtungsauffassung der Frühromantik überhaupt vermittelt, da A. W. Schlegel hier Arbeiten, Überlegungen und Einfälle der Freunde, des Bruders Friedrich vor allem, berücksichtigt hat.

Schlegel hat mit Nachdruck betont, welche Bedeutung die Historie für das kritische Geschäft besitzt; er hat zu Beginn des dritten Zyklus der „Berliner Vorlesungen" sogar gefordert: „... daß man den anderswoher bekannten Geist des Zeitalters auf den Charakter des Gedichtes beziehe ...[28]" Das gilt analog auch für die Rezensionen selbst. So liefert die „Allgemeine Übersicht des gegenwärtigen Zustandes der deutschen Literatur" wichtige Aufschlüsse über August Wilhelm Schlegels geistige Welt und bildet gleichsam die Folie für seine kritischen Bemühungen. Schlegel gibt ein konzentriertes, durchaus polemisch akzentuiertes Bild der Literatur und des Literaturbetriebs der Zeit und spricht über den Stand der Künste und Wissenschaften in Deutschland und Europa. Nach einem massiven Angriff auf die Prinzipien der Aufklärung weist er schließlich auf die neuen literarischen Ansätze hin.

In seiner Polemik kritisiert A. W. Schlegel auch scharf die Mißstände im Rezensionswesen. Wie er sich eine Wandlung zum Besseren vorstellte, dokumentiert der Entwurf für die geplanten kritischen „Jahrbücher der Kunst und Literatur für Deutschland", die bei Cotta erscheinen sollten. Das Projekt kam dann durch einen Gegenplan Fichtes, dem sich Schelling anschloß, nicht zustande.

Schlegels Rezensionen füllen fast sechs Bände der Gesamtausgabe Böckings. Allein die Jenaische „Allgemeine Literatur-Zeitung" hat von ihm nahezu 300 Besprechungen veröffentlicht. Es ist keine Frage, daß darunter viele Rezensionen sind, die sich mit recht ephemeren Werken befassen,

---

28. *DLD XIX*, S. 10.

die kaum zur Zeit ihres Erscheinens der Beachtung wert waren. In der vorliegenden Auswahl soll die kritische Meisterschaft August Wilhelm Schlegels an Arbeiten deutlich werden, die auch heute noch für einen größeren Leserkreis von Interesse sind.

## ZEITTAFEL

| | |
|---|---|
| 1767 | August Wilhelm Schlegel wird am 8. September als vierter Sohn des Pastors an der Marktkirche Johann Adolf Schlegel (1721–93) und der Ihna Christiane Erdmuthe Schlegel geb. Hübsch (1735–1811) in Hannover geboren. Der Vater hatte an den „Bremer Beiträgen" mitgearbeitet und wurde später Konsistorialrat und Generalsuperintendent. |
| 1772 | Friedrich Schlegel wird am 10. März in Hannover geboren. |
| 1786 | Am 3. Mai Immatrikulation A. W. Schlegels an der Universität Göttingen. Zunächst Studium der Theologie, dann der Klassischen Philologie bei Christian Gottlob Heyne. Enge persönliche Beziehungen zu Gottfried August Bürger. |
| 1788 | Die von der Universität Göttingen 1787 preisgekrönte Schrift *De geographia Homerica commentatio* erscheint in Hannover. |
| 1787–91 | Rezensionen in den „Göttingischen Gelehrten Anzeigen". |
| 1787–92 | Beiträge zum Göttinger Musenalmanach und zu Bürgers „Akademie der schönen Redekünste" (1791). |
| 1791–95 | Hauslehrer im Hause des Ratsherrn Henry Muilman in Amsterdam. |
| 1795–97 | Beiträge zu Schillers „Horen" und zu Schillers Musenalmanach (1796–99). |
| 1796 | Im Juni Übersiedlung nach Jena. Am 1. Juli heiratet Schlegel in Braunschweig Caroline Böhmer (1763–1809), Witwe des Bergmedikus Joh. Franz Wilh. Böhmer (1754–88) und Tochter des Göttinger Orientalisten Joh. David Michaelis (1717–91). |
| 1796–99 | Mitarbeit an der Jenaischen „Allgemeinen Literatur-Zeitung". |
| 1797–1801 | Die Übersetzung von sechzehn Stücken Shakespeares erscheint bei Unger in Berlin. (1810 folgt noch die Übersetzung von Richard III.) |

| | |
|---|---|
| 1798 | Bekanntschaft mit Ludwig Tieck, ferner mit Schleiermacher, Novalis und Schelling. |
| | Schlegel erhält ein Extraordinariat an der Universität Jena. |
| 1798–1800 | Die von August Wilhelm und Friedrich Schlegel herausgegebene Zeitschrift *Athenäum* erscheint. |
| 1800 | *Gedichte*. Tübingen, Cotta. |
| 1801 | *Charakteristiken und Kritiken*. Von August Wilhelm und Friedrich Schlegel. Königsberg, bei F. Nicolovius. |
| 1801–04 | Schlegel hält in Berlin in drei Zyklen *Vorlesungen über schöne Literatur und Kunst*. |
| 1802 | Am 2. Januar wird unter Goethes Leitung Schlegels Schauspiel *Ion* in Weimar uraufgeführt. Die Buchausgabe erscheint 1803 bei F. Perthes in Hamburg. |
| 1803 | Am 17. Mai wird Schlegels Ehe geschieden. Caroline heiratet am 26. Juni Schelling. |
| | Schlegel hält in Berlin Privatvorlesungen über *Encyklopädie der Wissenschaften*. |
| | Die Calderon-Übersetzungen erscheinen unter dem Titel *Spanisches Theater* bei G. Reimer in Berlin. (Bd. 2 folgt 1809.) |
| 1804 | Schlegel tritt in die Dienste der Mme. de Staël-Holstein, die auf Schloß Coppet am Genfer See lebt. Er unterstützt sie bei ihren literarischen Arbeiten, unterrichtet ihre Kinder und begleitet sie auf ihren Reisen nach Italien, Frankreich, Deutschland und Österreich. |
| 1807 | *Comparaison entre la Phèdre de Racine et celle d'Euripide*. Paris, chez Tourneisen. |
| 1808 | Schlegel hält in Wien *Vorlesungen über dramatische Kunst und Literatur*. |
| | Die Buchausgabe erscheint 1809–11 bei Mohr und Zimmer in Heidelberg. |
| 1810–12 | Beiträge zu den „Heidelbergischen Jahrbüchern" (ferner zu den Jahrgängen 1815 und 1816). |
| 1811 | *Poetische Werke*. Heidelberg, bei Mohr und Zimmer. |
| 1812 | Aus politischen Gründen flieht Mme. de Staël, von Schlegel begleitet, über Wien, Moskau, St. Petersburg, Stockholm nach London. In Schweden trennt |

|   |   |
|---|---|
|  | sich Schlegel von ihr; er ist bis zum April 1814 als Geheimsekretär des Kronprinzen Bernadotte gegen Napoleon publizistisch tätig. |
| 1814 | Schlegel begleitet Mme. de Staël von England nach Paris, wo er romanistische und indologische Studien betreibt. |
| 1815/16 | Italienreise mit Mme. de Staël; kunsthistorische Studien. |
| 1817 | Am 14. Juli stirbt Mme. de Staël in Paris. |
| 1818 | Schlegel wird an die Universität Berlin berufen, wirkt dann aber auf eigenen Wunsch von 1819 bis zu seinem Tod an der Universität Bonn. Am 30. August heiratet er in Heidelberg Sophie Paulus (1791–1847), Tochter des Theologen und Orientalisten Heinrich Eberhard Gottlob Paulus (1761–1851). Sophie folgt ihrem Gatten nicht nach Bonn. |
| 1820–30 | Schlegel gibt die Zeitschrift *Indische Bibliothek* heraus. |
|  | Kritische Editionen von Sanskrit-Texten: |
| 1823 | *Bhagavad-Gita,* |
| 1829–46 | *Ramayana,* |
| 1829–31 | *Hitopadesa* (gemeinsam mit seinem Schüler Christian Lassen). |
| 1824/25 | Rektor der Universität Bonn. |
| 1828 | *Kritische Schriften.* Berlin, bei G. Reimer. |
| 1829 | Am 12. Januar stirbt Friedrich Schlegel in Dresden. |
| 1841 | A. W. Schlegel nimmt in Berlin an Besprechungen über die geplante Akademie-Ausgabe der Werke Friedrichs des Großen teil. Wegen Meinungsverschiedenheiten über die Editionsprinzipien kommt es zu Spannungen mit der Preußischen Akademie der Wissenschaften. |
| 1842 | *Essais littéraires et historiques.* Bonn, chez E. Weber. |
| 1843 | Auf Wunsch Friedrich Wilhelms IV. erklärt sich Schlegel bereit, die Einleitung für die Akademie-Ausgabe der Werke Friedrichs des Großen zu verfassen. |
| 1845 | Am 12. Mai stirbt August Wilhelm Schlegel in Bonn. |

# LITERATURHINWEISE

### A. Ausgaben

Schlegel, August Wilhelm und Friedrich Schlegel: Charakteristiken und Kritiken. Bd. 1. 2. Königsberg 1801. = ChK

Schlegel, August Wilhelm: Kritische Schriften. Bd. 1. 2. Berlin 1828. = KS

Schlegel, August Wilhelm: Sämtliche Werke. Hrsg. von Eduard Böcking. Bd. 1 – 12. Leipzig 1846/47. = Böcking

Schlegel, Auguste-Guillaume de: Œuvres écrites en français. Publ. par Édouard Böcking. Tom. 1 – 3. Leipzig 1846. = Böcking, Œuvres

Schlegelius, Augustus Guilelmus: Opuscula Latine scripta. Ed. Eduardus Böcking. Leipzig 1848.

Schlegel, August Wilhelm: Vorlesungen über schöne Literatur und Kunst. Hrsg. von Jacob Minor. Bd. 1 – 3. Heilbronn 1884. (Deutsche Litteraturdenkmale des 18. u. 19. Jh.s. Bd. 17 – 19.) = DLD XVII – XIX

Schlegel, August Wilhelm: Vorlesungen über dramatische Kunst und Literatur. Hrsg. von Giovanni Vittorio Amoretti. Bd. 1. 2. Bonn u. Leipzig 1923. = Amoretti

Schlegel, August Wilhelm: Vorlesungen über das akademische Studium. Hrsg. von Frank Jolles. Heidelberg 1971.

### B. Briefsammlungen

Briefe von und an August Wilhelm Schlegel. Ges. u. erl. durch Josef Körner. Bd. 1. 2. Zürich, Leipzig u. Wien 1930. = Körner

Caroline. Briefe aus der Frühromantik. Nach Georg Waitz vermehrt hrsg. von Erich Schmidt. Bd. 1. 2. Leipzig 1913.

Krisenjahre der Frühromantik. Briefe aus dem Schlegelkreis. Hrsg. von Josef Körner. Bd. 1 – 3. Brünn, Wien u. Leipzig (Bd. 3: Bern) 1936-58.

August Wilhelm und Friedrich von Schlegel im Briefwechsel mit Schiller und Goethe. Hrsg. von Josef Körner und Ernst Wieneke. Leipzig 1926.

Ludwig Tieck und die Brüder Schlegel. Briefe. Hrsg. von Henry Lüdeke. Frankfurt a. M. 1930.

Ludwig Tieck und die Brüder Schlegel. Briefe. Auf der Grundlage der von Henry Lüdeke besorgten Edition neu hrsg. u. kommentiert von Edgar Lohner. München 1972.

Friedrich Schlegels Briefe an seinen Bruder August Wilhelm. Hrsg. von Oskar F. Walzel. Berlin 1890. = *Walzel*

## C. Untersuchungen

Brandt, Otto: August Wilhelm Schlegel. Der Romantiker und die Politik. Stuttgart u. Berlin 1919.

Brentano, Bernard v.: August Wilhelm Schlegel. Geschichte eines romantischen Geistes. Stuttgart ²1949.

Gebhardt, Peter: A. W. Schlegels Shakespeare-Übersetzungen. Untersuchungen zu seinem Übersetzungsverfahren am Beispiel des Hamlet. Göttingen 1970. (Palaestra. Bd. 257.)

Haym, Rudolf: Die romantische Schule. Berlin 1870. ⁵1928 hrsg. von Oskar Walzel. Neudruck Darmstadt 1961.

Jolles, Frank: August Wilhelm Schlegels Sommernachtstraum in der ersten Fassung vom Jahre 1789. Nach den Handschriften hrsg. Göttingen 1967. (Palaestra. Bd. 244.)

Körner, Josef: Romantiker und Klassiker. Die Brüder Schlegel in ihren Beziehungen zu Schiller und Goethe. Berlin 1924.

Körner, Josef: Die Botschaft der deutschen Romantik an Europa. Augsburg 1929. (Schriften zur deutschen Literatur. Bd. 9.)

Lohner, Edgar: August Wilhelm Schlegel. In: Deutsche Dichter der Romantik. Hrsg. von Benno von Wiese. Berlin 1971. S. 135–162.

Nagavajara, Chetana: August Wilhelm Schlegel in Frankreich. Sein Anteil an der französischen Literaturkritik 1807–1835. Tübingen 1966. (Forschungsprobleme der vergleichenden Literaturgeschichte. Bd. 3.)

Pange, Pauline de: August Wilhelm Schlegel und Frau von Staël. Eine schicksalhafte Begegnung. Nach unveröffentlichten Briefen. Deutsche Ausgabe von Willy Grabert. Hamburg ⁶1949.

Richter, Werner: August Wilhelm Schlegel. Wanderer zwischen Weltpoesie und altdeutscher Dichtung. Rektoratsrede. Bonn 1954.

Schirmer, Walter Franz: August Wilhelm Schlegel: Leben. In: W. F. Sch., Kleine Schriften. Tübingen 1950. S. 153 – 168.

Schirmer, Walter Franz: August Wilhelm Schlegel: Werk. Ebenda, S. 168–184.

Schirmer, Walter Franz: Schlegel und England. Ebenda, S. 184 bis 200.

Schmidt, Günther: Herder und August Wilhelm Schlegel. Berlin, Phil. Diss. 1917.

Schwitzke, Werner: August Wilhelm Schlegel als Literaturhistoriker und Literaturkritiker. Versuch einer Analyse der weltanschaulich-philosophischen Faktoren seines literarhistorischen und literaturkritischen Wirkens von 1789–1804. Leipzig, Diss. 1971 (masch.).

Sulger-Gebing, Emil: August Wilhelm Schlegel und Dante. In: Germanistische Abhandlungen Hermann Paul dargebracht. Straßburg 1902. S. 99–134.

Wellek, René: August Wilhelm Schlegel. In: R. W., A History of modern Criticism. 1750–1950. Vol. 2. New Haven 1955. S. 36 bis 73.

Zehnder, Hans: Die Anfänge von August Wilhelm Schlegels kritischer Tätigkeit. Zürich, Phil. Diss. 1930.

# INHALT

Allgemeine Übersicht des gegenwärtigen Zustandes
der deutschen Literatur . . . . . . . . . . 3
Poesie . . . . . . . . . . . . . . . . 95
Goethes Römische Elegien. 1795 . . . . . . 106
Goethes Hermann und Dorothea. Taschenbuch
für 1798. Berlin . . . . . . . . . . . . . 114
Bürger. 1800 . . . . . . . . . . . . . . 148
Entwurf zu einem kritischen Institute. 1800 . . 216
Anmerkungen . . . . . . . . . . . . . 227
Nachwort . . . . . . . . . . . . . . . 233
Zeittafel . . . . . . . . . . . . . . . 241
Literaturhinweise . . . . . . . . . . . . 244

# Ludwig Tieck

IN RECLAMS UNIVERSAL-BIBLIOTHEK

---

*Die beiden merkwürdigsten Tage aus Siegmunds Leben. Fermer, der Geniale.* Erzählungen. Herausgegeben von Wolfgang Biesterfeld. 7822

*Der blonde Eckbert. Der Runenberg. Die Elfen.* Märchen. Nachwort von Konrad Nussbächer. 7732

*Franz Sternbalds Wanderungen.* Roman. Studienausgabe (mit 16 Bildtafeln). Herausgegeben von Alfred Anger. 8715 [5]

*Der gestiefelte Kater.* Herausgegeben von Helmut Kreuzer. 8916

*Des Lebens Überfluß.* Novelle. Nachwort von Helmut Bachmaier. 1925.

*Liebesgeschichte der schönen Magelone und des Grafen Peter von Provence.* Mit einem Nachwort von Edward Mornin. 731

*Merkwürdige Lebensgeschichte Sr. Majestät Abraham Tonelli.* Herausgegeben von Ernst Ribbat. 9748

*Vittoria Accorombona.* Ein Roman in fünf Büchern. Herausgegeben von W. J. Lillyman. 9458 [6]

---

Philipp Reclam jun. Stuttgart